高等学校物流工程与物流管理专业系列规划教材

企业物流运作与管理

朴惠淑　王培东　编著

大连海事大学出版社

图书在版编目(CIP)数据

企业物流运作与管理／朴惠淑,王培东编著.—大
连：大连海事大学出版社,2016.5
高等学校物流工程与物流管理专业系列规划教材
ISBN 978-7-5632-3322-9

Ⅰ.①企…　Ⅱ.①朴…②王…　Ⅲ.①企业管理—物
流—物资管理—高等学校—教材　Ⅳ.①F273.4

中国版本图书馆 CIP 数据核字(2016)第 117806 号

大连海事大学出版社出版

地址:大连市凌海路1号　邮编:116026　电话:0411-84728394　传真:0411-84727996
http://www.dmupress.com　E-mail:cbs@dmupress.com

沈阳新华印务有限公司印装　　　　　大连海事大学出版社发行
2016 年 5 月第 1 版　　　　　　　　2016 年 5 月第 1 次印刷
幅面尺寸:185 mm×260 mm　　　　　印张:14.75
字数:358 千　　　　　　　　　　　印数:1～3000 册
出版人:徐华东

责任编辑:魏　悦　　　　　　　　　责任校对:杨玮璐
封面设计:解瑶瑶　　　　　　　　　版式设计:解瑶瑶

ISBN 978-7-5632-3322-9　　　定价:29.00 元

高等学校物流工程与物流管理专业系列规划教材
编委会

总　　序

  中国现代物流产业发展的现实基础和未来发展的趋势都充分表明,经过 10 年至 20 年时间的建设和发展,中国将是全球现代物流产业规模最大和物流利润空间最大的国家。现代物流产业的快速发展,物流企业的高速成长,特别是国外跨国物流公司的进入,将使物流人才总量不足和结构失衡成为制约未来中国现代物流产业发展的突出问题。目前,国内物流专业人才尤其是高层管理人才的匮乏已不仅仅局限在数量方面,在质量方面也有很大的差距。因此,有必要加速建设与国际接轨的物流专业教材体系,助推物流人才的教育理论和教学方式改革。

  大连海事大学是中国著名的高等航海学府,是交通运输部所属的"211 工程"重点建设大学,是被国际海事组织认定的世界上少数几所"享有国际盛誉"的海事院校之一。大连海事大学物流工程与物流管理专业的历史可追溯到成立于 1953 年的大连海运学院水管系所属的水运管理专业及 1989 年创办的综合运输专业。2002 年大连海事大学在此基础上申办物流工程专业,成为全国首批设立物流专业的 7 所院校之一;2004 年,成为全国首批获得物流工程硕士学位授权的 46 所院校之一,并被确定为东北地区片长单位;2005 年,经国务院学位委员会批准,在交通运输工程一级学科下独立设立"物流工程与管理"二级学科,成为国内最早招收物流工程与管理硕士研究生和博士研究生的院校;2006 年,被辽宁省教育厅确定为物流管理、物流工程专业紧缺本科人才培养基地。2009 年,物流工程专业被确定为辽宁省示范专业;2014 年,物流工程专业被确定为辽宁省普通高等学校本科重点建设(综合改革试点)专业;2015 年,在辽宁省本科专业综合评价中,物流工程和物流管理专业排名分列第一名和第二名。为了进一步满足物流专业教学和企业人员培训的需要,在广泛听取交通、商务、海关、商检、工商、金融等政府管理部门、相关高校和物流企业意见的基础上,我们组织编写了这套"高等学校物流工程与物流管理专业系列规划教材"。

  本系列教材既汇集了现代物流实践和研究中已趋成熟的理论、基础知识和技能,又广泛参考了国内外最新研究成果,同时也注重理论联系实际。但由于缺少范式,加之时间有限,教材中仍难免会存在一些缺点或错误,敬请专家、同行和广大读者批评指正,以便再版时修正,以臻完善。

2016 年 4 月

内容提要

本书在借鉴和吸收国内外企业物流管理理论和最新研究成果的基础上,结合我国企业物流管理的实际,系统地介绍了企业物流运作与管理的基本内容。

全书共分四篇十一章。导论篇:企业物流管理概述、现代企业经营模式与物流管理、物流服务与售后逆向物流;规划篇:企业物流需求与战略规划、企业物流流程/功能与网络规划设计、企业物流管理信息系统规划设计;运作篇:供应链环境下企业物流运作、企业物流运作业务流程;管理篇:企业物流过程管理与服务商管理、企业物流资源管理、企业物流成本管理与绩效测评。

以案例为导向,关注供应链协调的企业物流运作与管理方法是本书的特点。

本书适合作为高等院校、高职高专院校物流管理、物流工程等专业的教材,也可作为成人教育及企业物流人员的培训教材,同时也是从事物流工程与管理的研究人员、管理人员的参考用书。

前　言

　　无论是成本、对客户的价值还是对企业职能的战略意义,几乎从每个角度来看,物流都是至关重要的。全球经济一体化的供应链环境下,物流不再是短期的战术手段而是企业长期的战略决策。物流对企业绩效的影响越来越显著,企业和消费者越来越倾向于更频繁而又更小规模地实施货物和原料的订购与运输。目前物流支出在产品销售成本中所占的比重位居第二位,仅次于原材料成本。而且,互联网环境和电子商务的迅速发展在为企业物流提供新机遇的同时,也带来了挑战。因为物流系统往往直接面对客户,而且在很大程度上会对客户的满意度产生影响,所以,现在企业密切关注其与客户相联系的物流系统,企业物流也在企业经营活动中处于重要地位。

　　关注过程,从供应链角度,研究以供应链协调为核心的物流的服务性是本书的出发点。

　　基于系统工程的基本思想,沿着企业物流系统规划设计、企业物流系统运作、企业物流系统管理这一主线,从物流系统体系结构出发,结合物流系统运作特点,阐述以供应链绩效为导向的企业物流运作与管理方法是本书的最大特色。

　　本书力求体现以下特点:

　　(1)系统性。它主要反映在两个方面:一是集工程技术(规划篇内容侧重于工程技术)与管理技术(运作篇和管理篇侧重于管理技术)为一体,充分展示系统论思想;二是每章都以目的和要点为导向展开相关内容,充分体现了系统思考方式。

　　(2)科学性。它主要反映在研究思路的科学性。本书内容组合顺序力求遵循企业物流管理的研究思路。首先,总体了解企业物流相关概念和发展趋势,并明确本书研究思路和目的;其次,围绕研究目的,分长短期,对企业物流管理的长期规划问题和短期运作与管理问题分别做了介绍;最后,从成本和绩效的角度对企业物流系统做了分析,确保企业物流系统的持续改进。

　　(3)集成性。它主要反映在以物流标准化以及信息共享和交换为基础,充分利用物流管理信息系统的集成功能,研究以企业供应链协调为核心的企业物流运作与管理方法。

　　(4)服务性。明确了物流的服务性职能,关注供应链绩效最优的物流运作与管理方法。

　　(5)表达方式形象化。"使我们的思考支离破碎的原因之一,是我们的语言。"文字性语言很容易使我们陷入片断思考,"如果要看整个系统的相互关联,我们所习用的、片片断断地看这个世界的方式,会产生许多反效果的行动"。因此,本书力求使用图表来说明相关内容。

　　本书从选题、写作直至出版都得到辽宁省高等教育自学考试委员会、大连市物流协会、大连海事大学出版社等单位的领导以及大连海事大学靳志宏教授、杨华龙教授、计明军教授、孙家庆教授的大力支持和指导,并被定为辽宁省自学考试物流管理专业"企业物流管理"课程的指定教材,因此,借本书即将出版之际,向他们表示衷心的感谢。在编写过程中参阅了大量中外文资料,主要参考书目已经列在书后,在此谨向国内外作者表示由衷的感谢,同时,对陈金风等研究生表示诚挚的谢意。本书的编写出版受益于作者主持的国家自然科学基金项目(71271035)的资助。

受作者水平与能力所限，书中定有不当之处，欢迎读者雅正。

意见与建议请反馈至作者邮箱 hspiao1231@ hotmail. com。

朴惠淑

2016 年 2 月于大连

目　录

导论篇

第一章　企业物流管理概述

引导案例

　　X公司是服装生产企业,主要销售针织品,每年面向全球生产、分销5 000万件服装,大多是套头衫、休闲裤和女裙。

　　X公司发现,要使分销系统运行快捷,最好的办法就是在销售代理、工厂和仓库之间建立电子连接。假如该公司在洛杉矶某分店的售货员发现10月初旺销的某款红色套头衫将缺货,就会给公司80个销售代理中的一个打电话,销售代理会将订单录入其个人计算机中,传给主厂的主机。由于红色套头衫最初是由计算机辅助设计系统设计的,主机中会有这款服装的所有数码形式的尺寸,并能够传输给编织机。机器生产出套头衫后,工厂的工人将其放入包装箱,送往仓库,包装箱上的条码中含有洛杉矶分店的地址信息。X公司仅有一家仓库供应世界上60个国家的5 000多个商店。仓库耗资3千万美元,但这个分拨中心只有8个工作人员,每天处理23万件服装。

　　一旦红色套头衫被安置在仓库的30万个货位中的一个,计算机马上就会让机器人运行起来,阅读条码,找出这箱货物,以及其他运往洛杉矶商店的所有货物,将这些货物分拣出来,装上卡车。包括生产时间在内,X公司可以在4周内将所订购的货物运到洛杉矶。如果公司仓库有红色套头衫的存货,就只需1周。这在以运作速度缓慢著称的服装行业是相当出色的成绩,其他企业甚至都不能考虑再订货的问题。如果X公司突然发现今年没有生产黑色羊毛衫或紫色裤子,但它们销售很旺,该公司就会在几周内紧急生产大量黑色羊毛衫和紫色裤子,快速运往销售地点。

　　请思考一下X公司的物流系统及其管理。

　　理解与企业物流管理有关的基本概念,了解企业物流管理发展趋势,明确企业物流管理的研究对象、研究思路和主要研究内容是本章的主要目的。

　　通过本章的学习,学员能够了解、掌握:

★ 物流和企业物流的概念

★ 企业物流的价值

★ 企业物流系统的基本目标和构成

★ 企业物流系统的分类

★ 企业物流管理现状与发展趋势

★ 企业物流管理研究思路和内容

第一节 物流与企业物流

全球经济一体化环境下,物流不再是短期的战术手段而是企业长期的战略决策。物流对企业绩效的影响越来越显著,企业和消费者越来越倾向于更频繁而又更小规模地实施货物和原料的订购与运输。目前物流支出在产品销售成本中所占的比重位居第二位,仅次于原材料成本。而且,许多企业花费了大量的金钱来减少企业内部订货的时间,但却意外地发现客户因为较长的运输时间而丧失了许多利益。于是,现在企业密切关注其与客户相联系的物流系统,因为物流系统往往直接面对客户,而且在很大程度上会对客户的满意度产生影响。

一、物流概念的演变过程及物流的定义

进入 21 世纪,变革成为永恒的主题。日新月异的信息技术和推陈出新的管理手段,集中表现在对传统的运输、仓储服务的改造升级上——变革推动了现代物流产业,在 21 世纪赋予了这个既古老又年轻的产业新的内涵、新的使命。美国物流协会的两次更名,成为全球物流产业两次质的飞跃的标志。1963 年成立时,协会的名称是"全美实物配送协会",1985 年更名为"物流管理协会",是由于运输和配送增加了越来越多的内容,从狭义的运输和仓储,发展到更广泛的物流领域。进入 21 世纪,物流专业人员所包括的范围越来越大,在企业中扮演的角色越来越关键。物流专业人员在组织内部和组织外部与越来越多的人打交道。物流专业人员的角色已经发生演变,它不仅包括物流的内容,而且包括采购、生产运作、市场/营销的功能。物流这个产业比原来的运输和仓储的范围又扩大、加深了,它更注重管理技术对传统产业的改造和升级。2005 年美国物流管理协会更名为"供应链管理专业协会",是物流到供应链的合乎逻辑的演进,标志着全球物流进入了供应链时代。

供应链的实质是物流管理在深度和广度方面的扩展。全球物流进入供应链时代之后,传统的运输、仓储等物流环节纳入供应链的框架之内。

根据国家标准《物流术语》(GB/T 18354—2006)中的定义,物流是指"物品从供应地向接收地的实体流动过程。根据实际需要,将运输、储存、装卸、搬运、包装、流通加工、配送、信息处理等基本功能实施有机结合"。也就是说,物流活动需要解决的是经济活动中如何提高"实物流动效率"的问题,这里的"实物流动效率"是指依据供应链理念通过一系列物流管理与操作,实现以最小的实物存量、最大限度地满足经济活动的需要和消费者需求,具体到企业就是从销售、生产到采购整个过程的实物流动系统的优化管理。

二、企业物流及其价值

根据国家标准《物流术语》(GB/T 18354—2006)中的定义,企业物流是指"生产和流通企业在经营活动中所发生的物流活动"。

物流是创造价值的活动——为企业的顾客和供应商创造价值,为企业的股东创造价值。物流的价值表现在时间和空间两个方面。只有当顾客在他希望进行消费的时间和地点拥有产品和服务时,产品和服务才有价值。如果产品或服务不能在客户所希望消费的时间、地点提供

给客户,它就没有价值。例如,如果在体育赛事发生的时间和地点,产品或服务不可得或持有的产品库存不足以满足球迷需要,则体育赛事中的产品或服务特许经营权就没有价值。当企业花一定的费用将产品运到客户处,或者保持一定数量的库存时,对客户而言,就产生了以前不存在的价值。这一过程与提高产品质量或者降低产品价格一样可以创造价值。

企业物流的每一项活动都可以看成是增值服务过程。如果增加的价值很少,物流活动存在的必要性就值得怀疑了。但是,如果顾客愿意为产品和服务支付的价格超过成本,价值增加就实现了。全球化环境下,对许多企业而言,物流日益成为越来越重要的价值增值过程。

当企业管理者认识到物流是企业成本的重要组成部分,且不同的物流决策会导致供应链不同的客户服务水平时,就会有效地利用物流进入新市场、增加市场份额或增加利润。

第二节　企业物流系统

一、企业物流系统的目标与结构

供应链理论的产生和发展,推动了物流活动系统化理念的提升。企业物流活动系统化是将企业范围的物流活动视为一个大系统,运用系统原理对其进行整体规划和设计,并组织、实施、协调、控制的过程。用系统的观点来研究物流活动是现代物流学的核心问题,物流的灵魂在于系统。

随着工业化发展的历程,企业物流系统正在从手工物流系统、机械化物流系统、自动化物流系统向集成化物流系统、智能化物流系统逐步发展。由于物流的含义是将正确的物品,在正确的时间以正确的顺序送到正确的地点,所以企业物流系统是指在一定的时间和空间里,由所需位移的物资、包装设备、装卸搬运机械、运输工具、仓储设施、人员和通信联系等若干相互制约的要素所构成的具有特定功能的有机整体,是在企业活动中的各种物流功能,随着采购、生产、销售活动而发生,使物的流通效率提高的系统。

为了实现低成本、高效率地满足客户要求的最终目的,企业物流系统一般有以下六个基本目标:

优质服务:无缺货,无损伤和丢失,柔性化;

快速及时:按用户指定的时间和地点迅速送达;

低成本:用最低的费用实现物流服务;

节约空间:发展立体设施和有关的物流机械,以充分利用空间和面积,缓解城市土地紧缺的问题;

规模适当:物流网点的布局优化,合理的物流设施规模、自动化和机械化程度;

最低库存:"零库存"是企业物流系统的理想目标,伴随着"零库存"目标的接近与实现,物流作业的其他缺陷也会显露出来,所以企业物流系统设计必须把资金占用和库存周转速度当成重点来控制和管理。

企业物流系统的运作过程就是将物流系统要素(输入)转化为有形、无形的财富(输出),而创造效用(utility)的过程(见图1-1)。

企业物流系统是由输入、转换、输出和管理系统组成的。转换系统就是在运输、库存、配

图1-1 企业物流系统的运作过程

送、包装等作业中,借助现代科学技术,实现自动化和高效率,同时,使各项物流功能之间能有机地连接起来创造效用,实现满足顾客要求的系统。管理系统就是在企业物流活动中将人、财、物、设备、信息和任务等相关要素高效结合和协调起来,从而实现物流系统低成本、高效率运作的系统。转换和管理系统之间是相辅相成的(见图1-2)。

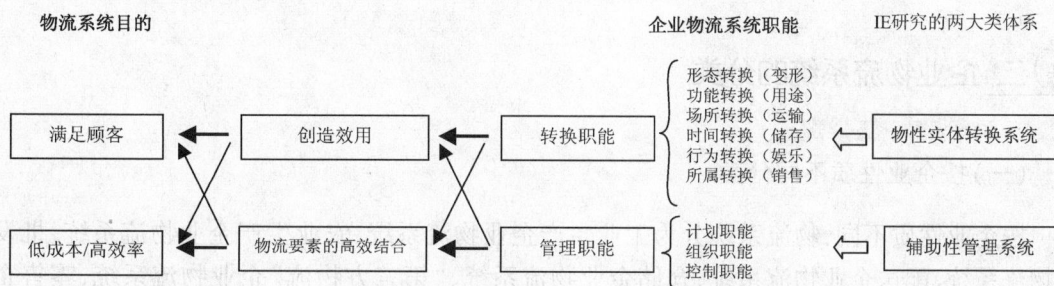

图1-2 企业物流系统职能关联图

其中,转换系统主要由流程/功能子系统、信息/知识子系统、设施/作业子系统以及组织/人员子系统构成。流程/功能子系统的基本功能是完成物性实体转换,其构成要素可具体分为功能要素、流动要素和网络要素。其中功能要素包括运输、储存保管、装卸搬运、流通加工(包括包装)、配送等;流动要素包括流体、载体、流量、流向和流程;网络要素是由结点和结点间的连线组成的。信息/知识子系统的基本功能是为物性实体转换过程提供信息、规章、制度、法律、行政命令、标准化系统、方法等;设施/作业子系统的基本功能是为物性实体转换过程提供硬件设施,并确保其效率和可靠性;组织/人员子系统的基本功能是为物性实体转换过程提供组织保障。总之,流程/功能子系统是转换系统的核心,其他三个子系统是围绕流程/功能子系统,为有效完成流程/功能子系统的任务,实现其目的/目标而设置的支持性系统。

管理系统的基本功能是确保转换系统的经济、高效运转,达到持续改进的目的。管理的核心在于持续改进。

企业物流系统结构图见图1-3。

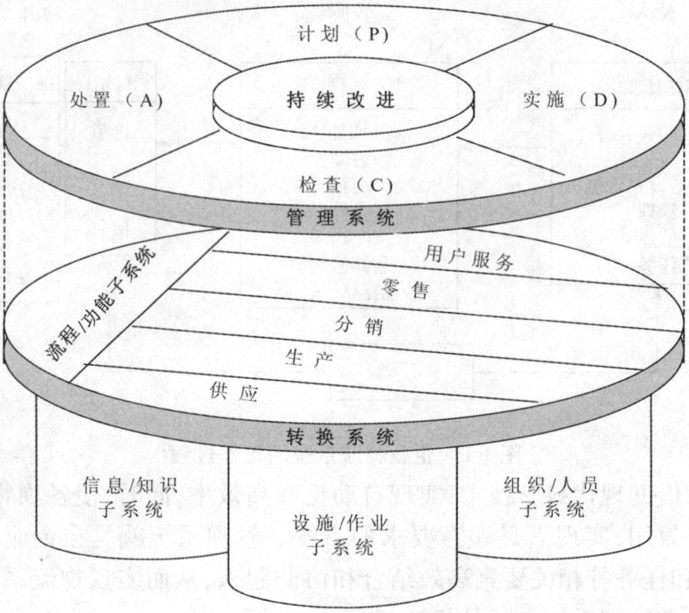

图 1-3　企业物流系统结构图

二、企业物流系统的分类

（一）按企业性质不同分类

按企业性质不同,物流系统分为工业生产企业物流系统、农业生产企业物流系统、批发企业物流系统、配送企业物流系统、仓储企业物流系统、"第三方物流"企业物流系统、零售企业物流系统。

1. 工业生产企业物流系统

工业生产企业物流系统是对应企业生产经营活动而构成的。这种物流系统有四个子系统,即供应物流子系统、生产物流子系统、销售物流子系统、逆向物流子系统。

工业生产企业种类繁多,物流活动也有差异,按主体物流活动区分,可大体分为四种。

（1）供应物流突出的类型。在这种物流系统中,供应物流突出而其他物流较为简单,在组织各种类型工业企业物流时,供应物流组织和操作难度较大。例如,采取外协方式生产的机械、汽车制造等工业企业便属于这种物流系统。一个机械的几个甚至几万个零部件,有时来自全国各地、甚至外国,这一供应物流范围较大,难度也大,成本也高,但生产成一个大件产品（如汽车）以后,其销售物流便相对简单了。

（2）生产物流突出的类型。在这种物流系统中,生产物流突出而供应、销售物流较为简单。典型的例子是生产冶金产品的工业企业,供应是大宗矿石,销量是大宗冶金产品,而从原料转化为产品的生产过程及伴随的物流过程都很复杂,有些化工企业（如化肥企业）也具有这样的特点。

（3）销售物流突出的类型。例如很多小商品、小五金等,大宗原材料进货,加工也不复杂,但销售却要遍及全国或很大地域范围,是属于销售物流突出的工业企业物流类型。此外,如水泥、玻璃、化工危险品等,虽然生产物流也较为复杂,但其销售时物流难度更大,复杂程度更高,有时会出现大事故或花费大代价,因而也包含在销售物流突出的类型中。

(4)逆向物流突出的类型。有一些工业企业几乎没有废弃物的问题,但也有废弃物物流问题十分突出的企业,如制糖、洗煤、造纸、印染等工业企业。废弃物物流的组织水平几乎决定这些企业能否生存。另外,全新的资源环境观和经济观的演变,也导致逆向物流进入了突破性发展阶段。在某种意义上,有着"绿色物流""环保物流"美誉的逆向物流,对优秀企业而言,还承载着另外一项重要职责:显示公司竞争力和领先优势的利器。

2. 农业生产企业物流系统

农业生产企业中农产品加工企业的性质及对应的物流与工业企业是相同的。农业种植企业的物流是农业生产企业物流的代表。这种类型企业的五个物流系统的特殊性是:

(1)供应物流。以组织农业生产资料(化肥、种子、农药、农业机具)的物流为主的内容,除了物流对象不同外,这种物流和工业企业供应物流类似,没有大的特殊性。

(2)生产物流。种植业的生产物流与工业企业生产物流区别极大。主要区别是:

① 种植业生产对象在种植时是不发生生产过程位移的,而工业企业生产对象要不断位移。因此,农业种植业生产物流的对象不需要反复搬运、装放、暂存,而进行上述物流活动的是劳动手段,如化肥、水、农药等。

② 种植业一个周期的生产物流活动,停滞时间长而运动时间短,而工业企业生产物流几乎是不停滞的。

③ 生产物流周期长短不同。一般工业企业生产物流周期较短,而种植业生产物流周期长且有季节性。

(3)销售物流。以组织农业产品(粮食、棉花等)的物流为主要内容。其销售物流的一个很大特点是,诸功能要素中,储存功能的需求较高,储存量较大,且储存时间长,"蓄水池"功能要求较高。

(4)逆向物流。种植生产的废弃物物流也具有不同于一般工业企业废弃物物流的特殊性,主要表现在,以重量计,废弃物物流重量远高于销售物流。

3. 批发企业物流系统

批发企业物流是以批发中心为核心由批发经营活动所派生的物流活动。这一物流活动对应于批发的投入,是组织大量物流活动对象的运进,产出是组织总量同量物流对象物的运出,但是批量变小,批次变多。在批发点中的转换是包装形态及包装批量的转换。商物合一型批发企业和商物分离型批发企业的上述物流过程是同样存在的,只是发生的地点有所区别,一种是商物合一的批发中心,另一种是独立的物流中心。

不同地位的批发企业物流有所不同,主要有两种类型:

(1)大型企业销售网络中的批发企业。这种批发企业面对固定的零售网点或固定的生产型、销售型用户,它的物流特点是销售物流网络固定,因而网络组织完善,销售物流有效的规划和组织,水平较高。

(2)独立批发企业。这种批发企业依靠本身经营和市场开拓同步组织物流活动,用户有很强的不确定性,因而销售物流难以形成固定渠道和网络。

4.配送企业物流系统

配送企业物流系统是指以配送中心为核心的由配送活动组成的物流系统。这一物流的主要特点是主要从事配送中心内部的分货、拣选、配货等物流活动,这是和生产物流非常不同的有特点的物流活动。

5.仓储企业物流系统

仓储企业是以储存业务为盈利手段的企业。仓储企业的物流是以接运、入库、保管、保养、发运或运输为流动过程的物流活动,其中储存保管是其主要的物流功能。

6."第三方物流"企业物流系统

第三方物流通常也称为契约物流或物流联盟,是从生产到销售的整个物流过程中进行服务的"第三方",它本身不拥有商品,而是通过签订合作协定或结成合作联盟,在特定的时间段内按照特定的价格向客户提供个性化的物流代理服务。具体的物流内容包括商品运输、储存、配送以及附加的增值服务等。它是以现代信息技术为基础,实现信息和实物的快速、准确地协调传递,提高仓库管理、装卸运输、采购订货以及配送发运的自动化水平。

7.零售企业物流系统

零售企业物流系统以零售商店或零售中心为核心,以实现零售销售为主体。不同零售企业伴随投入、转换、产出的物流活动有一定区别,主要有以下三种类型:

(1)一般多品种零售企业。这种类型企业物流重点在于多品种、小批量、多批次的供应物流。这种物流一方面可保证零售企业的销售,不脱销、不断档、不缺货;另一方面则是保证不以库存支持这一销售。所以,供应物流是零售企业突出的物流。企业内部物流的关键则是降低库存以保证最大的售货面积,少占用库存场地,尤其在"黄金地域"。零售企业内物流更要强调这一点。

一般零售企业销售物流,主要是大件商品的送货和售货服务。大部分零售企业是在销售后由用户自己完成物流,所以销售物流不是这种类型企业的主要物流形态。

(2)连锁店型零售企业。这种企业的物流特点集中于供应物流,和一般零售企业供应物流不同,连锁店的销售品种是相同的、有特色的,其供应物流是由本企业的共同配送中心完成的。比如,Nike 品牌专卖店物流系统。

(3)直销企业。这种企业物流特点是重点集中于销售物流,销售物流决定了销售业绩。由于直销企业通过直销手段的品种不可能多,因而供应物流及企业内部物流较简单。比如,Dell 公司物流系统。

(二)按物流活动的主体分类

按物流活动的主体进行分类,企业物流可分为第一方物流、第二方物流、第三方物流和第四方物流。

1.第一方物流

第一方物流,本书特指生产产品的供应者,即工业企业自身对产品和物品进行的物流活动。第一方物流又可分为企业自营物流。企业自营物流是指企业自备车队、仓库、场地、人员,以自给自足的方式经营企业的物流业务。

2.第二方物流

第二方物流是指商品需求者对其所需的商品实现从供应地向消费地转移所进行的物流活

动的物流运作模式。

3. 第三方物流

根据国家标准《物流术语》（GB/T 18354—2006）中的定义,第三方物流（3PL）是指"独立于供需双方,为客户提供专项或全面的物流系统设计或系统运营的物流服务模式"。即由供方与需方以外的物流企业提供物流服务的业务模式,如中远物流、中外运物流等。

第三方物流是一种实现供应链集成的有效方法和策略,它通过协调企业之间的物流运输和提供后勤服务,把企业的物流业务外包给专门的物流公司承担,特别是一些特殊的物流运输业务。通过外包给第三方物流承包者,企业能够把时间和精力放在自己的核心业务上,提高了供应链管理和运作的效率。

4. 第四方物流

第四方物流是指专门从事物流方案策划、设计和物流咨询的企业。独立于现有物流系统各个环节的、与原物流系统无直接利益关系的"第四方",将其自身的资源、能力和技术同来自补充服务提供者的资源、能力和技术集合起来,并对之进行管理,从而提供一体化的物流解决方案。第四方物流创造一种协同的环境,从而使协同后的整体效果优于各个部分的简单相加,这种商业实践鼓励个体组织为了达到全体的优化而共享信息和资源。

第三节　企业物流管理

对由输入、转换、输出构成的企业物流系统而言,输入和转换过程中发生成本和费用,而通过将输出品销售给客户来获得收益。为实现物流系统的高收益和低成本,企业要设计并运作能经济地提供高效用物流服务的企业物流系统,这就需要对企业物流系统进行管理。

一、企业物流管理的概念

根据国家标准《物流术语》（GB/T 18354—2006）中的定义,企业物流管理是指"为达到既定的目标,对物流的全过程进行的计划、组织、协调与控制"。

企业物流管理即企业物流系统的管理,它的职能是完成企业物流系统结构中的管理系统职能,即确保企业物流运作系统的经济、高效运转,达到持续改进的目的。

也就是说,企业物流管理过程是为了实现按质、定量、定期、定价的提供物流服务（顾客满意）,对与企业供、产、销相关的物流过程和物流活动的整个环节进行计划、组织、协调与控制（经济性）,并确保持续改进的一系列活动（见图1-4）。

二、企业物流管理的产生与发展

管理科学从宏观、中观和微观三个不同层次进行划分,可划分为理论管理学、基础管理学和应用管理学。企业管理、物流管理都属于微观层次的应用管理学。

1911年美国的弗雷德里克·泰罗出版了《科学管理原理》一书,突破了传统经验管理格局,提出了通过对工作方法的科学研究来改善生产效率的基本原理和方法。在此学说的指导下,企业产生了三大最基本的职能管理,即市场管理、运营管理和财务管理,物流管理并未列入

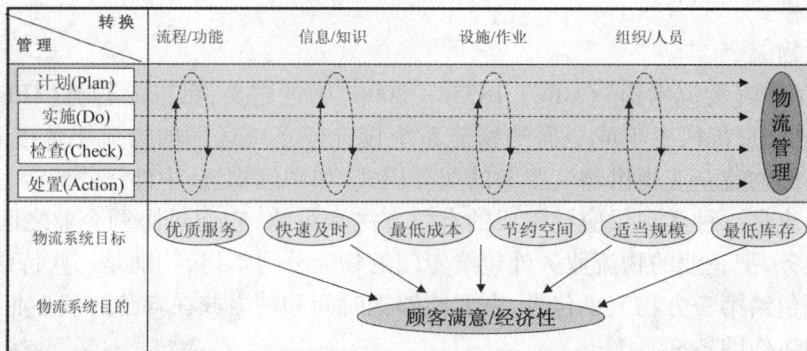

图1-4　企业物流管理活动

其中。企业物流习惯上被分为三段:采购物流、制造物流、销售物流,因而相应的管理业务被归入企业的采购部门、制造部门和市场营销部门,企业未专设一个独立的物流业务部门,各部门各司其职。采购经理关心的是供应商的选择、采购谈判,希望获得尽可能低的采购价格。但低价格往往以大批量采购为代价,价格上得到的好处很快被高额的库存费用抵消了。销售经理考虑的是如何扩大销售量,为保证供货,很少考虑产品的供货方式、成品仓库地点的选择、仓库的数量、库存量的控制、运输方式的选择等,因而销售费用水平也难遂人意。制造经理最感兴趣的就是生产过程的连续性,希望将产品季节性需求所带来的影响最小化,然而人们不可能总是能够完全预测这种需求,因而只能依靠大量的在制品库存来维持。可见,在整个制造过程中,到处存在大量库存和费用,大量的流动资金被当时未被重视的"物流黑洞"吞噬。

　　直到20世纪40年代系统论的产生,人们才开始用系统的观点来解决不适当的库存问题。20世纪60年代物流管理被认为是对企业的原材料采购、运输、原材料和在制品的库存管理;而配送管理是对企业的输出物流的管理,包括需求预测、产品库存、运输、库存管理和用户服务。1961年美国著名学者彼得·德鲁克在《财富》杂志上发表了《经济的黑色大陆》一文,提出物流是"一块经济的黑暗大陆",是企业重要的利润源泉,强调应高度重视流通以及流通过程中的物流管理,引发了企业对物流管理的重视,推动了物流管理思想的广泛传播与应用。当时物流的概念以"实体配送"(Physical Distribution, PD)出现于商业文献,其后物流管理发展成为企业的重要职能。20世纪70—80年代,企业物流管理主要是对进货物流和出货物流进行管理。20世纪80年代,企业的输入、输出以及市场和制造功能被集成起来,企业物流管理才真正受到重视,越来越多的西方企业将物流战略视为获得市场竞争优势的重要途径,开始对物流全过程实施统一管理。管理者将企业物流管理贯穿于从原料采购到成品交付的整个环节,消除了企业内部物流流动之间的障碍,减少了库存量,使企业整体物流成本降低,并从战略角度促成物流管理和企业营销及生产各部门的协调,提高了客户服务水平,强化企业营利能力,企业内部物流一体化成为企业取得成功的必要条件。同期,许多美国企业增设了物流高级主管职位,企业物流管理的战略地位得到了肯定。进入20世纪90年代,市场竞争加剧,促使企业将其物流活动扩大到顾客和供应商相结合的方面。与供应链上游的制造商、原料供应商和位于下游的批发零售商之间的紧密合作,强化了企业对市场的反应能力,提高了供应链的整体效益,实现了整个供应链范围的物流系统效益最大化。这种供应链上各个合作伙伴共赢的境地有助于企业顺利实现其经营目标并促进其不断发展。

纵观企业物流管理发展历程,其过程大致分为四个阶段:

(1)功能化物流管理阶段。运输、仓储、包装等物流的功能是在生产活动和社会经济活动中产生的,通常被作为生产经营活动过程的辅助环节来完成特定的功能。

(2)系统化物流管理阶段。它是指为了实现企业确定的物流系统的目标,提高向消费者和用户供应品的效率,而对物流系统进行计划、组织、指挥、协调和控制的活动。

(3)集成化物流管理阶段。它是指实体供应管理、制造支持管理与实体分销管理的系统集成,包括从原材料、零部件等实体供应开始,通过生产加工过程的制造支持和产品实体分销链,直到将产成品送到最终用户手中为止的实物流动的全过程。它主要包括功能集成、内部集成和外部集成。

(4)网络化物流管理阶段。它是指借助现代信息技术和网络技术,整合企业内外各种物流资源,对供应商和客户的上下游关系以及与此相关联的物流功能、物流资源、物流组织等进行管理,并以整个网络的最小总成本向客户提供最大的价值。

三、企业物流管理发展现状与趋势

物流发展是社会经济发展的函数。全球经济一体化的进程,同样预示了物流业的发展。根据对国内外物流业的发展分析,物流的发展趋势可以归纳为系统化、信息化、自动化、智能化、网络化、全球化、标准化、精益化、柔性化、社会化及绿色物流等。

(一)运作系统化和标准化

物流运作系统化和标准化主要表现在:

(1)物流目标合理化。企业从系统角度统筹规划各种物流活动,必须设立合理化物流目标,理顺物流活动过程中各环节、各功能要素与各物流需要之间的关系,通过物流资源的有效配置,形成物流运作的高效体系,实现物流活动的整体优化。

(2)物流作业标准化。现代物流更加强调物流作业流程、作业方法、作业标准,使复杂的物流操作变成简单的、易于推广和考核的物流作业,不断提升物流作业的质量和效率。

(3)物流功能集成化。现代通信技术和信息技术的发展为企业将多种物流功能进行集成提供了技术支持。现代物流不仅是提供单一的仓储、运输、包装功能服务,还必须开展以供应链为基础的物流功能的集成和整合,包括:物流渠道的集成、物流功能的集成、物流环节的集成等。

(4)物流技术一体化。现代物流必须使用先进的物流技术、设备与管理为生产经营提供服务,并以现代信息技术为技术,融合各种先进物流技术,实现物流技术一体化。

(二)管理信息化和精益化

物流管理信息化和精益化主要表现在:

1. 应用现代信息技术改造传统物流管理

物流管理是一门专业性非常强的技术,但从物流过程来说,80%的物流程序是相似的,可以通过技术手段设计物流专家管理系统,为传统企业改造物流管理提供指导。在企业导入生产计划和销售计划后,物流专家管理系统可以为企业特别设定物流管理方案,供企业参考运行,同时根据企业相关计划的调整,对此方案进行修正,实现物流管理信息化。

2. 利用低成本物流信息交换平台,大幅度降低企业生产经营成本

随着电子商务的发展,越来越多的 B2B 交易平台的出现为传统企业提供了丰富多样的贸易机会,大大降低了企业的采购和销售成本。任何有物流需求的企业,都可通过平台进行低成本物流信息交换,通过平台进行全球低成本营销,拓展业务和市场,借助网络媒体的互动性,实现网上宣传和网上营销的一体化。

3. 利用现代信息技术,迅速完善物流管理信息网络

通过有效的信息渠道,物流过程中的实物库存暂时用信息代替,形成信息虚拟库存,建立需求端数据自动收集系统,在供应链的不同环节采用 EDI 交换数据,建立基于 INTERNET 的数据实时更新和浏览查询、共用数据库、共享库存信息的物流管理信息系统,不断提高物流信息处理功能,将企业各个物流环节、各种物流作业的信息进行实时采集、分析、传递,并为管理提供各种作业明细信息及决策信息。

4. 物流精益化是精益思想在物流管理中的应用

精益物流是指通过消除供应、生产和分拨过程中的非增值浪费,以减少备货时间,提高客户满意度。精益物流系统通过电子化信息流,进行快速反应、准时化生产,从而消除诸如设备空耗、人员冗余、操作延迟和资源浪费等现象,降低物流服务成本。

(三)操作自动化和智能化

自动化的基础是信息化,而智能化是信息化、自动化发展的高级阶段。物流操作自动化和智能化主要表现在:

(1)条形/语音/射频自动识别系统、自动分拣系统、自动导向车、自动存取系统(自动化仓库)、货物自动跟踪系统等多种自动化设施的不断开发和应用。

(2)物流作业涉及了大量的运筹学和决策学原理,如运输的最短路线、最佳车辆调度、最优库存控制,以及自动导向车的运行轨迹和作业控制,自动分拣机的运行等都需要借助于大量的高科技知识才能解决。在发达国家,专家系统、智能机器人等技术已开始应用于物流作业和物流管理。在我国,少数企业已开始将机器人应用于物流作业过程,智能化已经成为现代物流发展的一个新趋势。

(四)服务网络化、社会化和专业化

物流服务网络化和社会化主要表现在:

1. 物流信息网络化

信息的价值在于共享,通过网络与互联网技术,各个物流节点、供应商、用户的信息可以实现实时传递、信息共享。所以,网络化提高了信息化的层次,即从一个部门的信息化提升为整个企业的信息化,再提升为整个供应链的信息化。借助于互联网,一体化物流及供应链管理才成为可能。

2. 物流组织网络化

物流系统是一个大跨度系统,理想的物流组织是由在地域上分布极广的相互联系的节点组成的网络。例如,我国台湾地区计算机业在 20 世纪 90 年代创造出"全球运筹式产销模式",这种模式的基本思路是:按客户订单组织生产,生产采取分散形式,即将全球计算机制造资源都利用起来,将一台计算机的所有零部件、元器件都外包给世界各地的制造商去生产,然后通过全球的物流网络将这些零部件、元器件发往同一个物流配送中心进行组装,由该配送中心将组装的计算机迅速发送到订户。目前,这种产销模式不仅存在于计算机业,也存在于服装、运动器材、消费电子等行业。这种网络组织被称为虚拟企业,不同于传统企业。传统企业的组织结构为等级组织,主要利用内部资源;而虚拟企业主要依靠外部资源,呈网状结构。网络上的各个节点并不是核心企业的基层单位,而是通过合同与核心企业形成合作关系的企业。这种网络组织不仅可以避免内部资源不足的缺陷,还可以充分发挥各地企业的比较优势和区位优势,减少核心企业的投资风险。从名义上看,这种网络组织的主要功能是制造,但实际上它的核心企业以物流和营销为核心能力,它是一种物流组织。

3. 服务社会化和专业化是现代产业结构变化最重要的趋势之一

在美国,服务业的产值占国民生产总值的比重已超过 2/3,几乎 3/4 的非农业劳动力受雇于服务业,最近 20 年新增加的就业岗位 90% 以上在服务业。服务业的这种超越其他产业的增长一部分是得益于服务领域创新,但更重要的原因是服务社会化,即原来由企业和家庭自行提供的服务改由社会化的专业服务企业提供。而服务的社会化、专业化对服务领域的创新也起到激励作用。在这样一个大背景下,物流服务的社会化、专业化变得更容易为工业、商业、建筑业等各产业接受。第三方物流的发展、第四方物流的兴起正是这种趋势的反映。

(五)经营全球化和柔性化

物流经营全球化和柔性化主要表现在:

1. 物流经营战略的全球化定位

现代信息技术发展不仅提高了全球商务信息交换能力,而且极大地促进了世界经济的高速发展。世界趋向实时变化,对物流发展提出了更高的要求。为了在更广泛更多变的全球市场上提供综合物流服务,形成核心发展能力,企业需要在全球化物流经营上进行战略定位,树立以供应链为基础的国际化物流新概念,确立物流经营发展方向和发展目标,以适应经济全球化的发展需要。

2. 物流经营资源的全球化配置

现代企业开展全球化物流经营就必须从国际贸易实际情况出发,面向全球进行物流资源的配置,提高物流资源转化效能,降低物流运作成本,以适应物流经营的全球化竞争需要。

3. 物流经营运作的全球化组织

经济全球化发展导致商品交易规模的不断扩大、商品交易空间的迅速扩展,形成了对物流运作组织的新要求。物流经营运作必须从企业自身、国内市场扩展到国际市场,借鉴国际物流经验,采取国际化惯例进行物流经营的组织,谋求物流经营的规模化发展。

4. 物流柔性化是敏捷制造模式在物流经营中的应用

全球性的竞争使得市场变化太快,单个企业依靠自己的资源进行自我调整的速度已赶不上市场变化的速度。为了解决这个影响企业生存和发展的世界性问题,美国工业界提出了以虚拟企业(Virtual Enterprise,VE)或动态联盟为基础的敏捷制造模式。提出敏捷制造是一次战略高度的变革。敏捷制造面对的是全球化激烈竞争的买方市场,采用可以快速重构的生产单元构成的扁平组织结构,以充分自治的、分布式的协同工作代替金字塔式的多层管理结构,注重发挥人的创造性,变企业之间你死我活的竞争关系为既有竞争又有合作的"共赢"关系。

敏捷制造强调基于互联网的信息开放、共享和集成。

敏捷制造模式的产生使大规模定制生产成为可能,从而能够满足用户个性化需求。敏捷制造即制造柔性化必然要求作为生产后勤系统的物流服务柔性化,即要求物流系统能提供"多品种、小批量、多批次、短周期"的物流服务。传统物流服务当然也能满足这些要求,但成本会因此增加。而柔性物流系统依靠信息和自动化技术,能以用户可以接受的成本提供这些服务。随着电子商务的发展,定制营销将逐渐成为主流营销模式,不仅在工业品领域得到应用,消费品领域也将逐步推广。这就注定了只依靠大批量运输降低物流成本的传统物流模式将只存在于供应链上游产业,而在供应链的中游和下游产业中,柔性化物流将成为主导性物流模式。

(六)绿色物流和逆向物流

物流对环境造成的污染已经引起人们的加倍关注,因此在现代物流中大力提倡绿色物流。对物流系统污染进行控制,如使用污染小的运输工具、分时段运输、建立噪音控制系统和工业与生活废料处理物流系统等,都会随现代物流发展有更大的发展。

对废旧物资的回收物流,对不合格产品的召回物流,也会越来越受到重视。这些物流称为逆向物流。它们在节约能源、修旧利废、节约物质资源和资源的再造上将发挥重要作用。

四、企业物流管理的研究思路与内容

本书主要对工业生产企业进行研究。企业经营决策根据决策层次可分为:最高经营层的战略决策、中间管理层的管理决策、基层管理层的业务决策,而且,根据决策结果的影响程度,又可分为长期决策和短期决策。

企业物流管理根据研究思路、系统结构和管理模式可分为以下环节:

企业物流系统规划设计。与企业物流系统设计有关的问题,是从长远角度研究战略性决策问题。在企业物流活动中,长期性战略决策问题虽然发生的次数很少,但其决策结果会长期对企业物流活动产生影响。

企业物流系统的运作与管理。与企业物流系统的运作与管理有关的问题,是从中间管理层和业务层角度,研究短期决策问题。运作与管理是难以完全划分界限的,只是运作更加侧重于计划的制定与协调,而管理侧重于计划的执行过程与结果(绩效测评等)。在企业物流系统运作与管理中,像日程计划或库存控制等短期决策问题,虽然发生的次数很多,但其决策结果对企业物流活动的影响不会过长。

按企业物流管理研究思路,相关环节对应的主要研究内容和关注点如表1-1所示。

表 1-1　企业物流管理相关环节、主要研究内容和关注点

环 节	主 要 研 究 内 容 与 相 关 章 节	关 注 点
企业物流系统 规划设计	企业物流需求预测 （第四章）	一企业物流需求特征与影响因素 一预测内容 一预测方法
	企业物流战略规划 （第四章）	一企业物流战略及其目标 一典型的企业物流战略 一企业物流战略规划内容
	企业物流流程/功能规划设计 （第五章）	一影响企业物流过程及其系统结构的因素 一典型的企业物流过程 一企业生产设施布置类型 一设施布置的基本方法 一固定设施选址问题 一物流设施选址方法——重心法 一运输方式选择问题
	企业物流网络规划设计 （第五章）	一网络规划的主要内容和一般程序 一网络规划的常用模型
	企业物流管理信息系统 规划设计 （第六章）	一企业物流管理信息系统结构 一企业物流管理信息系统功能 一企业物流管理信息技术 一供应链物流管理信息共享与交换
企业物流系统运作	供应链环境下企业物流运作 （第七章）	一企业仓储系统的功能 一企业库存拉动式运作 一企业库存推动式运作 一企业库存的联合运作 一企业配送的主要形式 一运输路线和时刻表的制定 一供应链协同计划与控制 一供应链协调中的企业物流
	企业物流运作业务流程 （第八章）	一业务流程及其再造 一企业物流运作模式及其业务流程
企业物流系统管理	企业物流过程管理 （第九章）	一传统职能管理与过程管理的区别 一供应、生产、销售、逆向等各物流过程管理的关注点
	企业物流服务商管理 （第九章）	一企业物流服务商及其职能 一企业物流服务商资源池的构建与更新 一企业物流服务商的选择与管理
	企业物流资源管理 （第十章）	一企业物流技术装备及其配置 一企业物流设备维修管理及其主要内容 一设备维修体制 一设备故障特征 一设备维修管理的定量化方法 一设备更新与改造
	企业物流成本管理与绩效测评 （第十一章）	一企业物流成本构成 一企业物流成本计算 一企业物流成本分析 一企业物流绩效层次 一企业物流绩效测评指标体系结构 一企业物流绩效测评体系

练习题

1.1 请解释下列概念：

物流,企业物流,企业物流管理,第三方物流。

1.2 请说明企业物流的价值。

1.3 请简述企业物流系统的目标和运作过程。

1.4 请简述企业物流系统构成。

1.5 试分析企业物流管理发展趋势。

第二章 现代企业经营模式与物流管理

戴尔计算机没有足以为它带来如此超高速的增长和营利性的专利技术,事实上,戴尔计算机几乎所有的部件在市场上都能买到。但是戴尔成功地控制其采购、生产和配货的时间,以至于它能保持零整机存货和最少的部件存货量,即便如此,却仍然能够在24小时之内完成组装并递送顾客订购的产品。戴尔的主要优势是其卓越的供应链设计,这种卓越设计更因其精确的供应链管理而得以加强。

戴尔的运营战略是以基于订单的生产系统为基础的。也就是说,戴尔只有在确认了顾客订单以后才会组装计算机,即使在这种情况下戴尔仍然可以保持2~3天的订货—交货时间。在供应链方面,戴尔只购买最近的技术部件,即便每次这只能给它带来几天甚至几个小时的时间节省。这不仅使戴尔的存货持有成本最小化,而且减少了其潜在的过时部件存货的保有量(想象一下一个计算机公司,如果在一种最新的计算机芯片问世后100天才开始使用,是多么可怜的一件事情)。戴尔同时也把供应链与其售后服务和计算机递送的外包业务联系在一起。

在众多通过实施卓越的运营与供应链管理战略而获得成功的组织中,戴尔只是其中之一,当然,也不能保证这些战略对戴尔永远有效。

请思考一下戴尔的经营运作模式与物流管理。

了解企业经营模式的变迁过程和趋势,理解供应链及其管理的概念,明确物流管理在供应链管理中的重要位置是本章的主要研究目的。

通过本章的学习,学员能够了解、掌握:

★ 21世纪全球市场竞争的主要特点
★ 企业经营模式的变迁过程
★ 几种典型的企业管理技术
★ 供应链及其管理的含义
★ 物流管理在供应链管理中的地位

第一节 新环境下的企业经营模式

在全球市场的激烈竞争中,企业面对一个变化迅速且无法预测的买方市场,致使传统的生产与经营模式对市场剧变的响应越来越迟缓和被动。为了摆脱困境,企业采取了许多先进的制造技术和管理方法,如柔性制造系统、准时生产制、制造资源计划等,虽然这些方法取得了一定的实效,但在经营的灵活性、快速满足顾客需求方面并没有实质性改观。人们终于意识到问题不在于具体的制造技术与管理方法本身,而是在于他们仍囿于传统生产与经营模式的框框之内。

一、21 世纪全球市场竞争的主要特点

随着经济的发展,影响企业在市场上获取竞争优势的主要因素也发生着变化。认清主要竞争因素的影响力,对于企业管理者把握资源应用、获取最大竞争优势具有非常重要的意义。与 20 世纪的市场竞争特点相比,21 世纪的竞争又有了新的特点。

1. 产品生命周期越来越短

随着消费者需求的多样化发展,企业的产品开发能力也在不断提高。目前,国外新产品的研制周期大大缩短。例如,AT&T 公司新电话的开发时间由过去的 2 年缩短为 1 年,惠普公司新打印机的开发时间从过去的 4.5 年缩短为 22 个月,而当今的计算机市场更是如此,几乎是一上市就已经过时了,就连消费者都有些应接不暇。

2. 产品品种数快速膨胀

因消费者需求的多样化越来越突出,厂家为了更好地满足其要求,便不断推出新的品种。这样一来引起了一轮又一轮的产品开发竞争,结果是产品的品种数成倍增长。

3. 对市场的响应速度越来越快

缩短产品的开发及生产周期,在尽可能短的生产时间内满足用户需求正成为所有管理者最为关注的问题之一。企业间的竞争因素在 20 世纪 60 年代为成本,80 年代为质量,90 年代为交货期,而进入 21 世纪则为响应速度。企业不仅有了很强的开发能力,完善的产品品种和对供应链成本的控制,更为重要的是缩短产品上市时间,即尽可能提高对客户需求的响应速度。20 世纪 90 年代日本汽车制造商平均每 2 年推出一个车型,而美国推出相当档次的车型却要 5 ~ 7 年,从时间竞争的角度表明在那段时间内日本汽车汽车制造业在市场中一直表现得很主动。

4. 对产品和服务的期望越来越高

进入 20 世纪 90 年代以后,用户对产品质量和服务质量的要求越来越高。用户已不满足于从市场上买到标准化生产的产品,他们希望得到按照自身要求定制的产品或服务。因此企业必须具有一对一的定制化服务系统。显然个性化定制生产提高了产品质量,使企业快速响应客户要求,但对企业运作模式提出了更高的要求。

二、企业经营模式的变迁过程

经营模式是一种系统化的指导与控制方法,它把企业中的人、财、物和信息等资源,高质量、低成本、快速及时地转换为市场所需要的产品和服务。因此,自企业建立那天起,质量、成本和时间(生产周期)就一直是企业的三个核心活动,企业经营模式也是围绕着这三个方面不断发展的。并且,随着消费需求的个性化和多样化,生产过程柔性化问题逐渐突出出来,并加入企业核心活动之列。企业的生存和发展有赖于企业核心活动过程管理水平的提升;因为质量是企业的立足之本,成本是生存之道,而时间和柔性则是发展之源。没有好的质量,就无法

得到消费者的认可,企业所提供的产品或服务就无法在市场上立足,没有低的成本,企业就没有利润,无法获得再生产所需要的资金。而企业要适应不断发展的消费需求,就必须能在最短的时间里提供满足消费者所需求的个性化产品或服务,因此生产周期(包括产品研制和生产时间)和柔性化服务就成了能否适应企业发展要求的关键。

为了做好这四个方面的工作,企业无时无刻不在寻找最有效的管理方法,自然,多种多样的管理技术和方法应运而生,并得到了发展。如图 2-1 所示。

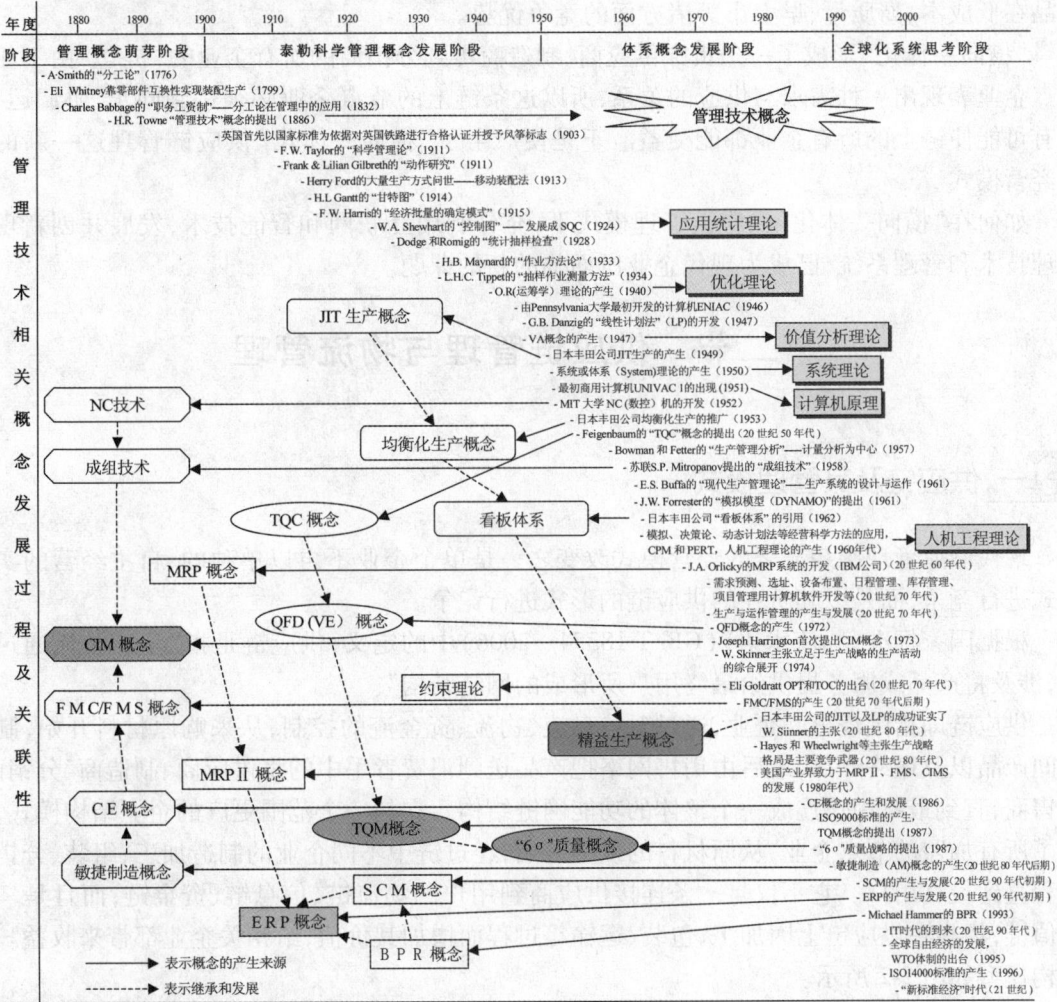

图 2-1 管理技术相关概念发展过程及关联性

图 2-1 主要展示了三个方面的内容。第一,按时间序列将主要研究活动和成果排列出来。第二,将各研究活动中对当今典型的管理理念、有较大影响的关键性概念标识出来。第三,将前后关系密切的概念连接起来,表明理念和方法论上的继承和发展,但不能将其理解为概念之间无相关关系,任何一个概念和理论的产生都是以其之前的所有研究成果为基础的。

从图 2-1 所示的发展过程中,我们不难看出几种典型管理技术和理念的形成和发展趋势。这些管理技术和理念主要包括:JIT/精益理念(关注成本);TQM/"6σ"质量经营理念(关注质量);ERP/供应链理念(关注时间和柔性);CIMS/集成化理念(关注柔性)。

然而,这些以企业内部资源为核心而发展起来的管理技术,受到"横向一体化"供应链管理模式的冲击。"横向一体化"就是利用企业外部资源快速响应市场需求,企业只关注最核心的竞争能力:产品方向和市场。至于生产,只抓关键零部件的制造,甚至全部委托其他企业加工。例如,福特汽车公司的 Festival 车就是由美国福特公司设计,日本的马自达公司生产发动机,韩国的制造厂生产其他零件和装配,最后在美国市场上销售的。制造商把零部件生产和整车装配都放在了企业外部,这样做的目的是利用其他企业的资源优势促使产品快速上马,赢得产品在低成本、高质量、早上市等诸方面的竞争优势。

"横向一体化"形成了一条贯穿供应商、制造商再到分销商的所有企业的"链"。由于相邻节点企业表现出一种需求与供应的关系,所以这条链上的节点企业必须达到同步、协调运行,才有可能使链上的所有企业都能受益。于是便产生了"横向一体化"供应链管理这一新的企业经营模式。

如何在"横向一体化"供应链管理模式下,充分利用互联网和智能技术,发展并创新现代管理技术和管理系统,已成为现代企业所面临的新的课题。

第二节　供应链管理与物流管理

一、供应链及其管理模式

现代商业管理中最显著的经营模式改变之一是单个企业不再以单独的、自主经营的实体形式进行竞争,而是以其所在的供应链的形式进行竞争。

根据国家标准《物流术语》(GB/T 18354—2006)中的定义,供应链是指"生产及流通过程中,涉及将产品或服务提供给最终用户所形成的网链结构"。

供应链即指围绕核心企业,通过对信息流、物流、资金流的控制,从采购原材料开始,制成中间产品以及最终产品,最后由销售网络把产品送到消费者手中的将供应商、制造商、分销商、零售商,直到最终用户连成一个整体的功能网链结构。它是一个范围更广的企业结构模式,包含了所有加盟的节点企业,从原材料的供应开始,经过链中不同企业的制造加工、组装、分销等过程直到最终用户。它不仅是一条连接供应商到用户的物流链、信息链、资金链,而且是一条增值链,物料在供应链上因加工、包装、运输等过程而增加其价值,给相关企业都带来收益。其结构模型如图 2-2 所示。

供应链由所有加盟的节点企业组成,其中有一个核心企业,其他节点企业在核心企业需求信息的驱动下,通过供应链的职能分工与合作,以资金流、物流或/和服务流为媒介实现整个供应链的不断增值。

供应链是人类生产活动的一种客观存在。但是,过去这种客观存在的供应链系统一直处于一种自发的、松散的运动状态,供应链上的各个企业都是各自为战,缺乏共同的目标。不过,由于过去的市场竞争远不如今天这么严峻,因此,这种自发运行的供应链系统并没有反映出不适应性。然而,进入 21 世纪后,经济全球化、市场竞争全球化等浪潮一浪高过一浪,自发供应链所存在的种种弊端开始显现出来,企业必须寻找更有效的方法,才能在这种形式下生存和发展下去。因此,人们发现必须对供应链这一复杂系统进行有效的协调和管理,才能取得更好的

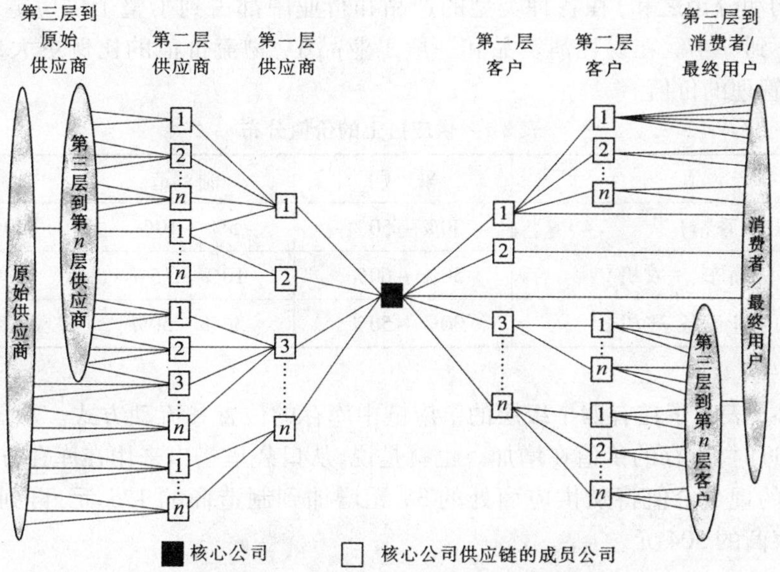

图 2-2 供应链系统的分层结构

绩效,才能从整体上降低产品(服务)成本,供应链管理思想就在这种环境下产生和发展起来了。

计算机网络的发展进一步推动了制造业的全球化、网络化的过程。虚拟制造、动态联盟等制造模式的出现,更加迫切需要新的管理模式与之相适应。传统的企业组织中的采购、加工制造、销售等看似整体,但却缺乏系统性和综合性的企业运作模式,已经无法适应新的制造模式发展的需要,而那种"大而全、小而全"的企业自我封闭的管理体制,更无法适应网络化竞争的社会发展需要。因此,"供应链"的概念与传统的销售链是不同的,它已跨越了企业界限,从建立合作制造或战略伙伴关系的新思维出发,从产品生命线的"源"头开始,到产品消费市场的"汇",从全局和整体的角度考虑产品的竞争力,使供应链从一种运作性的竞争工具上升为一种管理性的方法体系。

供应链管理是一种集成的管理思想和方法。供应链管理把供应链上的各个企业作为一个不可分割的整体,使供应链上各企业分担的采购、生产、分销和销售的职能成为一个协调发展的有机体。

根据国家标准《物流术语》(GB/T 18354—2006)中的定义,供应链管理是"对供应链涉及的全部活动进行计划、组织、协调与控制"。其管理要点就是使供应链运作达到最优化,以最少的成本,令供应链从采购开始,到满足最终顾客的所有过程,包括工作流、实物流、资金流和信息流等均高效率地操作,把合适的产品以合理的价格,及时准确地送到消费者手上。

二、物流管理在供应链管理中地位

一般认为,供应链是物流、信息流、资金流的统一,那么,物流管理很自然地成为供应链管理体系中的重要组成部分。物流管理在供应链管理中重要的作用可以通过价值分布来考查。表 2-1 为供应链的价值分布。不同的行业和产品类型,供应链价值分布不同,但是可以看出,物流价值(采购和分销之和)在各种类型的产品和行业中都占到了整个供应链价值的一半以上,制造价值不到一半。在易耗消费品和一般工业品中,物流价值的比例更大,达80%以上,充分说明物流管理的价值。

表 2-1　供应链上的价值分布

产　品	采　购	制　造	分　销
易耗品(如肥皂、香精)	30%～50%	5%～10%	30%～50%
耐用消费品(如轿车、洗衣机)	50%～60%	10%～15%	20%～30%
重工业品(如工业设备、飞机)	30%～50%	30%～50%	5%～10%

还有,图 2-3 表示了在有四个级层的供应链中库存的位置和流动方式。从图中可知,当库存向消费点移近时,库存的价值在增加。也就是说,从口袋里掏出来用在库存方面的现金投资增加了。库存的现金价值将从供应商处的 35 元增加到制造商的 175 元,再到批发商的 434 元,最后到零售商的 504 元。

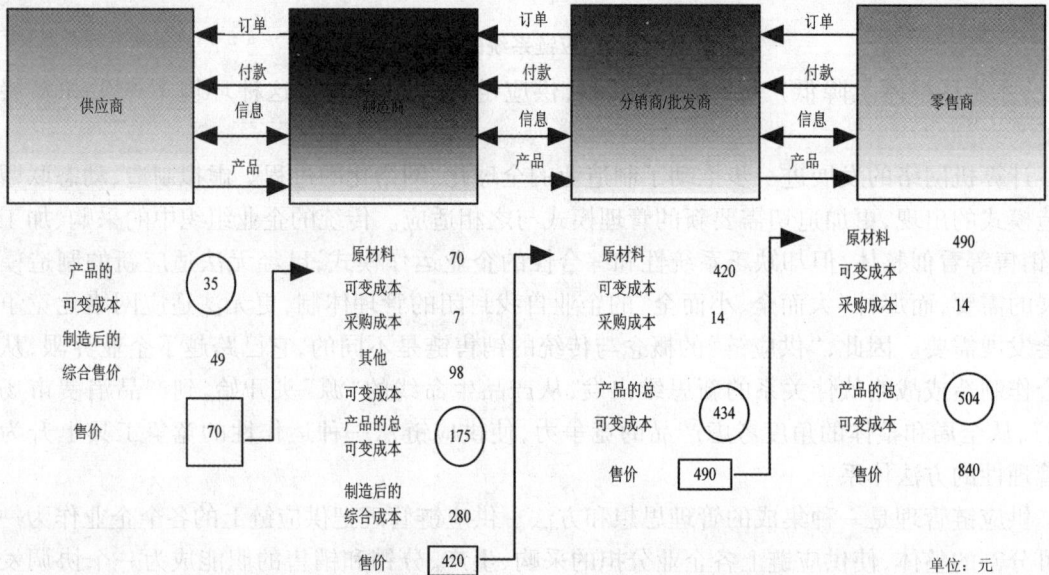

图 2-3　有四个级层的供应链中库存的位置和流动方式

这就是说,当各级层的库存周转率相同时,库存持有成本在零售商层面上会变得非常高,因而在零售商那里的库存周转改进与在供应商或制造商那里的库存周转改进相比,会对整个供应链的业绩造成更大的影响,也会比在批发商处的周转改进有较大的影响。而随着库存周转率的提高每单位库存持有成本也是不断降低的。图 2-4 表示了每单位商品的库存持有成本将如何随着库存周转的次数发生变化的一个实例。

总之,将库存沿供应链向后推向供应的起点会使总的库存持有成本得到改善。库存越靠近后端,整个供应链的总体库存持有成本就会越低。这就是说,供应链是一个价值链的增值过程,有效地管理好物流过程,对于提高供应链的价值增值水平,有着举足轻重的作用。

从传统的观点看,物流对制造企业的生产是一种支持作用,被视为辅助的功能部门。但

（每单位商品）库存持有成本/元

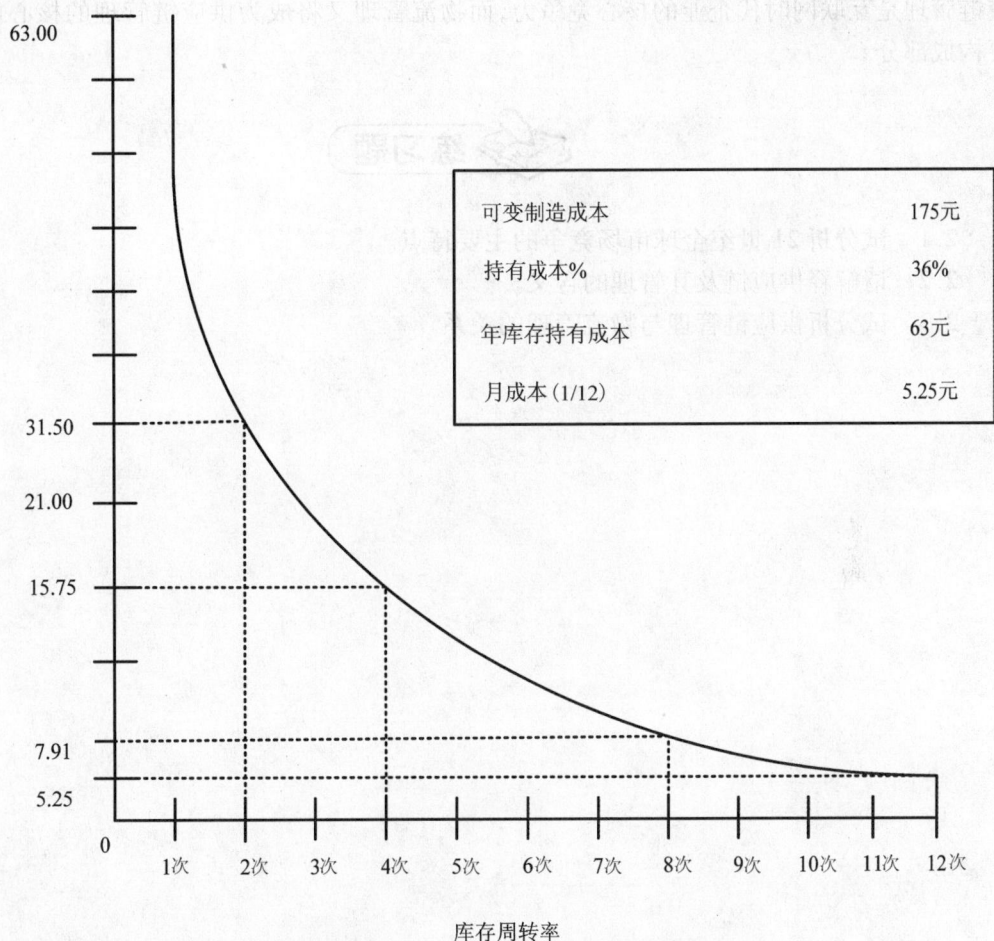

可变制造成本	175元
持有成本%	36%
年库存持有成本	63元
月成本(1/12)	5.25元

库存周转率

图 2-4　年库存持有成本和库存周转率的关系

是,现代企业的生产方式的转变,即从大批量生产转向精细的准时化生产,这时的物流,包括采购与供应,都需要跟着转变运作方式,实行准时供应和准时采购等。另一方面,对顾客需求的及时响应,要求企业能以最快的速度把产品送到用户的手中,以提高企业的快速响应市场的能力。所有的这一切,都要求企业的物流系统具有和制造系统协调运作的能力,以提高供应链的敏捷性和适应性,因此,物流管理不再是传统的保证生产过程连续性的问题,而是要在供应链管理中发挥重要作用:

(1)创造用户价值,降低用户成本;

(2)协调制造活动,提高企业敏捷性;

(3)提供用户服务,塑造企业形象;

(4)提供信息反馈,协调供需矛盾。

要实现以上几个目标,物流系统应做到准时交货、提高交货可靠性、提高响应性、降低库存费用等。现代市场环境的变化,要求企业加速资金周转,快速传递与反馈市场信息,不断沟通生产与消费的联系,提供低成本的优质产品,生产出满足顾客需求的顾客化的产品,提高用户满意度,因此,只有建立敏捷而高效的供应链物流系统,才能达到提高企业竞争力的要求。供应链管理是互联网时代企业的核心竞争力,而物流管理又将成为供应链管理的核心能力的主要构成部分。

练习题

2.1　试分析 21 世纪全球市场竞争的主要特点。

2.2　请解释供应链及其管理的含义。

2.3　试分析供应链管理与物流管理的关系。

第三章 物流服务与售后逆向物流

引导案例

【案例1】W公司是一家生产供运动员使用的深水发声器和鱼类探测器的企业,他们认识到订货周期的长短和可靠性在维修服务中非常重要。我们可以来看看该企业在促销资料上做出的服务承诺:

"当您的深水发声器需要维修服务,而且需要快速服务时,迄今为止所有的世界纪录里,只有一条对您是重要的,那就是W公司新颖独特的24小时服务承诺。这意味着您的器材会快进快出——服务周期是所有服务行业中最快的。我们利用联邦快递公司取货、送货,W公司的服务就像打免费电话一样方便!

只有W公司能够真正保证任何服务或维修都在24小时内完成。在运回到您身边之前,专业培训的技师将对您的器材进行彻底检查,您的器材将得到足足8小时的精心维护——就在第二个工作日!"

请思考一下W公司的促销力来自于服务还是物流?

【案例2】美国STL公司是一家具有150多年历史的世界著名汽保设备制造商,公司拥有Stl&rel、Pot&rel、Fta&rel、Fcm&rel等多个著名品牌,奠定了其在国际汽保维修领域的领先地位。

STL公司在美国、欧洲、加拿大、澳大利亚、远东地区和拉丁美洲设有业务分支机构,年营业额近七十亿美元。在全球,STL公司拥有70多家全资生产基地。在亚洲地区,STL公司员工总数超过千名,并拥有7家制造工厂,包括STL公司(漳州)工具有限公司、STL公司(武汉)五金有限公司、STL公司(无锡)紧固系统有限公司、中国台湾STL公司七和国际股份有限公司、STL公司新加坡有限公司、吉事高五金机械(浙江)有限公司及台湾大伟企业股份有限公司。STL公司于1991年在中国成立了第一家工厂,截至2014年,STL公司在中国已经拥有16个直接投资工厂,7个市场拓展直接投资子公司和2个全球采购中心。

请思考一下STL公司的售后逆向物流运作模式。

理解企业客户服务与物流服务的含义,了解物流服务对企业绩效的影响,了解售后逆向物流服务的内涵是本章的主要研究目的。

通过本章的学习,学员能够了解、掌握:

★ 企业客户服务与物流服务的关联性

★ 物流服务对销售的影响

★ 最优物流服务水平的确定

★ 售后逆向物流服务的内涵和特征

第一节　物流服务概述

物流服务可以从两个角度进行研究：一是从专业物流企业的角度，其物流服务研究的是物流企业的产出问题；二是从生产企业的角度，其物流服务研究的是生产企业产出中"客户服务"方面的问题。本章研究的物流服务即指生产企业的物流服务，也可称物流客户服务。

一、企业客户服务与物流服务的关联性

一般而言，生产企业的产出是产品价格、质量和服务的组合。而客户购买的是其组合。其中，服务或客户服务的含义比较广，可以包括从产品的可得率到售后服务等众多要素。显然，物流客户服务是企业所提供的总体服务中的一部分。因此，我们首先从企业的角度来讨论服务，然后筛选出那些物流活动特有的要素。

目前，研究客户服务主要分三个阶段要素来分析：

交易前要素为好的客户服务营造氛围。它主要包括：向客户提供关于客户服务的书面陈述，诸如订货后何时送到、退货和延期交货的处理程序、运输方法等，以使客户了解可期望得到什么样的服务；制订应急服务计划以应付工人缺勤或自然灾害影响正常服务的情况；创建实施客户服务政策的组织机构。此外，为客户提供技术培训和技术手册也能改善买方和供应商之间的关系。

交易中要素是直接导致产品送达客户手中的要素。例如，设定库存水平；选择运输方式；建立订单处理程序等。这些因素进而又会影响送货时间、订单履行的准确性、收到货物的状态、存货可得率。

交易后要素代表一整套服务，这些服务可用于：产品使用时的服务支持；保护客户利益不受缺陷产品损害；提供包装（可返还的瓶子、托盘等）返还服务；处理索赔、投诉和退货。这些活动发生在产品售出之后，但是必须在交易前和交易阶段就做好计划。

由于客户是对所有活动的组合做出反应，因此，企业客户服务就是所有这些要素的总和。然而，研究表明，在客户服务所有要素中，物流服务在客户心目中的影响越来越突出，特别是互联网电商时代。下面以客户服务的首要要素订货周期为例，说明物流服务在企业总体客户服务中所处的重要位置。

订货周期即指从客户提出订货、购买到收到所订购产品或服务所经过的时间。一个订货周期所包含的时间要素主要有：订单传输时间、订单处理时间、配货时间、存货可得率、生产时间和送货时间。这些要素直接或间接地受订单传输方式的设计和选择、库存运作模式、订单处理程序、运输方式以及计划方法等物流服务相关内容的影响。比如，物流信息系统中的订单处理系统，从仓库中拣货、将货物运到仓库的发运点、必要的包装或简单的加工过程、与运往同一方向的货物进行拼装等活动，运输方案的选择、运输计划的制订等都属于物流服务的内容。

显然，物流服务不仅是企业客户服务的重要组成部分，而且处于核心地位。如何通过加强物流管理来提高企业客户服务水平，并确保顾客满意度，是生产企业提高竞争力的主要手段。

二、物流服务及其对销售的影响

根据国家标准《物流术语》（GB/T 18354—2006）中的定义，物流服务是"为满足客户需求所实施的一系列物流活动过程及其产生的结果"。企业为促进其产品或服务的销售，利用信息系统、合理的库存和优化的线路，为客户提供及时准确的订单处理和配送服务，满足客户对所订购产品的可得性和可靠性的要求。高质量的物流客户服务是创造需求、保持客户忠诚度的重要影响因素。

研究表明，物流服务会对销售产生影响。而且，当企业产品价格和质量与竞争者相当时，物流服务水平与销售收入之间具有如图 3-1 所示的关系。其中，纵向坐标表明销售收入，横向坐标表明相对于竞争者的物流服务水平。图 3-1 曲线有三个明显不同阶段：导入阶段、快速增长阶段和趋于稳定并下降阶段。每一阶段都表明服务水平的等量提高带来的销售收入并不相等。导入阶段反映企业服务水平不及竞争者的服务水平时，销售收入处于较低；快速增长阶段反映企业服务水平逐渐高于竞争者的服务水平时，销售收入得到快速增长；趋于稳定并下降阶段反映企业服务水平高到一定程度后，不仅不会带来销售收入的提高反而可能会引起销售收入的下降，也就是说，服务的改进应该适度。

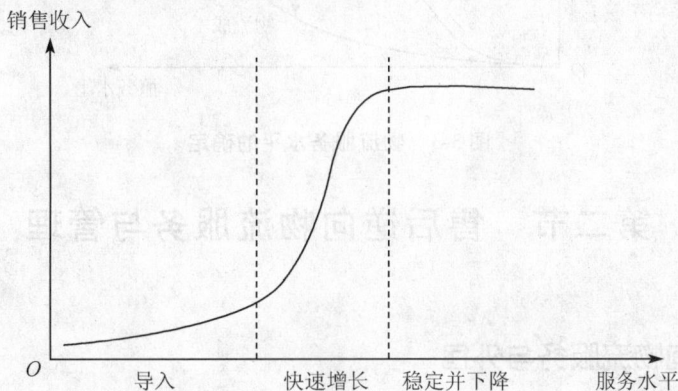

图 3-1 销售与物流客户服务水平关系示意图

另外，不同产品或不同环境下，图 3-1 中不同阶段转换期的点位会有所不同，而且，某些产品的销售—服务关系也可能偏离图 3-1 中的理论关系。在具体案例中，应该利用适宜的方法找出实际的关系模型。

三、最优物流服务水平的确定

物流服务水平就是设定的物流活动水平的结果。这就意味着每一客户服务水平都对应着成本水平。研究表明，在一般情况下，物流服务水平与成本之间具有如图 3-2 所示的关系。

一旦已知各物流服务水平下的销售收入和物流成本，就可以确定使企业利润最大化的物流服务水平。确定最优物流服务水平，首先要确定不同水平的物流服务对销售收入的影响，然后计算给定客户服务水平下的成本，最后从销售收入中减去成本，盈余最大的就是最优的客户服务水平（见图 3-3）。

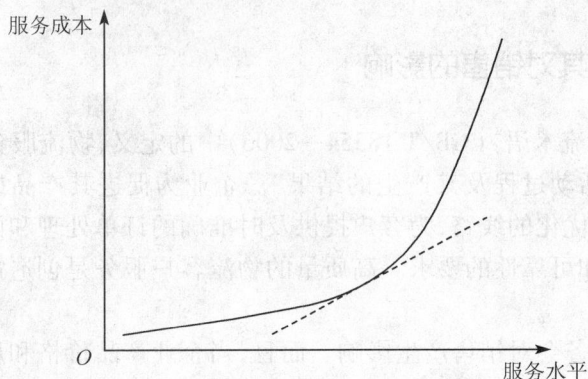

图 3-2   成本与物流客户服务水平关系示意图

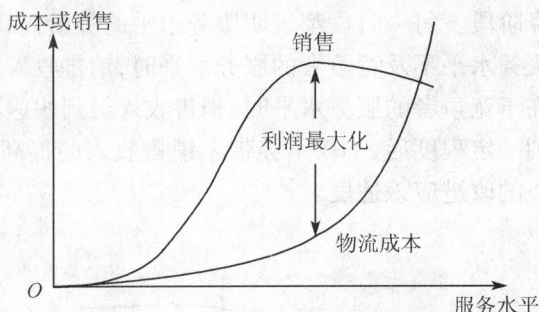

图 3-3   物流服务水平的确定

第二节   售后逆向物流服务与管理

一、售后逆向物流服务与外包

售后逆向物流服务即指生产企业因消费者退货和产品维修而产生的逆向物流活动过程及其产生的结果。售后逆向物流服务需求主要在两种情况下发生:一种是售后不合格物品的返修、退货以及周转使用的包装容器,从需求方返回到供应方形成的物品实体流动;另一种是将经济活动中失去原有使用价值的物品,根据实际需要进行收集、分类、加工、包装、搬运、储存,并分送到专门处理场所时所形成的物品实体流动。因为逆向物流具有产生地点、时间及回收物品的质量和数量等高度不确定性,所以对其管理有很多难度。

相比国外,国内生产企业对售后逆向物流的重视程度仍有很大不足,尤其是在对客户需求响应的时效性和服务备件备货可得性上存在着明显的"短板"。各生产企业普遍把资源和重心放在供应链前向的销售、制造和物流,因为对企业而言,这是一个显性的增值过程,具有直接的利益获取性。而供应链后向的售后服务、维修、退换货、更新、升级等物流作业活动,由于其增值性和利益获取性呈间接的隐性特征,因此企业在售后供应链环节的投入和重视往往不足,力量也比较薄弱。

然而,随着保护环境、节约资源和推动社会可持续发展等理念的形成和发展,售后逆向物流服务越来越受到企业界关注的同时,也逐渐成为学术界研究热点。其相关领域的研究已经从早期概念内涵和驱动力研究发展到网络设计、路径优化、库存管理、循环再利用、回收价值的评价和预测等诸多方面。特别是,在互联网环境下,服务外包以及多方参与者协同运作、互动互补模式的有效应用已得到企业界的普遍追求和认可。

也就是说,随着信息技术的普及和分工的深化,服务外包不再是企业不得已而为之的一种选择,而成为企业为了保持核心竞争力、降低成本的一种重要手段。它给企业的经营带来了多方面的益处:不论是提高运营效率、供应链灵活性,降低总持有成本,保持合理的资金回报率,发展专有非技术和培养企业自身的核心能力,还是满足市场对产品上市周期及量产周期的要求,或是对市场需求的快速反应和构筑更好的商业流程,其推动促进作用是显而易见的。部分或全部售后服务外包的合理性和可能性都已经得到了实践的证实,不同的企业根据自身的特点经过论证也采取了合适的售后服务外包策略。

当然,也有很多企业在售后服务外包之后遭遇到了诸多与外包服务商之间逆向物流协同的问题,这些问题直接导致了售后服务外包成本高于自营成本、服务质量下降、外包反应或灵活性减弱等一系列风险,最终致使售后服务外包决策和运营失败。因此,外包环境下,售后逆向物流的协同管理已成为逆向物流领域的焦点问题。

二、服务外包环境下售后逆向物流管理的内涵和特征

在服务外包环境下,售后逆向物流管理即指生产企业与外包服务商(经销商)协同运作,对因消费者退货和产品维修而产生的逆向物流活动进行有效计划、组织、运行、控制的过程,从而达到树立企业品牌形象、提升客户忠诚度、促进客户重复购买、降低服务成本、强化核心竞争力的共同目标。在这一过程中,逆向物流管理活动包括了逆向预测与联合计划、备件补货和库存管理、回流作业与运营、突发事件应对等一系列有机关联的内容,而取得售后逆向物流运作卓越绩效的前提则是外包服务合作双方的高度信任、协同互动和同步化服务运作。需要强调的是,双方协同运作的过程绝非只有外包服务商单方面的努力配合,更是生产企业与服务供应商双向的紧密联动。

显然,高质量售后逆向物流运作的核心无疑是生产企业与外包服务商的高度协同。这种协同包含以下四方面因素:

(1)生产企业与外包服务商双方基于共同目标和有效的协调机制联合行动并对逆向物流需求做出快速反应,从而达到建立良好企业形象和提升客户满意度的目的;

(2)双方建立的是一种长期的"双赢"伙伴关系并不断谋求持续提高;

(3)共同降低服务总成本,改善服务效率;

(4)产生"互补"或协同效应。

这是因为外包服务商在本质上仍然属于生产企业资源的外部提供者,服务商为核心企业进行服务和代理活动,表明双方关系是较为典型的委托代理关系,同时,双方还需要进行正常的交易结算活动。

基于此,服务外包环境下的售后逆向物流管理主要呈现以下四个特征:

(1)售后多层网点逆向物流运营的高效协同性。高效协同性是逆向物流实现对售后服务需求快速响应的重要基础。生产企业与其外包服务商在局部或全部区域内展开其对成千上万

客户的售后服务,遇到实际问题的复杂性通常比销售产品时大许多,高效协同式的逆向物流运营将整个售后网点视为整体,整个售后供应链"牵手"同步化运作,在确保快速响应客服需求的前提下,降低了运营总成本,从而达到共赢效应。

(2)逆向物流信息数据在售后供应链上的实时共享和交互性。逆向物流信息包括了网点备品备件库存水平、退货清点信息、实收货品信息、货品在途信息、预计到货时间数量等,从上游生产企业到渠道售后各网点,各种信息都是实时共享的(根据不同的权限设置),因此,网店企业的补货、越库配货、换货需求计划可以及时满足,并使库存保持在一个合理的水平上。一旦某些售后网点企业存货过大或是缺货过频,上游生产企业可以通过信息交互平台发出指令协调上下层级网点或是平级网点进行存货"互助",相互借货,这样既增强了售后供应链网络的合作关系,又显著地降低了各网点企业由于无法及时做出响应而导致的缺货成本,同时也让一些网点企业的过量库存压力得以缓解。

(3)设置明确一致的作业活动流程,关键路径活动精益化。售后逆向物流的作业过程包括了订单处理、补货预测、库存控制、仓储管理、退货配载、分拣、归类、处置以及再循环监控等一系列的活动内容,这些关联活动都需要耗费一定的时间。由于传统的管理方式对这些具体细节活动时间一般不设置定额,在整个流程作业中,不增值活动和时间浪费占了很大的比例,如等待、动作浪费、多余的移动/搬运等,因此"流程—时间"的效能较差,隐形成本很高。展开标准化的运营管理的关键任务就是对关键作业活动进行定额定规化的精益管理,通过流程梳理,识别无法增值的冗余活动,重新设计高效的关键路径活动流程,通过反复模拟,设定每个步骤活动的标准耗时范围,对在岗人员进行流程培训,从而确保实际运作的可控性和一致性。

(4)共同关注,持续改善,在运营中不断消除短板,提升整体时效。服务外包环境下,逆向物流运营通过标准化流程、减少时间浪费、价值流分析、可视化管理、节拍时间控制、看板管理、现场物流布局设计等一系列手段不断优化物流运营活动,提高逆向物流运营效率。对于服务外包双方企业而言,每一次的改善只是一个新的起点,因为竞争对手也在进步,所以谋求在逆向物流运营中可持续发展的根本只有持续改善。而"户枢不蠹"的规律则让企业必须清醒地认识到只有在实践中持续改善,不断突破新的"瓶颈",才能不被"虫蛀",保持自己的竞争优势。

售后逆向物流相关详细内容可参考文献[5]。

练习题

3.1 试分析企业客户服务和物流客户服务的关联性。

3.2 试分析物流服务如何影响订货周期?

3.3 试分析物流服务水平与销售收入之间的关系。

3.4 试分析物流服务水平与物流成本之间的关系。

3.5 请简述两种情况下的售后逆向物流服务需求。

3.6 试分析服务外包环境下售后逆向物流管理的内涵。

3.7 试分析服务外包环境下的售后逆向物流管理有哪些特征?

规划篇

第四章　企业物流需求与战略规划

引导案例

移动互联时代,联想的新物流模式

联想从分销驱动向终端驱动变革,那么它的供应链怎么做?什么样的供应链才是支持移动互联的?听听联想集团副总裁刘德国在2014运联峰会"岭南论坛"上的分享。

联想的供应链向移动互联网转型,首先要落实三点:开放的、一体化设计的,同时有粉丝的。在这个方向下,联想怎么打造这个供应链体系?

第一,如果想打造成这条链,首先要改变观念,实现商流和物流分离。传统观念里经常讲资金流、物流、信息流的三流合一,而现在,联想倡导的观念是商流和物流分离,商流包括客流、资金流和信息流。以前联想的分销商或经销商或供应商都在做物流,以经销商和分销商为甚。为什么以前能做?因为以前物流企业没有长大,经销商和分销商在其狭小空间内,有其优势和价值,可以方便地为周围50 km内的客户提供很好的物流服务。现在这个观念要改,联想的物流要从原来商流、物流合一的体系里面分离出来,更多地利用社会资源,利用社会上大的平台,利用有专业能力、有规模经济、有IT系统架构、管理水平高的、有效率的、可靠的、提供可靠性服务的一些物流企业或物流平台来做,而传统的分销商、代理商就不需要再做物流,这就是物流从这个体系里面分离出来进行重新再造的过程。

第二,一体化设计。我们认为垂直价值链现在没有竞争力,一定是网状的、信息可以相互直达的时代。现在联想在做一体化设计方面的实践,分销商不再仅仅是联想的客户,而是供应链中的一个节点,供应商、工厂、物流网络的DC都是节点,联想经销商,甚至覆盖全国接近5万个乡镇的店都将是供应链中的节点。这个节点能够跟上下游产生互动,能够跟厂商产生互动,能够跟物流商产生互动,更应该和客户产生互动。

第三,线上线下互动。一体化设计要把供应商、工厂体系、DC体系、物流体系、分销商体系、零售商体系融合在一起,当这些孤立的节点成为一张网的时候,就会实现线上线下的互动。除此之外还有一个信息平台的建设,因为一个优质的信息平台会很好地把联想十多个工厂、几十个DC、几百家分销商、五万多家店给管起来。最终的结果会出现什么?假设我是某个镇上的客户,想买联想的机器,他会把这个信息给到联想的系统,那这个系统会指定或者说检索离他最近的物流节点给他提供服务,也许客户和提供服务的物流节点的服务提供商根本不认识,也不知道他们的关系,但是这个体系里面会实现这种结果。

请思考一下:联想的新物流模式有哪些物流需求,反映了哪些物流战略?

本章的研究目的是通过分析预测企业生产经营系统所要求的物流需求,从战略性角度规划企业物流系统,为企业物流系统结构、规模、运作方法的规划设计提供基本轮廓和发展方向。

通过本章的学习,学员能够了解、掌握:

★ 企业物流需求特征和影响因素

★ 企业物流需求预测的主要内容与常用方法

★ 企业物流战略的内涵及其目标

★ 不同物流战略之间的效益悖反现象

★ 几种典型的企业物流战略

★ 战略管理模式及战略导向型物流管理框架

★ 企业物流规划的时机、层次和主要内容

管理大师麦克尔·波特在《竞争优势》一书中指出,企业竞争的成功只能通过成本优势或价值优势来实现。当前,既能提供成本优势,又能提供价值优势的管理领域是极少的,而物流管理则是这些并不多的管理领域中的一个。一个企业若拥有高效、合理的物流系统,就既能降低经营成本,又能为顾客提供优质的服务,既能使企业获得成本优势,又能使企业获得价值优势。因此,企业物流管理已成为现代企业管理战略中一个新的着眼点。

把企业物流管理上升到战略的地位,经历了一个过程。从纯粹为了降低企业内部的物流成本,到为提高企业收益而加强内部物流管理;通过向顾客提供满意的物流服务来带动销售收入的增长,发展到现在从长远和战略的观点去思考物流在企业经营中的定位,甚至超越本企业而从供应链的角度管理企业的物流。

企业物流战略规划需要从长远角度,估计并预测企业供应链所处理的产品和服务的数量、时间及发展趋势,包括物流需求趋势。

第一节　企业物流需求与预测

一、企业物流需求的特征和影响因素

企业物流需求包括运输、仓储、装卸、搬运、流通加工、配送等物流环节的作业量的需求和缩短物流时间、降低物流成本、提高物流效率的服务质量的需求。企业物流活动是围绕企业生产经营活动而进行,是为企业经营活动服务的。因此,企业物流需求取决于企业产品特点、企业经营规模和范围、企业经营模式、企业具体管理系统和运作方法。

(一)企业物流需求的特征

1. 物流需求的空间和时间特征

随时间和空间变动是物流需求的基本特征。需求随时间的变化归因于销售的增长或下降、需求模式季节性变化和多个因素导致的一般性波动。物流有空间和时间维度,即企业物流管理者必须知道需求是在何地、何时发生,以及总体的物流需求状况,还要知道每个地点和每个物品的物流需求。另外,规划仓库位置、平衡物流网络中的库存水平和按地理位置分配运输资源等也都需要知道需求的空间位置。

2. 不规律需求和规律性需求

企业物流管理者将产品分组,以确定不同的服务水平,或对它们分别管理。这些不同的产品组和不同种类的产品都会随时间的变化形成不同的需求模式。如果需求是规律性的,就可以用图 4-1、图 4-2、图 4-3 中的某个模式表示,即需求模式一般可以分解为趋势(Trend)、季节性(Seasonal)和随机性(Random)因素模式。如果随机波动只占时间序列其余变化部分的很小比重,那么利用常用的预测方法就可以得到较好的预测结果。

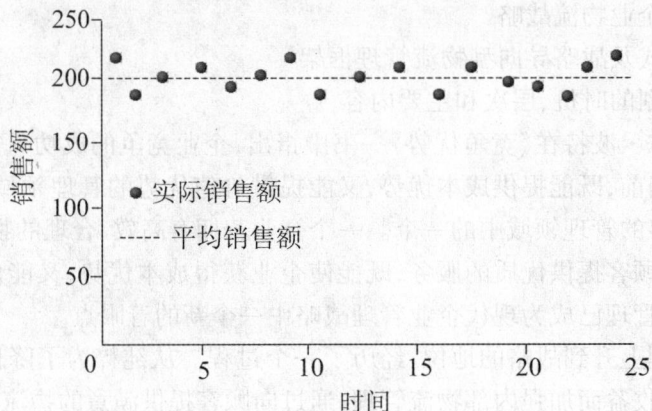

图 4-1　无趋势或季节性因素的随机性需求模式

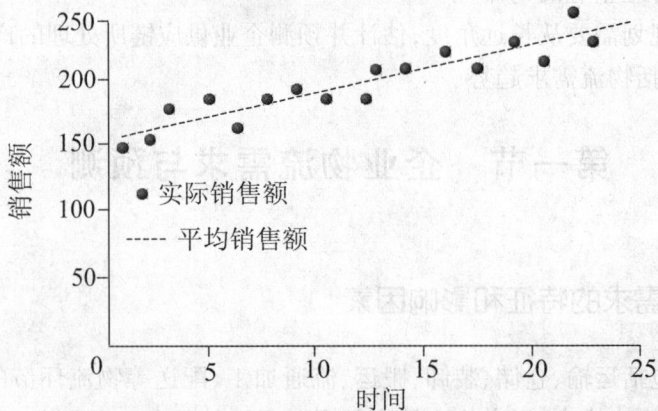

图 4-2　呈上升趋势,但无季节性因素的随机性需求模式

如果某种产品或服务的需求由于总体需求量偏低,需求时间和需求水平非常不确定,那么需求就是间歇式的,这样的时间序列就被称为是"不规律的",如图 4-4 所示。刚刚进入产品线或要退出产品线的产品常常出现这种模式的需求,因为只有少数客户有需求,而且分散在不同的地区,所以每个存储点面对的需求很低,或是由对其他产品的需求派生出来的。这类需求模式里用通常的方法尤其难以预测,但由于这类产品可能占企业经营产品种类的 50%,因此给企业物流管理者提出了特殊的需求预测难题。

3. 相关需求和独立需求

随企业生产经营方式的不同,物流需求的特点差异巨大。在一种情况下,需求来自许多客户,这些客户多数为独立采购,采购量只构成企业分拨总量的很小一部分。此时的需求就被称

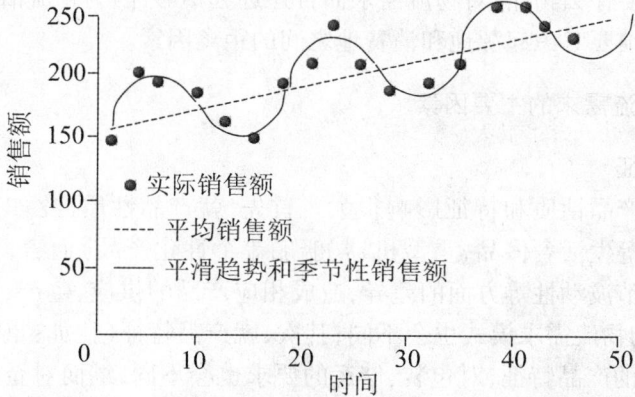

图 4-3　有趋势和季节性因素的随机性需求模式

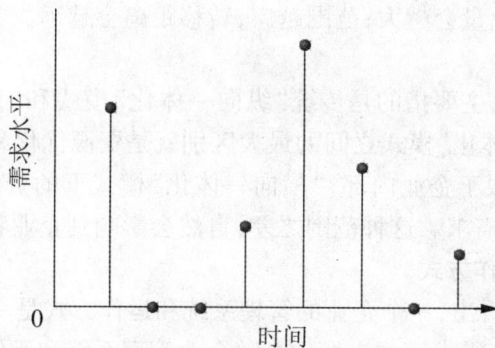

图 4-4　不规律需求模式

作是独立的需求。在另一种情况下,需求是特定生产计划要求派生出来的,即企业内部物料转化各环节之间所发生的需求,称为相关需求。相关需求也称为非独立需求,它可以根据对最终产品的独立需求精确地计算出来。比如,某汽车制造厂年产汽车 30 万辆,这是通过预计市场对该厂产品的独立需求来确定的。一旦 30 万辆汽车的生产任务确定之后,对构成该种汽车的零部件和原材料的数量和需要时间是可以通过计算精确地得到的。对零部件和原材料的需求就是相关需求。相关需求可以是垂直方向的,也可以是水平方向的。产品与其零部件之间垂直相关,与其附件和包装物之间则水平相关。这种根本差异导致了需求预测方法的不同。

如果需求是独立的,统计预测方法的效果就很好。多数短期预测模型的基本条件都是需求独立且随机。相反,相关需求模式会有很强的倾向性,而且不是随机的。只要最终产品的需求确定并已知,利用相关需求的方法得出的需求预测是非常准确的。这种需求预测方法是通过判断系统随时间发展而呈现的倾向性、规律性和模式来改进预测的很好例子。如果不知道需求变化的原因或原因众多,就存在随机性。以统计分析为基础的预测就可以有效地解决后一问题。

4.物流需求的计量特征

不同于一般产品或物品需求的计量,物流需求必须考虑起源地和消费地之距离的概念。

只知道何时、何地，需要什么物品，对物流需求而言还远远不够，因为物流活动在于转移，所以，对物流需求的计量必须要考虑起源地和消费地之间的距离因素。

（二）影响企业物流需求的主要因素

1. 产品性质和特征

企业物流需求受产品性质和特征影响很大。首先，就产品性质（比如：食糖、面粉等日用消费品，汽车、电视机等生活奢侈品，重型机器、船舶等个性化产品）而言，由于不同性质产品需求的数量、品种、季节波动性等方面的差异，造成相应产品的供应、生产、销售方式会有很大不同，继而对各环节的物流需求模式也会不同；其次，就产品特征（比如：重量、体积、价值和市场风险等）而言，不同的产品特征，对包装、储运的要求也会不同，继而对企业物流需求也会产生影响。

2. 企业经营规模和范围

企业经营规模主要影响企业物流需求的作业量，企业经营范围主要影响企业物流需求的转移距离。规模越大，作业量会越大；范围越广，转移距离会越远。

3. 企业经营模式

这里的企业经营模式，主要指的是传统"纵向一体化"模式和"横向一体化"供应链模式。"纵向一体化"和"横向一体化"模式之间的最大区别就是资源优化利用范围的不同。"纵向一体化"模式下的资源优化限于企业内部，"横向一体化"模式下的资源优化致力于充分利用企业外部资源快速响应市场需求。这种范围之差，自然会影响到企业物流需求格局。

4. 企业管理系统和运作方式

从第二章图 2-1 可以看出，一个企业的管理系统和运作方式是一个逐渐变化发展的过程。这种变迁过程中，企业物流需求模式自然也会随企业管理系统和运作方式的变化而发生变化。比如，推动式（Push）运作方式和拉动式（Pull）运作方式，对物流需求的格局是完全不同的。在推动式运作方式下，因为物流和信息流是分离的，所以需求的"牛鞭效应"（"牛鞭效应"是指需求的波动程度沿着供应链上游方向呈现出不断放大的现象）现象比较严重，而在拉动式运作方式下，物流和信息流是结合在一起的，所以减少了需求的"牛鞭效应"。

二、企业物流需求预测的分类与步骤

预测是所有部门（包括物流、营销、生产和财务部门）进行规划和管理的基础，企业物流需求预测也是企业物流系统策划、设计和管理活动所必须要做的工作内容之一。

（一）企业物流需求预测及其分类

预测是对未来可能发生的情况的预计与推测。企业物流需求预测就是利用企业经营活动信息和历史发生的数据资料，运用适当的方法（包括使用预测软件），对未来的企业物流需求做出科学的估算和推测，并进行认真分析，得出较为可靠结论的过程。

通过企业物流需求预测，可以描述企业物流需求的变动趋势，掌握企业物流需求发展可能出现的各种情况——有利的方向或不利的方向，抓住机会，规避风险；可以进行全面系统的分析和预见，避免物流系统设计的片面性和局限性；可以了解企业的未来物流状况，从而为制定企业物流战略奠定基础。

根据预测期限、内容和需求特征,企业物流需求预测可以分为以下类型:

1.按预测期限的长短分类

(1)长期预测。长期预测是指对5年或5年以上的需求前景的预测。它是企业物流长期发展规划、投资计划、物流能力扩充计划的依据。长期预测一般是利用市场调研、技术预测、经济预测等方法,加上综合判断来完成,其结果大多是定性的描述。

(2)中期预测。中期预测是指对一个季度以上两年以下的需求前景的预测。它是制订年度物流计划、季度物流计划、库存计划、投资和现金预算的依据。中期预测可以通过集体讨论、时间序列法、回归法、经济指数相关法等方法结合判断而做出。

(3)短期预测。短期预测是指以日、周、旬、月为单位,对一个季度以下的需求前景的预测。它是调整物流服务能力,安排物流作业计划等具体物流活动的依据。短期预测可以利用趋势外推、指数平滑等方法与判断的有机结合来进行。

2.按预测内容分类

(1)服务作业量需求预测。它主要指运输、仓储、装卸、搬运、流通加工、配送等物流环节作业量的需求预测。

(2)服务质量需求预测。它主要指缩短物流时间、降低物流成本、提高物流效率的服务质量的需求预测。

3.按物流环节的需求特征分类

企业物流需求特征依物流环节的不同差距很大。

(1)销售物流需求预测。销售物流是企业产品离开生产领域,进入消费领域过程中的物流活动,是企业物流与社会物流的衔接点。它服务于企业的市场营销活动,与企业的销售工作密切相关。

企业销售物流需求预测是指在充分考虑企业销售系统运作方式的前提下,分长、中、短期对销售物流作业量和销售物流服务质量进行需求预测的过程。

销售物流的需求特征主要反映在需求的服务性、需求的规律与否和需求的独立性。

(2)生产物流需求预测。生产物流是企业物流的关键环节。生产物流是指原材料、燃料、外购件投入生产后,经过下料、发料、运送到各个加工点和存储点,以在制品的形态,从一个生产单位(仓库)流入另一个生产单位(仓库),按照规定的生产工艺过程进行加工、储存的全部生产过程。因此,生产物流需求取决于生产的类型、规模、方式和生产的专业化与协作化水平。

企业生产物流需求预测是指在充分考虑企业生产系统运作方式、规模和管理水平的前提下,分长、中、短期对生产物流作业量和生产物流服务质量进行需求预测的过程。

生产物流的需求特征主要反映在需求的相关性和独立性。

(3)供应物流需求预测。供应物流是指为企业生产顺利进行,对所需一切物资(原料、燃料、备品备件、辅助材料等)的采购、进货运输、仓储、库存管理、用料管理和供应管理等活动。企业供应物流是企业物流活动的起始阶段,是企业物流系统中独立性相对较强的子系统,与企业生产系统、财务系统、技术系统等各部门以及企业外部的资源市场、运输市场、其他企业的供应物流部门等有密切的关系,以此保证企业的生产和整个物流活动的连贯性和持续性。

企业供应物流需求预测是指在充分考虑企业生产经营系统运作方式的前提下,分长、中、短期对供应物流作业量和供应物流服务质量进行需求预测的过程。

供应物流的需求特征主要反映在需求的相关性和供应链关系。

(4)逆向物流需求预测。逆向物流包括企业废旧物料回收物流和售后逆向物流。废料、呆滞物料和陈旧物料是废旧物料回收物流的研究对象,它是在生产企业内部的逆向流动,而售后逆向物流是在物流系统中不同的企业或消费者(最终用户)与零售商之间的逆向流动。

企业逆向物流需求预测是指在充分考虑企业生产经营系统运作方式的前提下,分长、中、短期对逆向物流作业量和逆向物流服务质量进行需求预测的过程。

逆向物流的需求特征主要反映在物流的绿色化和供应链关系。

(二)企业物流需求预测的一般步骤

(1)决定预测的目的和用途。其目的在于把握整个预测工作的重心。根据预测目的不同,预测对象和项目、预测期限、预测方法都有所不同。而且,精确度也不同。精确度和预测费用是成正比例的。

(2)选定预测对象和项目。

(3)确定预测期限,即长、中、短期预测。

(4)选定适当的预测方法和模型。选择预测方式注意下列各点:

①广泛性:即这种方法是否能为一般人所了解或接受。

②准确性:即这种方法是否能获得较精确的预测数值。

③时效性:即这种方法是否显示最近资料的特性。

④可用性:即以这种方法所获得的预测结果是否能直接加以利用,还是须经过转变后始能应用。

⑤经济性:即这种方法所耗成本是否值得,是否能用其他较经济的方法,获得同样的效果。

(5)收集预测所必要的资料。

(6)实施预测。

(7)用预测结果检验预测所用资料和方法的适宜性。

(8)落实预测结果。

三、企业物流需求预测方法

预测可使用的标准化方法很多。这些方法分为三类:定性法、历史映射法和因果法。每一类方法对长期和短期预测的相对准确性、定量分析的复杂程度、产生预测方法(历史数据、专家意见或调查)的逻辑基础等方面都会有所不同。某些常用预测技术的总结和简要说明可参考文献[2]。

1. 定性法

定性法是那些利用判断、直觉、调查或比较分析对未来做出定性估计的方法。影响预测的相关信息通常是非量化的、模糊的、主观的。历史数据或者没有,或者与当前的预测相关程度很低。这些方法的不科学性使得其很难标准化,准确性有待证实。但是,当我们试图预测新产品成功与否,政府政策是否变动或新技术的影响时,定性法可能是唯一的方法。另外,中期到长期的预测更多选用此方法。

2. 历史映射法

如果拥有相当数量的历史数据,时间序列的趋势和季节性变化稳定、明确,那么将这些数据映射到未来将是有效的短期预测方法。该方法的基本前提就是未来的时间模式将会重复过去,至少大部分重复过去的模式。时间序列定量的特点使得数学和统计模型成为主要的预测工具。如果预测时间的跨度小于 6 个月,通常准确性很好。这些模型之所以好用仅仅是因为短期内时间序列的内在稳定性。

另外,这类预测时间序列模型是可以有反应的。随着新数据的获得,这些模型可以跟踪变化,因此它们可以随趋势和季节性模式的变化而调整。但是,如果变化急剧,那么模型只有在变化发生之后才会呈现出来。正因为此,人们认为这些模型的映射滞后于时间序列的根本性变化,很难在转折点出现之前发出信号。如果预测是短期的,那么这一局限性并不严重,除非变化得特别剧烈。

3. 因果法

因果预测模型的基本前提就是预测变量的水平取决于其他相关变量的水平。例如,如果已知客户服务对销售有积极影响,那么根据已知的客户服务水平就可以推算出销售水平。我们可以说服务和销售是因果关系。只要能够准确地描述因果关系,因果模型在预测时间序列主要变化、进行中长期预测时就会非常准确。

因果模型有很多不同形式:统计形式,如回归和计量经济模型;描述形式,如投入—产出模型、生命周期模型和计算机模拟模型。每种模型都从历史数据模式中建立预测变量和被预测变量的联系,从而有效地进行预测。

这类预测模型的主要问题在于真正有因果关系的变量常常很难找到;即使找到,其与被预测变量的关系也常常很弱。带动被预测变量随时间变化的因果变量更难找到。获取先导变量的数据常常要花费 1~6 个月的所有或大部分时间,之后才能判断出带动被预测变量变化的先导变量。由于有这些问题,以回归和经济技术为基础的模型可能会有很大的预测误差。

第二节　企业战略与企业物流战略

一、企业战略

企业战略是企业为实现长期经营目标,确保企业竞争优势而制定的一种具有长期性、导向性的经营策略。确定企业的战略方向是一个具有创造性的、前瞻的过程。

制定企业战略首先要对企业目标做清晰描述。无论企业目标是追求利润、生存、社会效益、投资回报、市场份额或是企业发展,都应该对目标有很好的理解和描述。其次,在"前瞻"过程中,对非常规的、闻所未闻的,甚至是与直觉相左的战略都应该有所考虑。这就需要讨论良好战略的四个组成部分:客户、供应商、竞争对手和企业自身。首先,要估量各组成部分的需要、强项、弱项、发展方向和远景。然后,在前瞻过程中应集思广益,提出各种可能契合企业需要的战略。接下来,企业就需要将宽泛的、概括性的战略转化为更细致的计划。企业要在对成本、财务优劣势、市场地位、资产状况及分布、外部环境、竞争能力和员工技能有了清楚认识后,针对企业面临的机遇和挑战做出不同的战略方案,并从中进行选择。这样,这些战略就变成指导企业蓝图得以实现的更为具体的指导方针。

企业战略带动各职能部门战略的制定,因为后者包含在前者之中。只有当研发、生产、销售、财务和物流部门制定的战略规划满足企业战略需要时,企业战略才会实现。

二、企业物流战略

企业物流战略是企业为实现低成本、高效率地满足客户的物流目标,确保企业竞争优势而制定的一种具有长期性、导向性的物流策略。它是企业战略的支持性战略。

选择好的物流战略,需要不断的创新过程,既然是创新过程,自然就没有标准可循。制定有效的物流战略无须特别的程序或技术,需要的仅仅是敏锐的头脑。创新思想往往会带来更有力的竞争优势。

制定企业物流战略的主要目的是为企业一定时期的物流活动提供行动指南。

基于企业物流目标是低成本、高效率地满足客户,企业物流战略通常围绕以下三个目标制定:

1. 降低成本

降低成本(Cost Reduction)是指在致力于寻找服务水平不变的情况下,成本最低的战略。比如,在节点选址和运输方式的选择上,关注与运输和存储相关的可变成本达到最低值。

2. 减少资本

减少资本(Capital Reduction)是指致力于寻找使物流系统的投资最小化的战略。该战略的根本出发点是投资回报最大化。比如,为避免仓储而直接将产品送达客户,放弃自有仓库而选择公共仓库,选择适时供给的办法而不采用储备库存的办法,或者是利用第三方供应商提供物流服务。与需要高额投资的战略相比,这些战略可能导致可变成本增加。尽管如此,投资回报率可能会得以提高。

3. 改进服务

改进服务(Service Improvement)战略一般认为企业收入取决于所提供的物流服务水平。尽管提高物流服务水平将大幅度提高成本,但收入的增长可能会超过成本的上涨。要使战略有效果,应制定改进服务投入增加低于收入增加的服务战略。

三、企业物流战略中的效益悖反

效益悖反是物流领域中很普遍的现象。物流系统本身的范畴和物流系统设计的核心都是关于效益悖反(Trade-off)的分析。因此,制定企业物流战略时,必须要关注效益悖反现象。图4-5、图4-6、图4-7分别列举了不同情况下的效益悖反现象。

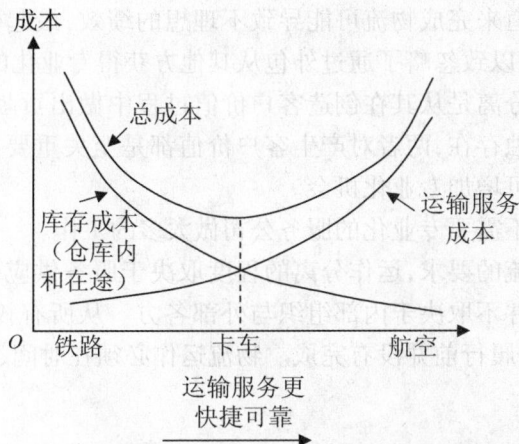

图 4-5 运输成本和库存成本之间的普遍冲突

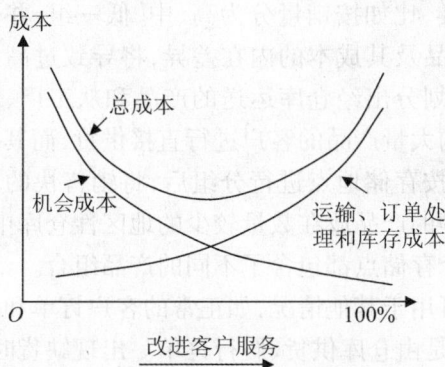

图 4-6 确定客户服务水平时的效益悖反

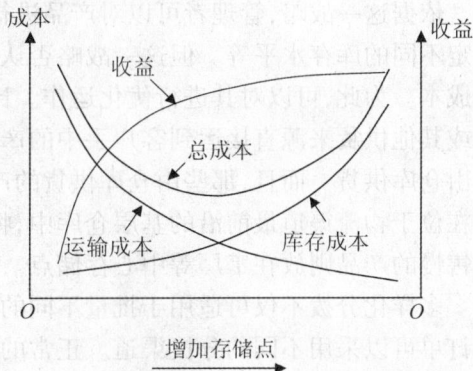

图 4-7 确定物流系统内仓库数量时的效益悖反

四、几种典型的企业物流战略

1. 商流与物流分离战略

产品或商品的物权转移称为商流,其表现形式为代表物权的凭证在时间和空间上的转移,商流的实质是物权凭证交易。产品本身在时间和空间上的转移,以克服生产和消费领域的"间隔",达到产品实现其价值的最终目的,就是物流。"物流"的表现形式是物品的运动和停滞。

商流和物流工作需要协调,但没有理由一定要用相同渠道或在同一时间里执行。商流渠道是由从事交易的买卖方组成的,其过程需要通过市场营销来实现。市场营销包括进行谈判、签订合同和进行交易管理。创造性促销的全部力量产生于市场结构中,市场营销渠道中的参加者包括各个交易方,如生产代理、推销员、经销商、批发商及零售商。物流渠道代表一种专门用于存货管理及配置的工作,包括运输、仓储、物料管理和订单处理及各种增值的服务。包含在物流中的这些工作均涉及对时间与空间的管理要求。

交易方同时完成市场营销与物流工作的安排被称为单一结构系统。使用单一结构来完成市场营销和物流的双重工作,常常会忽略在某一专门领域中非常有效的合作伙伴。使用同样的分销渠道或者部分渠道来完成物流可能导致不理想的绩效,最起码会迫使营销结构在物流操作上的不经济的运输,以致忽略了通过外包从其他方获得专业化的服务。

市场营销与物流的分离是从其在创造客户价值过程中做出贡献的角度说的,并不意味着它们中的任何一个能单独存在,两者对产生客户价值都是至关重要的。商流与物流运作分离的支持者认为商物分离可增加专业化机会。

商流与物流分离并不需要专业化的服务公司做太多的工作。一个单独的公司也许能够满足所有的市场营销与物流的要求,运作分离的程度取决于服务供应商、经济规模、可用资源及管理能力。分离的利益并不取决于内部组织与外部各方。从所有权转让的角度看,客户价值的产生,在物流承诺完全履行前并没有完成。物流运作必须在时间、地点及送货条款等方面合乎要求。

2. 多样化分拨战略

多样化分拨(Differentiated Distribution Strategy)即指对不同产品提供不同水平的客户服务。依据这一战略,管理者可以对产品进行粗略分类,比如按销量分为高、中、低三组,并分别确定不同的库存水平等。但这一战略否认了不同产品及其成本的内在差异,将导致过高的分拨成本。为此,可以对其进行优化运作。比如,通过划分出经仓库运送的产品和从工厂、供货商或其他供货来源直接运到客户手中的产品,对定购大量产品的客户进行直接供货,而其他的则由仓库供货。而且,那些由仓库供货的产品,又可按存储地点进行分组后,将销售快的产品放在位于物流渠道最前沿的基层仓库中,将销量中等的产品放在数量较少的地区性仓库中,而销售慢的产品则放在工厂等中心存储点。这样,每个存储点都包含了不同的产品组合。

多样化分拨不仅可适用于批量不同的情况,还可用于其他情况,如正常的客户订单和保留的订单可以采用不同的分拨渠道。正常的分拨渠道是由仓库供货、履行订单。出现缺货时,就启用备用的分拨系统,由第二个存储点供货,并使用更快捷的运输方式克服运送距离增加带来的不利影响。

3. 延迟战略

延迟战略(Postponement Strategy)可以减少物流预测的风险。在传统物流的运作安排中,运输和储存是通过对未来业务量的预测来进行的。如果将产品的最后制造和配送延推到收到客户订单后再进行,那么,由于预测风险带来的库存就可以减少或消除。

延迟战略的落实取决于客户订单分离点。客户订单分离点(Customer Order Decoupling Point, CODP)实际上就是客户订单完成过程(设计过程、采购过程、制造过程、装配过程、交付过程与售后服务过程)中定制活动开始的那一点。它是企业生产活动中从基于预测的库存生产转向响应客户需求的定制生产的转折点。在该点处对计划的制订和优化不再依据预测,而是依据客户订单和企业自身的资源配置。CODP 左边的活动为"推动"式,CODP 右边的活动为"拉动"式。延迟战略实质上就是实现 CODP 在供应链上的后移,从而减少客户订单中的特殊需求而在设计、采购、制造及装配等环节中增加的各种费用,降低物流预测的风险。见图4-8。

4. 运输集中战略(Consolidation Strategy)

战略规划中,将小运输批量合并成大批量(集中运输)的经济效果非常明显。运输作业同生产一样,在设计运作安排时必须考虑规模经济。运输费用结构一般是以折扣形式奖励大批量运输的货主,运量越大,每吨的费率就越低。

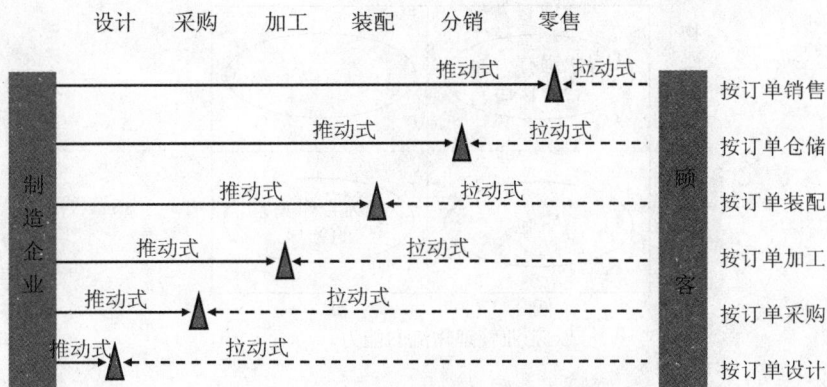

设计　采购　加工　装配　分销　零售

推动式　拉动式　按订单销售
推动式　拉动式　按订单仓储
推动式　拉动式　按订单装配
推动式　拉动式　按订单加工
推动式　拉动式　按订单采购
推动式　拉动式　按订单设计

图 4-8　延迟战略示意图

预期性物流安排便于运输业务的集中,而利用延迟战略、以反映为基础的物流则以小规模、不稳定的运输形式进行。基于时间竞争的物流,试图将不可预测需求的影响从安全库存要求转换到小规模的运输要求。为了在以基于时间竞争的战略中维持运输成本不变,管理重点是开发与实现集中化运输的方法上。集中化运输的实现,有赖于当前的和计划的库存状态信息的可靠性。为了便于集中装载,同样也需要实行有计划的生产。实际上,集中运输必须在订单处理与挑拣前做出计划以免耽误。所有集中运输都要求计划的及时性和准确性。

通常当运量较小时,合并集中的概念对制定战略是最有用的,即运输批量越小,合并集中的收益就越大。

5. 绿色物流战略

绿色物流(Environmental Logistics Strategy)具有其不同于普通物流的方面,它的内涵与普通的物流内涵存在显著差异,普通的物流更注重物流的过程,而绿色物流更趋于物流过程中生态的保护。

绿色物流是指在物流过程中抑制物流对环境造成危害的同时,实现对物流环境的净化,使物流资源得到最充分利用。它包括物流作业环节和物流管理全过程的绿色化。从物流作业环节来看,包括绿色运输、绿色包装、绿色流通加工等。从物流管理过程来看,主要是从环境保护和节约资源的目标出发,改进物流体系,既要考虑正向物流环节的绿色化,又要考虑供应链上的逆向物流体系的绿色化。绿色物流的最终目标是可持续性发展,实现该目标的准则是经济利益、社会利益和环境利益的统一。

6. 自营与外包战略(Self and Outsourcing Strategy)

企业物流选择自营还是外包取决于下列两个因素的平衡:物流对企业成功的关键程度与企业管理物流的能力。物流决策状态如图 4-9 所示,企业所处的位置决定了其奉行的战略。

如果企业对客户服务要求高,物流成本占总成本的比重大,且已经有高素质的人员对物流运作进行有效的管理,那么该企业就不应将物流活动外包出去,而应当自营。沃尔玛就是这样的企业,其供应渠道的管理非常出色。另一方面,如果对于一家企业来说,物流并不是其核心战略,企业内部物流管理水平也不高,那么将物流活动外包给第三方物流供应商就有利于降低成本、提高客户服务质量。戴尔电脑公司认为其核心竞争力是营销,是制造高科技的个人电脑硬件,而不是物流,因此戴尔电脑在世界各地直销时,就与几家第三方物流企业合作,在一定地理范围内分销商品。

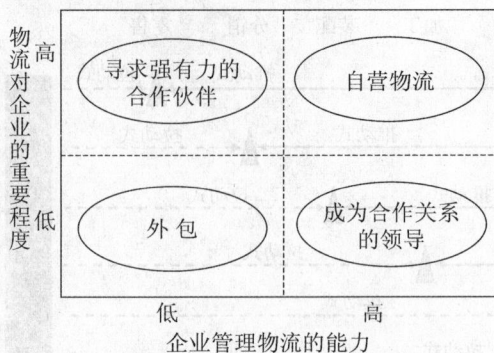

图4-9 物流决策状态示意图

如果物流是企业战略的核心,但企业物流管理能力很低,那么寻找物流伙伴将会给该企业带来很多收益。好的合作伙伴在企业现有的,甚至还未进入的市场上拥有物流设施,可以向企业提供自营物流无法获得的运输服务及专业化的管理。相反,如果企业的物流活动不那么重要,但是由专业人员管理,那么该企业就会主动寻找需要物流服务的伙伴,通过共享物流系统提高货物流量,实现规模经济效益,降低企业的成本。

从图4-9中可以看出,除了右上角的自营物流之外,其他三项严格来讲都有外包的特点,只是在程度和方式上有所不同。这就是说,同样是属于业务外包,但在运营方式上会存在很大差异,企业应根据自身的发展战略和自有的资源,选择适应企业各发展阶段的运作模式或方式(包括不同的业务外包方式)来培育企业的核心竞争力。

当然,一个企业的物流系统是一个非常复杂的多目标系统。所以,一个企业的物流战略往往也是多种战略的组合体。

第三节 企业物流战略规划

先行的物流战略常常是因商业目标和客户服务需要而启动。这些战略被称为迎接竞争的"进攻型"战略。随后,物流系统设计的其他部分就可以从"进攻型"战略中派生出来。

一、战略导向型物流管理框架

战略的管理过程一般分为三个阶段:战略的制定、战略的落实、战略的评价和控制。其模式如图4-10所示。

与此相对应,战略导向型物流管理的框架如图4-11所示。

总之,物流系统中的每一环节都要以规划先行,且要与整体物流系统规划中的其他子系统相互衔接,如图4-12所示。

二、物流系统规划的时机

新建企业或者是增加企业中产品系列中的新品种,都需要进行物流系统规划。企业物流系统的规划,一般考虑的因素包括以下六个方面。

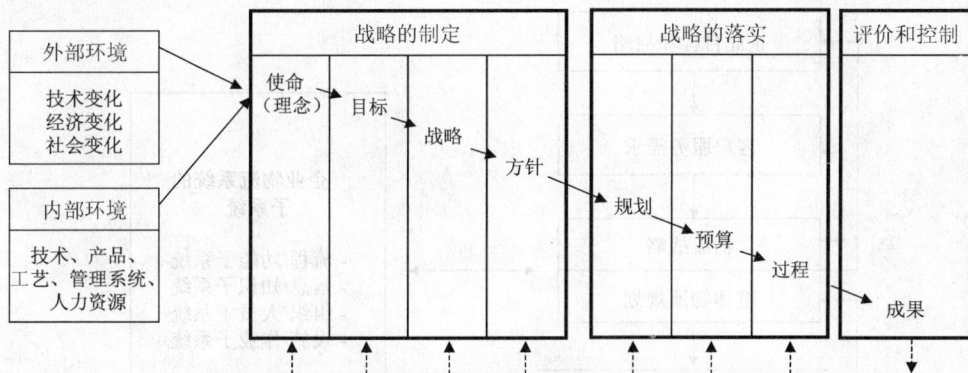

图 4-10　战略管理模式

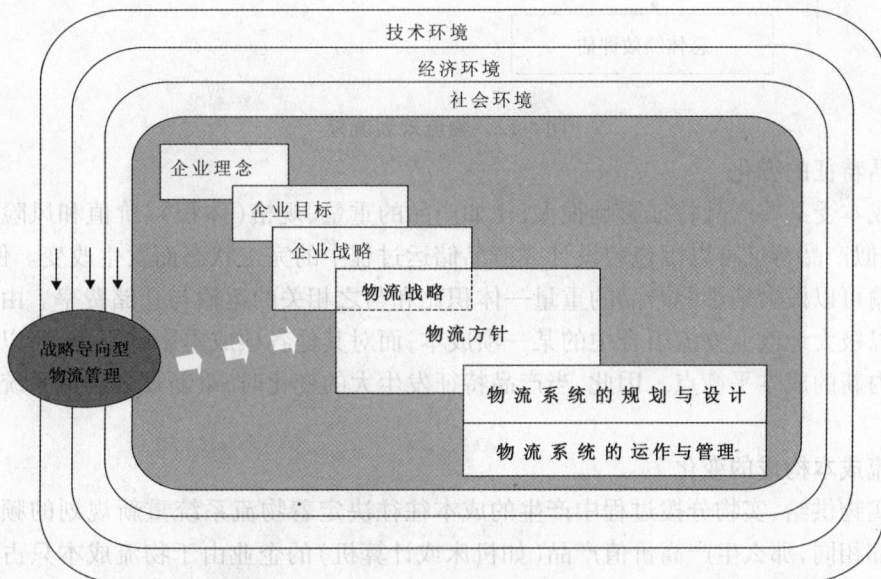

图 4-11　战略导向型物流管理框架

1. 产品需求的变动

不仅需求的水平极大地影响着物流网络的结构,需求的地理分布也一样。通常,企业在某一个区域的销售业绩会比其他区域增长或下降得更快。虽然从整个系统的总需求水平来看,可能只要在当前设施的基础上略微进行优化,然而,需求模式的巨大变化可能要求在需求增长较快的地区建造新的仓库或工厂,而在市场增长缓慢或萎缩的地区,则可能反而要关闭设施。

2. 客户服务水平的变化

客户服务的内容很广,包括库存可得率、送货速度、订单履行的速度和准确性。随着客户服务水平的提高,与这些因素相关的成本会以更快的速率增长。因此,分拨成本受客户服务水平的影响很大,尤其是当客户服务水平已经很高时。

由于竞争的压力、政策的修改或主观确定的服务目标已不同于制定物流战略最初所依据的目标等原因,物流服务水平发生了改变,这时企业通常需要重新制定物流战略。但是,如果服务水平本身很低,变化的幅度也很小,也不一定需要重新规划物流系统。

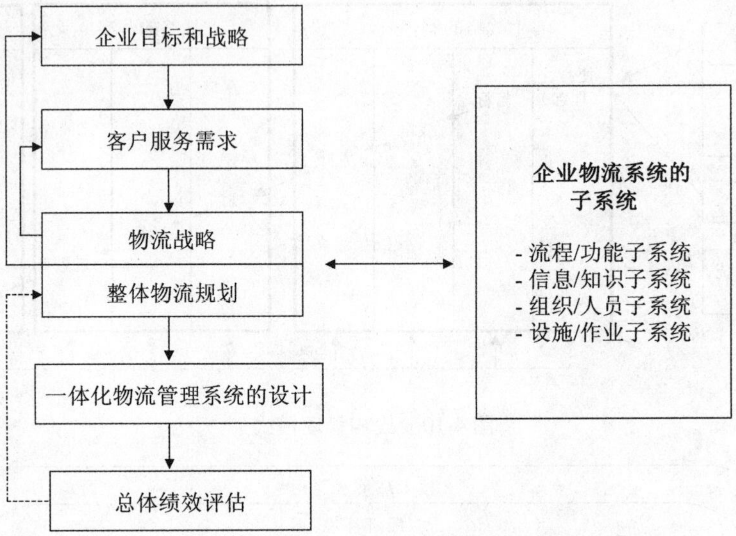

```
┌─────────────────────┐
│     企业目标和战略      │
└─────────────────────┘
         │
         ▼
┌─────────────────────┐
│      客户服务需求       │
└─────────────────────┘
         │
         ▼                    ┌──────────────────────────┐
┌─────────────────────┐       │      企业物流系统的          │
│      物流战略          │       │        子系统             │
│   整体物流规划        │◄─────►│                          │
└─────────────────────┘       │  - 流程/功能子系统          │
         │                    │  - 信息/知识子系统          │
         ▼                    │  - 组织/人员子系统          │
┌─────────────────────┐       │  - 设施/作业子系统          │
│  一体化物流管理系统的设计  │       └──────────────────────────┘
└─────────────────────┘
         │
         ▼
┌─────────────────────┐
│      总体绩效评估       │
└─────────────────────┘
```

图 4-12　物流规划流程

3. 产品特征的变化

物流成本受某些产品特征影响很大,比如产品的重量、规格(体积)、价值和风险。在物流渠道中,类似产品特征可以因包装设计或产品储运过程中的完工状态而发生改变。例如,将货物拆散运输可以极大地影响产品的重量—体积比和与之相关的运输与仓储费率。由于产品特征变化可以极大地改变物流组合中的某一项成本,而对其他各项成本影响很小,所以可能形成物流系统内新的成本平衡点。因此,当产品特征发生大的变化时,重新规划物流系统就可能是有益的。

4. 物流成本构成的变化

企业实物供给、实物分拨过程中产生的成本往往决定着物流系统重新规划的频率。如果其他因素都相同,那么生产高价值产品(如机床或计算机)的企业由于物流成本只占总成本的很小比重,企业很可能并不关心物流战略是否优化。然而,对于像生产带包装的工业化产品和食品这样物流成本很高的企业,物流战略将是其关注的重点。由于物流成本很高,即使物流系统只带来稍许改进,也会引起物流成本大幅度下降。

5. 定价策略的变化

商品采购或销售的定价政策发生变化,也会影响物流系统,主要是因为定价政策决定了买方/卖方是否承担某些物流活动的责任。供应商定价由出厂价格(不含运输成本)改为运到价格(含运输成本)一般意味着采购企业无须负责提供或安排内向物流。同样,定价策略也影响着商品所有权的转移和分拨渠道内运输责任的划分。

不论价格机制如何影响定价,成本都可以通过物流渠道进行转移,然而,还是有一些企业会根据其直接负担的成本进行物流系统规划。如果按照企业的定价政策,由客户支付商品运费,那么,只要没有来自客户的压力要求增加网点,企业在制定战略时就不会设置较多的网点。由于运输成本在物流总成本中举足轻重,定价策略的改变一般会导致物流系统的重构。

6. 供求关系的变化

供求关系同样会影响到物流网络结构。随着企业内外环境的变化,企业供求关系随时都有可能发生变化,特别是原材料以及相关零部件的供求关系。供应商的变化必然会影响到供应物流网结构,而且也会影响到物流作业量的变化,当其变化发生时就会导致供应物流系统的重构。

总之,当上述某一个或几个方面发生变化时,企业就应该考虑重新规划物流系统。

三、物流规划的层次

物流规划试图回答做什么、何时做和如何做的问题,涉及三个层面:战略层面、策略层面和运作层面。它们之间的主要区别在于计划的时间跨度。战略规划(Strategic Planning)是长期的,时间跨度通常超过一年。策略规划(Tactical Planning)是中期的,一般短于一年。运作计划(Operational Planning)是短期决策,是每个小时或者每天都要频繁进行的决策。决策的重点在于如何利用战略性规划的物流渠道快速、有效地运送产品。表4-1举例说明了不同规划层次的若干典型规划工作内容。

表4-1　战略、策略和运作规划举例

规划层次 规划领域	战略规划	策略规划	运作规划
流程/功能子系统 信息/知识子系统	布局、地点选择 选择和设计订单录入系统	存储空间选择 确定处理客户订单的 先后顺序	订单履行 发出订单
设施/作业子系统 组织/人员子系统	选择运输设施 选择物流组织形式	服务的内容 项目分派	确定补货数量和时间 项目履行

各个规划层次有不同的视角。由于时间跨度长,战略规划所使用的数据常常是不完整、不准确的。数据也可能经过技术处理,一般只要在合理范围内接近最优,就认为规划达到要求了。而在另一个极端,运作计划则要使用非常准确的数据,计划的方法应该既能处理大量数据,又能得出合理的计划。例如,我们的战略规划可能是整个企业的所有库存不超过一定的金额或者达到一定的库存周转率。而库存的运作计划却要求对每类产品分别管理。

由于物流战略规划可以用一般化的方法加以探讨,所以我们将主要关注战略规划。运作规划和策略规划常常需要对具体问题做深入了解,还要根据具体问题采用特定方法。因此,我们将首先从物流规划的主要问题——设计整体物流系统开始。

四、企业物流战略规划的主要内容

企业物流规划主要解决五个方面的问题:客户服务目标、流程/功能子系统规划、信息/知识子系统规划、设施/作业子系统规划和组织/人员子系统规划。如图4-13所示。其中客户服务目标取决于客户的需求及企业自身的服务能力,包括:能够提供服务的质量、成本、能力和效率等。具体说来,就是如下四个方面的战略规划。这些领域是互相联系的,应该作为整体进行规划,所以,这四个领域的规划过程是互相交叉的过程,尽管如此,分别进行规划的例子也并不少见。每一领域都会对物流系统规划有重大影响。

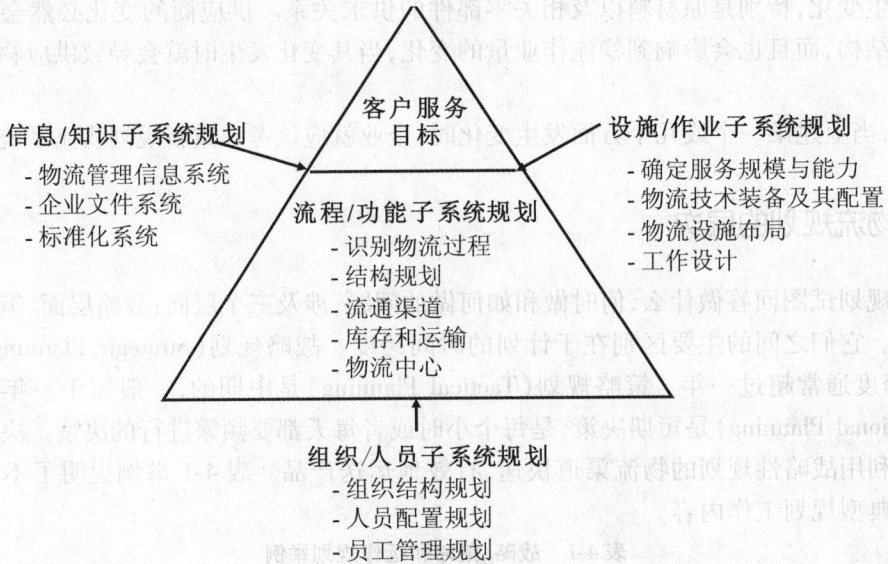

图 4-13　物流决策三角形

1. 客户服务目标

企业提供的客户服务水平比任何其他因素对系统设计的影响都要大。服务水平较低,可以在较少的存储地点集中存货,利用较廉价的运输方式;服务水平高则恰恰相反。但当服务水平接近上限时,物流成本的上升比服务水平上升更快。因此,物流战略规划的首要任务是确定适当的客户服务水平及与之相适应的物流成本水平。

2. 流程/功能子系统规划

这是物流系统规划的核心,主要包括识别物流过程、确定物流系统结构、确定流通渠道策略、确定库存和运输策略、物流中心规划等。其中,物流系统结构主要包括功能结构和空间结构。空间结构包括物流设施的空间分布和物体在空间的移动状态,也就是物流系统产品流动网络的问题,构建一个结构合理、层次有序和高效运行的物品流动网络,关键是要确定网络中各节点的规模和功能分工。由于物流节点的功能和规模的不同,连接这些物流节点的物流网络必然是一个多级序的网络。物流系统的功能包括运输、储存、搬运、包装、流通加工、配送等要素。这些功能要素代表了物流系统所具有的基本能力,这些基本能力有效地组合、联结在一起,便形成了物流系统的总功能。

另外,企业物流规划要根据企业的上游供应来源和下游销点,决定整体适当的流通渠道策略。这里所说的渠道是指实现物流功能的途径。不同的物流战略,要求选择不同的实现物流功能的途径。企业与外部合作,采取配送还是直接购销产品,企业应该把那些有关联的企业纳入本企业的物流渠道中,自己在其中扮演什么角色,这一切都要经过分析后才进行选择。

库存策略指管理库存的方式,包括两个方面的内容:库存水平的确定和库存补充方式的确定。将库存分配到储存点(推动式)和通过补货自发拉动库存(拉动式),代表两种不同的战略,其他方面的决策内容还包括:产品系列中的不同品种应如何分别在工厂、地区性仓库或基层库存放,以及运用各种方法来管理永久性存货的库存水平。由于企业采用的具体策略会影响物流设施的建设,所以必须在物流规划中予以考虑。运输策略包括运输方式、运输批量、运输时间以及运输线路的选择。这些策略受到仓库与客户以及仓库与工厂之间距离的影响,反过来又会影响到物流设施的建设。库存水平也会通过运输批量来影响运输策略。

还有,物流系统网络由节点和连线所组成,而这些节点就是物流中心。虽然物流中心以功能健全为特征,但由于其建设的目的、所处的位置等因素,功能上仍然存在着明显的差异,必须要根据规划目标,确定需要重点发展的物流中心,以克服物流系统网络中的"瓶颈",保证网络的畅通。

3.信息/知识子系统规划

这是现代物流系统规划的重要内容。它主要包括物流管理信息系统规划、企业文件系统规划和物流标准化系统规划。

物流信息网络包含关于销售量、库存水平、物品流动位置、仓库利用率、运输费率及其他方面的信息。信息网络中的链由从一地到另一地传输信息的邮件或电子方法构成。信息网络中的节点则是不同的数据采集点和处理点,如进行订单处理、准备提单的职员或更新库存记录的计算机。从抽象概念来看,信息网络与产品流动网络非常相似,都可以视为节点和链的集合。所不同的是产品大多是沿分销渠道顺流而"下"(流向最终消费者),而信息流则多是(但不完全是)沿分销渠道逆流而"上"(流向原料产地)。产品流动网络和信息网络并不是相互独立的。例如,信息网络的设计将会影响系统的订货周期,进而影响产品网络各节点保有的库存水平。库存的可得率会影响客户服务水平,进而影响订货周期和信息网络的设计。同样,其他各因素之间的相互依赖也要求从整体的角度看待物流系统,而不能将其分开考虑。

另外,在互联网和供应链环境下,物流信息系统的规划设计特别要关注信息共享和交换问题。只有确保物流网点和供应链节点企业之间的有效的信息传递与交换,才能真正实现物流系统运作的高效率。而信息共享和交换的基础又是信息的标准化。有关信息标准化相关内容可参考第六章第三节。

企业文件能够沟通意图、统一行动。特别是对复杂庞大而又多目标的物流系统而言,其文件的使用有助于提供作业依据、适宜的培训、内部沟通、系统的有效和高效运行、满足顾客要求和持续改进。然而,应该知道,文件的形成本身并不是目的,它应是一项增值的活动。企业文件的性质和范围应当满足合同、法律、法规要求以及顾客和其他相关方的需求和期望,并要与企业运作系统相适应。文件可以采取适合企业需求的任何形式或媒体。为使文件满足相关方的需求和期望,规划文件系统时,应当考虑顾客和其他相关方的合同要求,采用的国际、国家、区域和行业标准,相关的法律法规要求,企业的决定,与企业能力发展相关的外部信息来源,与相关方的需求和期望有关的信息等。另外,企业文件系统也应该包括对照功能性(如处理速度)、便于使用、所需的资源、方针和目标、与管理知识相关的当前和未来的要求、文件体系的水平对比、企业的顾客、供方和其他相关方所使用的接口等这些准则,就企业经营系统的有效性和效率,对文件的制定、使用和控制进行评价。还有,企业文件系统应当依据企业有关沟通的原则,确保企业内人员和其他相关方能得到相应的文件。

标准化问题。物流活动是一个由原材料采购至消费,又包括回流的十分广泛的过程,这一过程形成了一个复杂而庞大的系统。该系统的统一性、一致性以及系统内各环节之间的有机联系是现代物流管理的必要条件。如果每个企业或各个环节都用自己的标准来进行物流活动,则必然会导致各个企业、各个环节之间无法沟通,尤其在国际物流中。因此,为保证系统的统一性、一致性及各环节的有机联系,并实现对这一大系统的有效指挥和协调,除了用一套适合的体制形式之外,还必须制定物流标准,推进物流的标准化。

企业物流标准化系统包括企业物流标准体系和企业物流标准管理体系。其中,物流标准体系可参照国家物流标准体系(如图 4-14 所示),再结合本企业物流管理要求,有所取舍地建立。

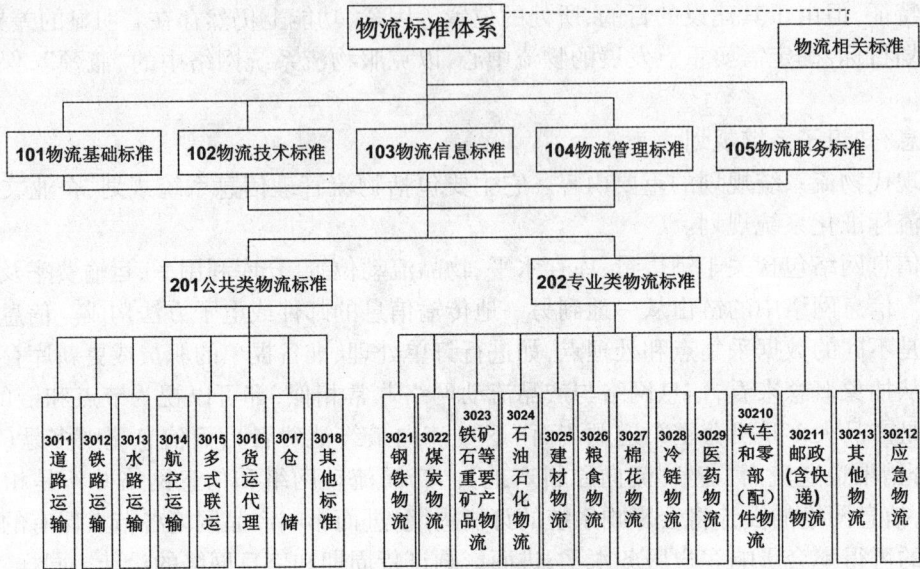

(a)国家物流标准体系表总框架

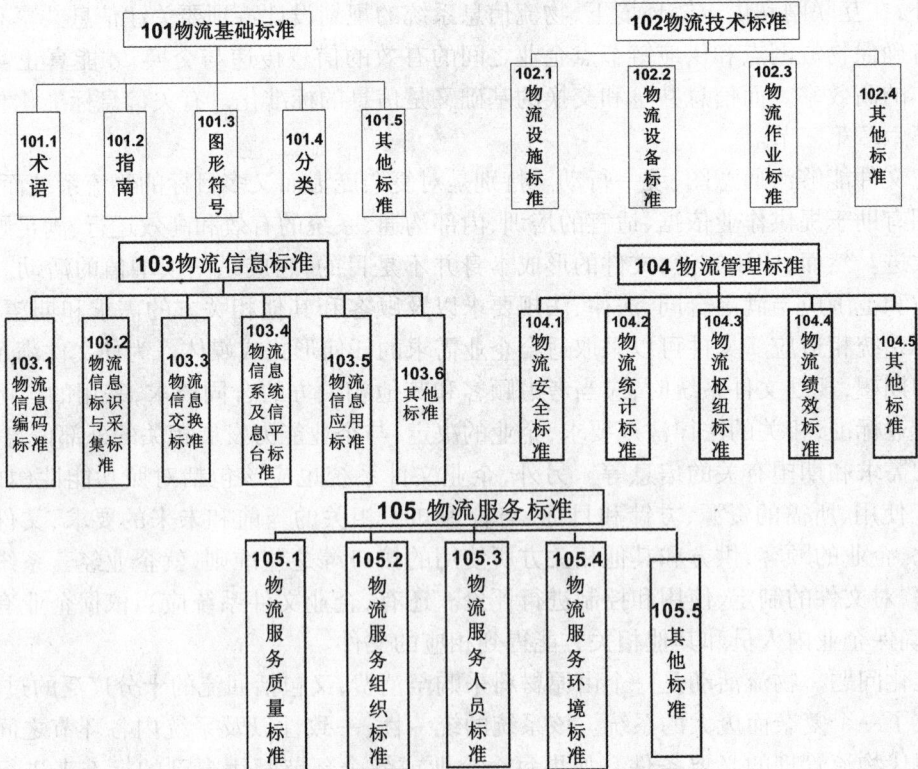

(b)国家物流标准体系表第二层框架

图 4-14   国家物流标准体系

企业物流标准管理体系主要包括：标准的计划、审议、研讨、注册、应用、措施等环节。如图4-15 所示。

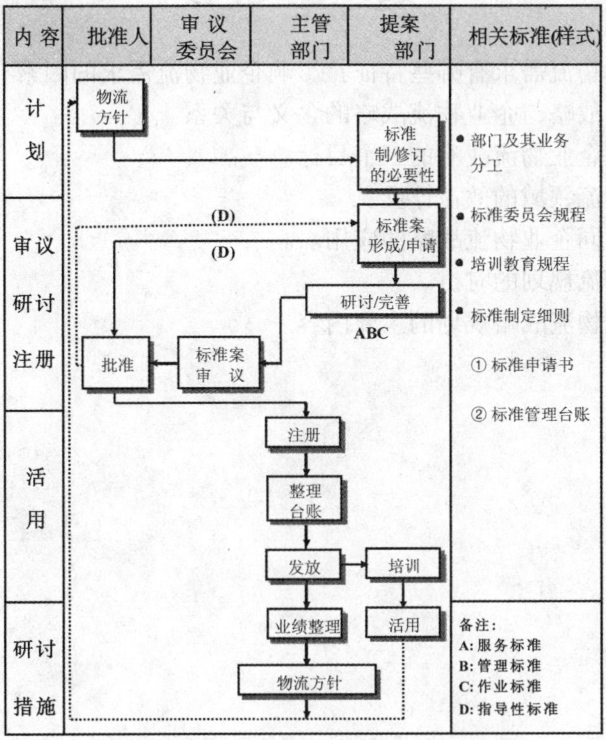

内容	批准人	审议委员会	主管部门	提案部门	相关标准(样式)

图 4-15　企业物流标准管理体系

4. 设施/作业子系统规划

这是为流程/功能子系统和信息/知识子系统提供设施保障的过程。设施/作业子系统规划主要包括：服务规模与能力的确定、物流设施及其配置、物流设施布局和工作设计。

首先，根据企业物流需求、流程/功能子系统和信息/知识子系统规划过程和要求，以及当前物流技术装备的发展状况和规模经济的要求，分析确定企业物流服务规模和能力。其次，根据服务规模和能力规划要求，选择物流服务设施和装备，并确定投资规模。然后，对所选设施和装备进行平面布置，并进行工作设计。

其中，工作设计是指以物流系统的微观基础—作业或操作系统为研究对象，结合工效学原理，研究人—机—环境这三者之间的相互关系，通过恰当的设计和改进这些关系，使工作系统获得满意的效果，同时保证人的安全、健康和舒适的过程。

5. 组织/人员子系统规划

这是为流程/功能子系统、信息/知识子系统和设施/作业子系统提供组织保障的过程。组织/人员子系统规划主要包括：组织结构规划、人员配置及员工管理规划。

物流组织要解决的一个主要问题就是安排企业里负责物流活动的人员，以鼓励他们更好地相互协调、相互合作。而这些组织活动要通过推动在物流系统规划和运作过程中频繁出现的成本平衡来提高货物和服务的供应和分拨效率。

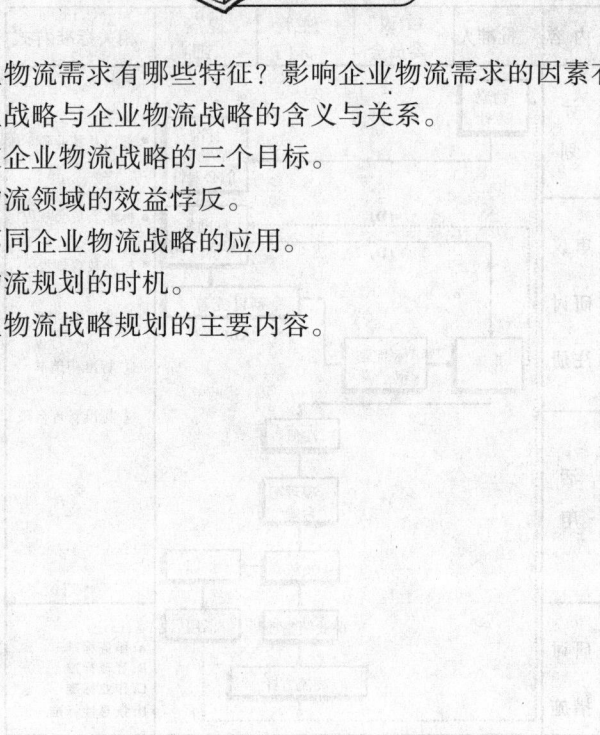

练习题

4.1 试分析企业物流需求有哪些特征？影响企业物流需求的因素有哪些？

4.2 试分析企业战略与企业物流战略的含义与关系。

4.3 请简述制定企业物流战略的三个目标。

4.4 举例说明物流领域的效益悖反。

4.5 举例说明不同企业物流战略的应用。

4.6 举例说明物流规划的时机。

4.7 请简述企业物流战略规划的主要内容。

第五章 企业物流流程／功能与网络规划设计

引导案例

一汽物流有限公司是中国第一汽车集团公司的全资子公司,成立于 2006 年。该公司通过公路、铁路、水路专业运输及多式联运方式,为一汽大众、一汽解放、一汽轿车、一汽客车、天津一汽丰田、四川一汽丰田等一汽的主机公司提供商品车和零备件的仓储、运输、包装等第三方物流服务。同时,该公司还在上海、广州、湖北、盐城、重庆以及日本等地为客户提供强大的物流规划设计及物流一体化解决方案,开展对流、短驳等物流服务。

该公司在长春本部拥有 8.7 万多 m² 的高标准库房、47 km 铁路专用线、3 万 m² 的铁路站台、4 台内燃机、50 辆铁路货车、3 个电气集中车站。叉车、吊车、轿车运输车、集装箱及封闭式零部件运输车等专业物流设备 2 500 余台,在全国拥有 100 多万 m² 的整车仓储基地。

机构设置:

该公司设有经营管理部、计划财务部、人力资源部、信息技术部、安全品质部、党群工作部和行政办公室等职能管理部门,按照业务模块设有整车物流部、零部件物流部和天津物流部等物流业务运作部门,在全国各地设有 5 个全资子公司、1 个参股公司和 20 余个分公司,上海、天津、青岛、成都、广州等地设有商务代表处,在全国部分城市设立了运输对流网点。

整车物流服务:

该公司自有轿车运输车近 500 台,在全国拥有占地 100 多万 m² 的整车仓储基地,可为用户提供商品卡车发运,商品轿车零公里运输及仓储服务,是一汽解放、一汽轿车、一汽大众指定物流承运商。目前该公司已实现了管理系统对接,开通了物流计划接收、派发、统计、结算等网上物流服务。

物流调度中心:

运用 TDS 系统完成物流信息的集成,实现网上发拨,在途监控、数据统计,使客户需求得到快速反应。该公司采用商品车零公里发运、GPS 卫星定位监控系统、智能仓储管理系统等物流管理技术,商品卡车背载工艺、轿运车装载工艺、零部件包装工艺等一系列技术标准,完善的质量技术监督保证体系,对公司的服务质量技术标准执行适时跟踪监控。

零部件物流服务:

该公司拥有 8.7 万多 m² 库房,配置高位货架、高位巷道拣选车,采用智能仓储管理系统实现电控自动仓储,拥有百余台专用零部件运输车,可为用户提供汽车零部件收、储、发集散服务。

包装、配送服务:

该公司拥有占地 3 万多 m² 的包装基地,是一汽集团内规模最大的定点包装企业,可为用户提供包装设计及纸制、木制包装服务,拥有 2 000 多台物流配送车辆及叉车、吊车等专业物流设备,可为用户提供分拣、理货、运输一体化物流配送服务。

公、铁、水联运服务:

该公司拥有 47 km 专用铁路线、3 万 m² 的铁路装卸站台,可在一汽的各专用站台装卸生产原料及产品,同时专用铁路已与国铁实现对接。该公司与国内大连港、营口港及深圳长航等大型港务局、航运公司有近 10 年的合作经历,可为用户提供公、铁、水多式联运服务。

"十二五"期间,一汽物流有限公司依托一汽集团,实施"资源网络化、管理数字化、服务标准化、经营国际化"战略,以竭诚为客户提供完整、优质的汽车供应链物流一体化服务解决方案为己任,通过加速推进长春、天津、成都、佛山、青岛五个基地以及武汉、上海两大分拨中心的"5+2"物流基地群网络化建设,有效地提升公司的核心竞争力,将一汽物流建设成为国内最具竞争力,国际上有一定影响力的物流企业之一。

请思考一下一汽物流系统应如何规划?

流程(Process)也可称流动过程。流程/功能子系统的核心就是识别并设计企业物流过程及其系统结构。其中,物流过程是从供应链的角度研究物品的流动过程和方向,关注为客户带来更多价值的物品流动过程和方向。系统结构又分为功能结构和空间结构。功能结构主要研究物流过程各功能要素的组合,包括各功能固定设施的选址问题和运输方式的选择问题。空间结构主要研究网络规划问题。

了解企业物流过程、系统及网络的构成,理解五种基本运输方式的特点及运价结构,掌握典型的现代运输服务类型是本章的主要目的。

通过本章的学习,学员能够了解、掌握:

★ 影响企业物流过程及其系统结构的主要因素
★ 典型的生产企业物流过程及其关注点
★ 对生产物流影响大的典型的生产过程分类方法
★ 物流设施选址问题的关注点和主要研究方法
★ 物流设施选址方法——重心法
★ 五种基本运输方式的各自特点
★ 典型的现代运输服务类型
★ 选择运输服务类型需要考虑的主要因素
★ 企业物流网络规划设计的主要内容和一般程序
★ 企业物流网络设计所需基础数据和信息

第一节　影响企业物流过程及其系统结构的因素

企业系统活动的基本结构是投入—转换—产出。对于生产型的企业来讲,是原材料、燃料、人力、资本等的投入,经过制造或加工使之转换为产品或服务;对于服务型企业来讲则是设备、人力、管理和运营,转换为对用户的服务。物流活动便是伴随着企业的投入—转换—产出而发生的。投入的是企业外部输入物流,转换的是企业内生产物流或企业内转换物流,产出的是企业外销售物流或企业外部服务物流。由此可见,在企业经营活动中,物流是渗透到各项经营活动之中的活动,如图 5-1 所示。

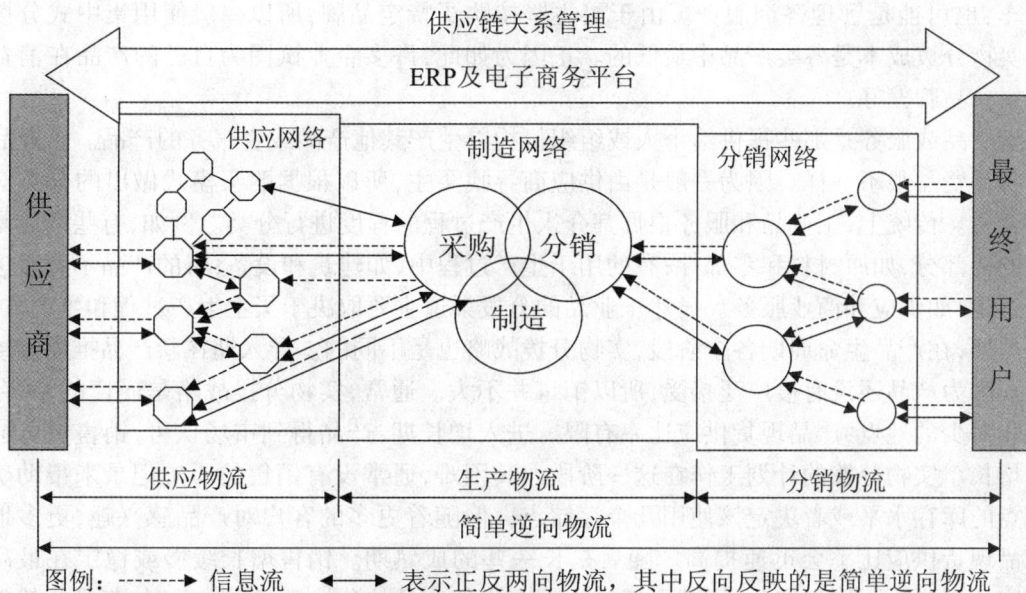

图例：------▶ 信息流 ◀——▶ 表示正反两向物流，其中反向反映的是简单逆向物流

图 5-1 涉及企业运作的几种物流形态

然而，企业物流过程及其系统结构是随物流产品、企业性质、企业生产类型和企业采用的物流战略的不同有很大差异。

一、物流产品对企业物流过程及其系统结构的影响

因为物流渠道内流动的是产品，所以产品才是物流系统设计的核心。从经济角度讲，产品又为企业创造效益。对这些基本问题的清楚理解是形成良好物流系统设计的关键，也是物流系统设计中将产品的基本衡量尺度（以产品特征、包装和价格为代表）视作客户服务要素加以研究的重要原因。

1. 产品性质的影响

对物流系统结构影响比较大的一种传统的产品分类方法是将产品和服务分成消费品和工业品。

消费品是直接供应最终消费者的产品。而且消费品又分成三类：便利品、选购品和特殊产品。便利品是指那些消费者购买频繁、直接，很少进行比较选择的产品或服务。典型的便利品有银行服务、烟草制品和多数食品。这些产品一般需要有广泛的分销渠道，众多的网点，而且还必须保持很高的服务水平以鼓励消费者进行购买。

选购品是指那些消费者愿意寻找并进行比较的产品，逛许多地方，比较价格、质量和性能，并慎重考虑后才进行购买。这一类典型产品有时装、汽车、家具和医疗服务。由于消费者愿意四处选购，所以，与便利品和便利服务相比，存储电汇大幅度减少。在一定的市场区域内，某个供应商可能仅在几个网点储存产品或提供服务。这类供应商的分拨成本比便利品要低，分销范围也不需要很广泛。

特殊产品是那些购买者愿意花费大量精力，愿意等相当长时间去购买的产品。买主竭力找出特定类型、特定品牌的产品或服务。特殊产品可能是任何一种产品，从精美的食品到定制

的汽车,也可能是管理咨询服务。由于买主坚持购买特定品牌,所以一般使用集中式分拨管理。实物分拨成本是各类产品中最低的。正因为如此,许多企业试图为自己的产品在消费者中间树立品牌偏好。

工业品或服务是那些提供给个人或组织机构以生产其他产品或者服务的产品。工业品的分类与消费品很不一样。因为一般是由供应商寻找买主,所以根据购买模式做出的分类对此并不合适。传统上,工业品和服务根据其介入生产过程的程度进行分类。例如,有些产品是产成品的一部分,如原材料和零部件;有的用于生产过程中,如建筑和设备;有的产品不直接进入生产过程,如供应和商业服务。显然工业品的分拨渠道主要取决于买主生产过程和生产方式。

另外,在产品生命周期各个阶段,实物分拨战略也是不同的。导入期在新产品推向市场后开始。因为产品还没有被广泛接受,所以销量并不大。通常,实物分拨战略是谨慎的,库存限制在相对少的地点,产品现货供应比率有限。进入增长期,产品得到市场认可,销售量可能会迅速增长。实物分拨的计划工作在这一阶段尤其困难,通常没有销售的历史记录来帮助确定存储点的库存水平或者决定该使用几个存储点。但随着更多的客户对产品感兴趣,更多地区的产品现货供应比率会迅速提高。随后是长一些的成熟期。销售增长缓慢或稳定在最高水平。产品销量不再剧烈变化,因此可以纳入现有类似产品的分拨模式中。此时,产品分拨渠道最广。在整个市场范围内,会用到很多存储点,产品的现货供应比率也控制在较好的水平上。逐渐地,由于技术变化、竞争或消费者兴趣减退,多数产品的销量都会下降。为保持高效的分拨,就要调整产品运输和存货调度的模式。这样,存储点将减少,产品库存将下降,存放地点将更加集中。

2. 产品特征的影响

物流成本是影响物流战略及其规划的重要因素,而产品特征又是影响物流成本的最关键要素。与物流成本有关的产品特征就是产品本身的属性,如重量、体积、价值、易腐性、易燃性和可替代性。这些属性的不同组合会对仓储、库存、运输、物料搬运和订单处理提出不同的要求。以下分四个方面对这些属性加以研究,即重量—体积比、价值—重量比、可替代性和风险特征。

(1)重量—体积比(Weight-Bulk Ratio)。产品的重量—体积比是一个具有特殊意义的衡量指标,与运输和仓储成本直接相关。密度大的产品,即重量—体积比高的产品(如轧制钢托梁、印刷品和罐头食品)可以充分利用运输设备和仓储设施,运输、仓储成本偏低。但密度小的产品(如充气的沙滩球、船艇、薯片和灯罩),在达到运输设备的载重量限制之前空间就已经被填满了。而搬运成本和库容占用成本,因以重量计算,所以占产品销售价格的比例相对较高。

随着产品密度的增加,仓储和运输成本占销售价格的比重都会降低。虽然仓储和运输成本的减少也会使价格降低,但它们仅仅是构成价格的众多成本因素之中的两个。因此,总的物流成本会比价格下降得更快。

(2)价值—重量比(Value-Weight Ratio)。所运输、存储产品的货币价值是制定物流战略及其规划的重要影响因素。存储成本尤其易受产品价值的影响。将产品的价值和重量进行比较,得出一个比率时,会发现其中存在着明显的成本悖反现象,这对进行物流系统的规划很有帮助。

价值—重量比低的产品(如煤炭、铁矿石、铝土和沙子)仓储成本很低,但运输成本占销售价格的百分比较高。由于库存持有成本是按产品价值的一定比率计算的,而库存持有成本是存储成本中的重要因素,所以产品价值低意味着存储成本低。而运输成本则刚好相反,是与重量挂钩的。所以,如果产品价值低,运输成本占销售价格的比重就会很高。

价值—重量比高的产品(如电子设备、珠宝和乐器)则与上述刚好相反,存储成本较高而运输成本较低。因此,如果企业经营的产品价值—重量比低,则通常会尽力争取优惠的运输费率(原材料的运输费率通常比同样重量的产成品低)。而如果产品的价值—重量比高,则通常的做法是将库存降至最低。当然,也有些企业力图通过改变会计流程来改变产品的价值,或通过变化包装要求来改变产品重量,从而调整不利的价值—重量比。

(3)可替代性(Substitutability)。如果客户觉得企业的产品与其竞争对手的产品区别不大或没有区别,该产品就被称作可替代性很强的产品。也就是说,如果客户首先选择的品牌暂时缺货,客户会愿意选择其他品牌的产品。许多食品和药物的可替代性很强。为了确保客户不流失,物流管理人员在尽量将产品现货供应比率维持在一定水平的前提下,通过不断的改进运输服务和库存水平,来解决销售损失的问题。

(4)风险特征(Risk Characteristics)。产品的风险特征指产品的易腐性、易燃性、贬值、爆炸的可能性和易于被盗等方面的特征。如果产品在上述一个或多个方面表现出高风险特征,就会对分拨系统有一定的限制性要求,产品运输成本和仓储成本的绝对值及其占销售价格的百分比就会很高。

比如,照相机、手表或手机一类的产品被盗的可能性很大,所以在搬运和运输过程就需要特别小心。这些产品需要在室内仓库设置带围栏或带锁的特殊库区来进行处理。易腐性产品(如新鲜水果和新鲜蔬菜)需要进行冷藏储存和运输。而汽车轮胎这些可能会污染食品的产品则不能与食品存放在仓库的同一区域。无论是在运输、仓储或在包装过程中,特殊处理都会增加产品的分拨成本。

3. 产品包装的影响

除了少数产品,如散装原材料、汽车和家具之外,大多数产品在分拨时都需要包装。包装的原因很多,其中包括:便于仓储和搬运作业、更好地利用运输设备、保护产品、产品促销、改变产品密度、方便产品的使用、为客户提供再利用价值等。其中,保护性包装对物流规划尤其重要。从很多方面来看,物流规划时首先必须重视产品的包装,而产品本身则是随后考虑的问题。包装有形状、体积和重量,但产品可能不具有同样的特征,所以,通过包装过程也可以调整产品的一系列特征。保护性包装虽然增加了包装费用,但可降低运输和仓储的费率,以及减少破损索赔。

4. 装卸搬运活性指数的影响

装卸搬运活性指数是在装卸作业中的物料,反映其装卸作业难易程度的一个数值,分为5个级别。0级——物料杂乱地堆在地面上的状态;1级——物料装箱或经捆扎后的状态;2级——箱子或被捆扎后的物料,下面放有枕木或其他衬垫后,便于叉车或其他机械作业的状态;3级——物料被放于台车上或用起重机吊钩钩住,即刻移动的状态;4级——被装卸、搬运的物料,已经被起动、直接作业的状态。

为了说明和分析物料搬运的灵活程度,通常采用平均活性指数的方法。这个方法是对某一物流过程物料所具备的活性情况,累加后计算其平均值,用"δ"表示。δ值的大小是确定改变搬运方式的信号。如:当$\delta < 0.5$时,指所分析的搬运系统半数以上处于活性指数为0的状

态，即大部分处于散装情况，其改进方式可采用料箱、推车等存放物料。当 $0.5 < \delta < 1.3$ 时，则是大部分物料处于集装状态，其改进方式可采用叉车和动力搬动车。当 $1.3 < \delta < 2.3$ 时，装卸、搬运系统大多处于活性指数为 2，可采用单元化物料的连续装卸和运输。当 $\delta > 2.7$ 时，则说明大部分物料处于活性指数为 3 的状态，其改进方法可选用拖车、机车车头拖挂的装卸搬运方式。

分析企业物品的装卸搬运活性指数水平，制定相应的物流策略。活性指数高的物流活动，物流网络中投资相对较少，管理相对较简单；反之亦然。

二、企业性质对企业物流过程及其系统结构的影响

第一章中介绍了，按企业性质企业可以划分为：工业生产企业、农业生产企业、批发企业、配送企业、仓储企业、"第三方物流"企业和零售企业。其中，因所生产产品性质及其特征的不同，工业生产企业之间差异很大，所以生产不同产品的企业物流过程和系统结构差距也很大。比如汽车和机械等由几万个零部件构成的产品，其供应物流显得特别突出，而如小商品和小五金等产品，更加突出的是销售物流。另外，即使是生产同一类产品的企业，也因规模和运作方式的不同，其物流过程和系统结构差异也很大。

农业生产企业主要指农业种植企业，因其受大自然的影响，受季节性因素的影响非常大，所以无论是从生产物流还是从销售物流角度，与工业生产企业相比都存在很大的差异，特别是就各物流过程的功能结构而言，农业生产企业的销售物流对储存功能的要求非常突出。

还有，批发企业的物流特点是批发中心的包装形态和包装批量的转换功能。配送企业的物流特点是：配送中心内部的分货、拣选、配货等物流过程和功能。仓储企业的物流特点是以接运、入库、保管保养、发运或运输为流动过程的物流活动，其中储存保管是其主要的物流功能。零售企业的物流虽然依企业运作方式的不同有差异，但零售企业的物流需要突出物流速度和反应及时性。

总之，不同性质的企业会带来不同要求的物流系统结构。 ·

三、企业生产类型对企业物流过程及其系统结构的影响

企业生产类型主要分为：大量流水型、批量轮番型、单件小批量型和项目型。大量流水型生产类型的基本特征是运作任务可变性低、稳定性高；批量轮番型生产类型的基本特征是运作任务可变性程度较高，但每一种任务又都具有较高的重复性；单件小批量型生产类型的基本特征是运作任务可变性程度很高、重复性程度很低；项目型生产类型的基本特征是每一项都没有重复，适合于独特的一次性任务。

不同生产类型因所对应的工作地布置以及生产运作模式等不同，其物流过程和物流系统结构都会有很大差异。大量流水型一般按产品布置；批量轮番型一般混合布置；单件小批量型一般按工艺布置；项目型一般定位布置。（参考本章第二节内容）

四、企业物流战略对企业物流过程及其系统结构的影响

第四章中介绍了几种典型的企业物流战略。其中,商流和物流分离战略对物流过程和系统结构的影响主要反映在借助专业化物流服务优化物流过程和系统结构。比如,就家具和电视机等家电产品而言,这些行业提供的产品品种、型号和颜色较多,对于零售商来说储存全部的产品是很难的。较好的做法是零售商以有限的存货来展示物品,并为客户展示手头保留的颜色样品和品种数目。还有一个分离的例子是设立一家没有库存的销售分部,它的存在是为了促进销售。在买卖中,产品交换在物流上有许多种运输与储存的结合方式,这种结合取决于所运货物的价值、尺寸、容量和腐蚀性。销售公司分部网络最好设计成能使市场营销影响达到最大化,物流结构应该设计成能完成要求的送货绩效与经济性。

多样化分拨战略对物流过程和系统结构的影响主要反映在80—20曲线现象。80—20曲线现象是一个对物流规划有特殊意义的概念。80—20曲线的概念源于对许多企业产品模式的观察,即来自产品系列中少量产品创造大部分销售额的事实,以及所谓的帕累托法则[80—20曲线首先由帕累托(Vilfredo Pareto)在1897年对意大利收入和财富分配研究时观察到。他总结认为,总收入的大部分集中在少数人手中,比例大约各自为80%和20%。其一般化思想在商业化中得到广泛应用]。也就是说,企业80%的销售额由20%的产品系列创造。虽然恰好等于80—20的比例很少见,但销售额和产品种类之间不成比例的关系通常是真实存在的。根据销售情况对产品分组或分类,借助80—20曲线概念根据特性对产品采取不同的分拨策略。比如,A类产品可能在地理分布上比较广,可以通过多个仓库进行分拨,而C类产品则只通过一个中心存储点(如工厂)进行分拨。B类产品的分拨战略则居其中,只使用少数几个地区性仓库。还有,可以将仓库或其他存储点的产品组合起来,分成有限的几个类别,然后按不同的现货供应比率管理各类产品。产品分组是人为的,关键是对所有的产品区别对待。

延迟战略对物流过程和系统结构的影响主要反映在储存功能的减弱和运输的及时性。如果将产品的最后制造和配送延推到收到客户订单后再进行,那么,根据延迟程度的不同,在相应客户订单分离点以后的各节点,由于预测风险带来的库存就可以减少或消除。但与此同时,相应的运输方式也必须随之发生变化,因为不能为了减少或消除生产方的预测风险库存而影响客户的服务水平。

运输集中战略对物流过程和系统结构的影响主要反映在相对于集中点的运输和库存功能上。比如,先到达仓库的客户订单和稍后到达的订单合并在一起,使平均运输批量增大,进而减少运输次数。与此同时,可能需要加强集中点的存货功能,以及相对于集中点的运输网络。

绿色物流战略对物流过程和系统结构的影响是非常大的。因为绿色物流旨在物流过程中抑制物流对环境造成危害的同时,实现对物流环境的净化,使物流资源得到最充分利用,所以,绿色物流战略不仅要考虑**正向物流**环节的绿色化,而且也要考虑供应链上的**逆向物流**体系的绿色化。

自营或外包战略对物流过程和系统结构同样影响比较大。因为自营物流和外包物流对供应链协调的影响各有不同,自营物流往往选择有利于供应链协调的物流过程和系统结构,而外包物流企业还需要考虑自身企业的利益。

第二节　典型的企业物流过程

虽然依企业产品、企业性质、企业生产类型和企业采取的物流战略,企业物流过程和系统结构呈现不同模式,但仍然存在共性和相同点。

一般来讲企业物流可划分为:供应物流、生产物流、销售物流、逆向物流等四部分。这四部分既有区别,又通过物流信息连接起来,如图5-2所示。

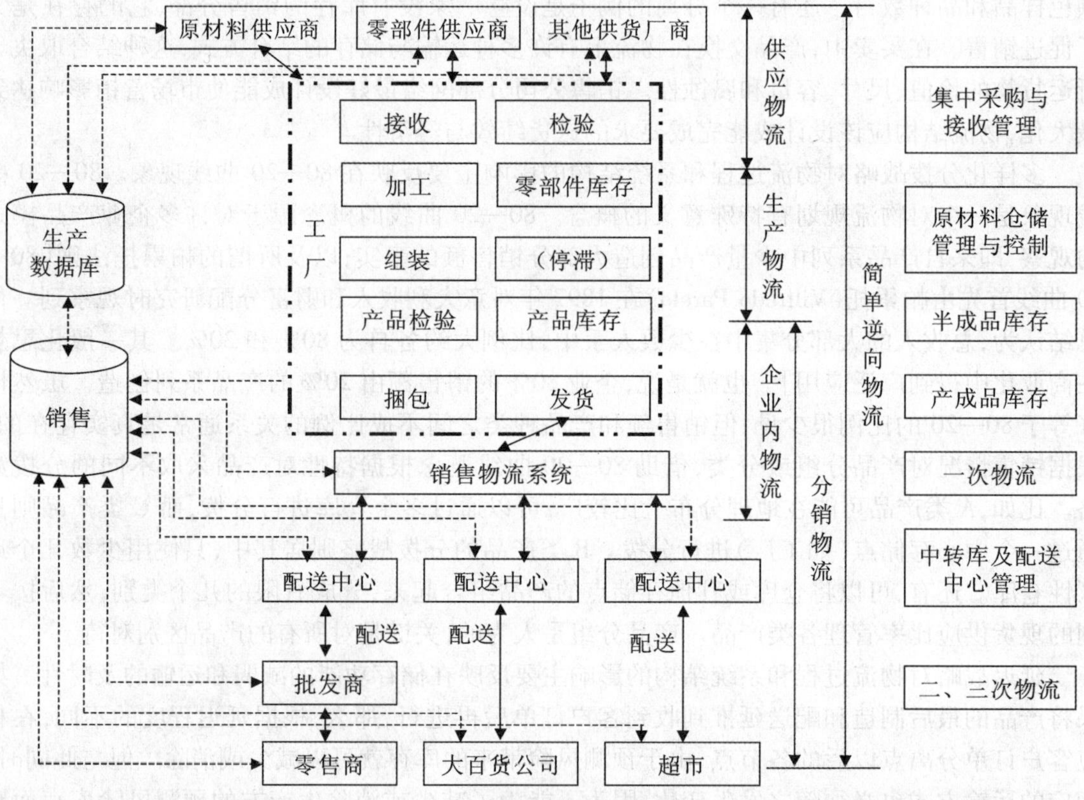

图例:┄┄→ 信息流　　←→ 表示正反两向物流,其中反向反映的是简单逆向物流

图5-2　企业物流与信息流

一、供应物流过程

根据国家标准《物流术语》(GB/T 18354—2006)中的定义,供应物流是"提供原材料、零部件或其他物料时所发生的物流活动"。供应物流过程的最终目的是满足企业生产需求(在服务业,则是运作需求)。物流管理人员一般通过两种方法来满足这一需求。第一种方法是按需要时间即时供应,不断调整供给时间使得物料的供给与生产需求步调一致。第二种方法是持有库存来满足生产需求,利用补货规则来维持库存水平,这些规则决定了物料在供应渠道中流动的具体时间与数量。但无论采用何种方法,供应物流过程一般都由三部分组成。

1.采购运输

采购是根据企业的需求计划外购生产所需物资的活动。有的企业把采购作为供应物流的一个重要组成部分,不但进行采购活动而且还负责市场资源、供应商管理以及物资质量信息的收集和反馈。但大多数企业把采购从物流中分离出来,与生产、销售、物流并称为企业的四大"支柱",只将采购运输作为供应物流的重要组成部分。采购运输是把采购的物资组织运送到厂的物流活动。由于供应商数量众多、地域分散,采购运输物流活动的组织颇为复杂。采购运输有三种方式:送货制、取货制和第三方物流。

2.仓储与库存管理

仓储是指把采购的物资暂时存放在仓库中。库存管理是指物资的接收、装卸、搬运、堆码、发货和按要求进行简单加工等活动。由于大型企业的产品复杂,其原材料、零部件等物资种类成百上千,数量成千上万,并且有许多零部件的保管要求特殊,所以其库存管理的难度很大。许多企业供应物流采用类似昂贵的商用库存管理软件进行管理,以达到"零库存"管理效果。另外,仓库设计也要根据不同物品存放要求认真考虑。

3.组织企业内配送

组织企业内配送即把零部件和原材料按要求运送到生产线的工位上或生产场地。随着企业现代化进度加快,对企业内配送物流的要求越来越高。比如,准时制配送方式(JIT),指"仅在需要的时间和地点配送所需的零部件",即完全按照生产计划或随机提出的要求,在规定的时间和地点准确配送零部件。这种配送方式,在以装配为主要生产流程的大型企业中是最好的方式。

但值得注意的是,供应物流过程中,运作、营销、采购和所有其他活动之间的充分协调对供应物流过程的优化非常重要。因为这些活动之间的相互关联性常常使得针对单独一项活动进行优化的努力可能对其他的一项或几项活动造成损害。忽视这种悖反现象就会给企业运作带来负面影响。

二、生产物流过程

根据国家标准《物流术语》(GB/T 18354—2006)中的定义,生产物流是"企业生产过程中发生的涉及原材料、在制品、半成品、产成品等所进行的物流活动"。

显然,生产物流是生产工艺的一个组成部分,所以其物流过程和生产工艺过程几乎是密不可分的。它们之间的关系有许多种,有的是在物流过程中实现生产工艺所要求的加工和制造,有的是在加工制造过程中同时完成物流,有的是通过物流对不同的加工制造环节进行衔接。它们之间有非常强的一体化的特点——工艺是龙头,物流是支柱。所以生产物流是指企业在生产工艺中的物流活动(即物流不断地离开上一工序,进入下一工序,不断发生搬上搬下、向前运动、暂时停滞等活动)。

其过程为:原材料、燃料、外购件等物料从企业仓库或企业的"门口"开始,进入生产线的开始端,在进一步随生产加工过程并借助一定的运输装置,一个一个环节地"流",在"流"的过程中,本身被加工,同时产生一些废料余料,直到生产加工终结,再"流"至制成品仓库。

这就是说,生产物流过程是伴随生产过程而表现出其流向、流量和流速,而且,生产物流过程优化直接与生产过程及其设施布置有关。

（一）生产过程设计原则

在设计生产过程时，不仅要考虑生产设施布置要适应生产能力的需要，而且还要考虑进料、临时储存、生产过程前中后的搬运、调度、装箱、库存、运送等物流过程。为此，设计生产过程时，应遵循以下原则。

1. 功耗最小原则

生产物流过程中不增加任何附加价值，只消耗大量人力、物力和财力，因此物流"距离"要短，搬运"量"要小。

2. 流动性原则

良好的企业生产物流过程应该流动顺畅，消除停滞，力求生产流程的连续性。当物料向成品方向前进时，应尽量避免工序或作业间的逆向、交错流动或发生与其他物料混杂的情况。

3. 高活性指数原则

采用高活性指数的搬运系统，减少二次搬运和重复搬运量。

（二）设施布置决策的 SLP 法

SLP（Systematic Layout Planning）法即系统布置策划法，是一种采用严密的系统分析手段及规范的系统设计步骤的系统布置设计方法。该方法具有很强的实践性，最早应用于工厂的平面布置规划，陆续被推广到其他领域包括物流及服务领域。系统布置的一般程序如图 5-3 所示。

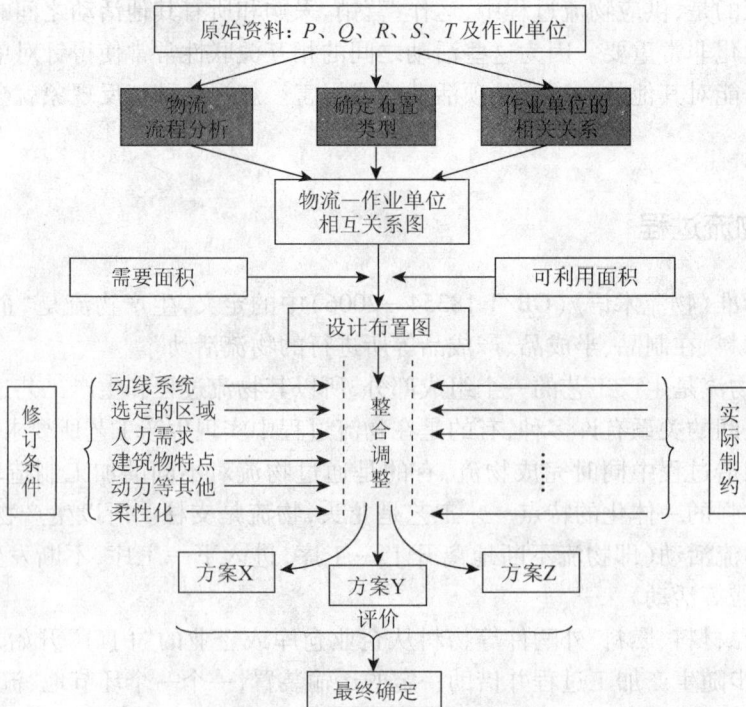

图 5-3 系统布置策划的一般程序

图 5-3 中，P 指产品，包括商品、原材料、加工零部件等；Q 指相应产品的量；R 指相应产品

的工艺流程；S 指辅助服务部门；T 指时间，时间长短决定所需设备数量、人员数等。

（三）生产设施布置类型

既然生产设施的布置类型对生产物流影响如此之大，那么，下面简单介绍一下对生产物流影响比较大的几种典型的生产设施布置类型。

1. 按工艺布置

工艺布置（Process Layout）又称工艺专业化布置，就是按照工艺专业化原则将同类设备集中在一起，完成相同工艺加工任务，如图 5-4 所示。这种布置类型会产生较大的生产物流工作量。

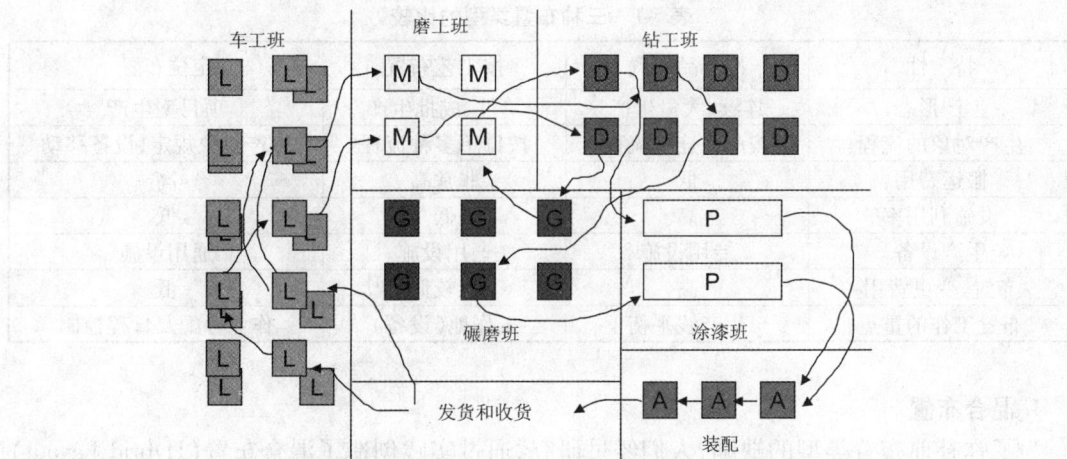

图 5-4　按工艺布置示意图

2. 按产品布置

按产品布置（Product Layout）就是按对象专业化原则布置有关设备和设施。最常见的如流水生产线或产品装配线，如图 5-5 所示。这种布置类型，虽然生产物流的工作量比较小，但设施利用率不太容易满足。

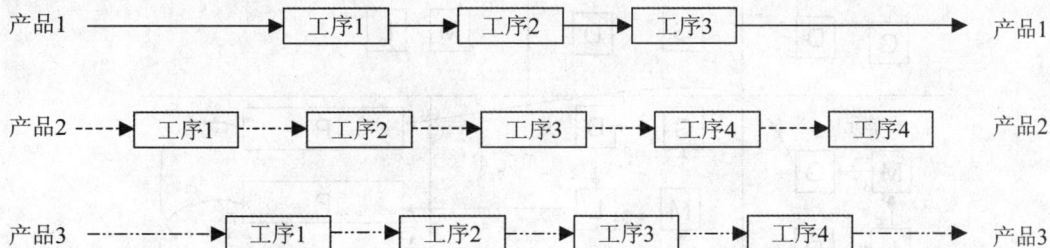

图 5-5　按产品布置示意图

3. 定位布置

定位布置（Fixed Position Layout）是指加工对象位置固定，生产工人和设备都随加工产品所在的某一位置而转移。如图 5-6 所示。

在实际生产中，一般都综合运用上述几种类型，针对不同的零部件品种数和生产批量选择不同类型的生产设施布置。上述三种主要设施布置的类型取决于产品/服务的数量和品种数。

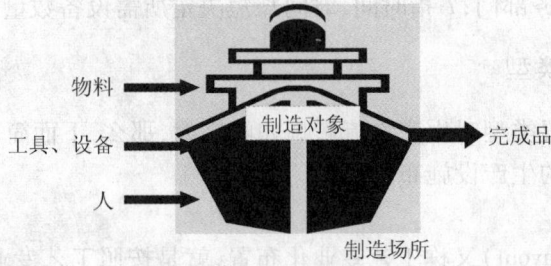

图 5-6　定位布置示意图

其间的区别与联系归纳见表 5-1。

表 5-1　三种布置类型的比较

特　性	按产品布置	按工艺布置	定位布置
生产形态	连续、大量生产	单件、成批生产	项目型生产
生产对象的流程	按产品连续流程	按订单多种流程	生产对象规定,设备移动
搬运费用	低	非常高	高
设施利用率	高	低	低
生产设备	专用设施	通用设施	通用设施
布置、变更费用	高	比较低	低
布置工作的重点	生产线平衡	工作地(设备)	作业分配及日程控制

4. 混合布置

为了弥补前布置类型的缺陷,人们经过研究,通过实践创造了混合布置(Hybrid Layout)的形式。其基本原理是,首先根据一定的标准将结构和工艺相似的零件组成一个零件组,确定出零件组的典型工艺流程,再根据典型工艺流程的加工内容选择设备和工人,由这些设备和工人组成一个生产单元或生产线。如图 5-7 和图 5-8 所示。

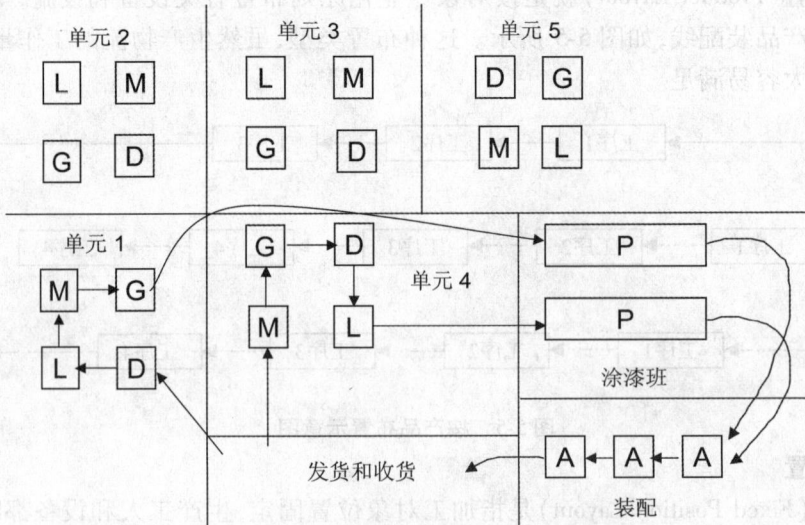

图 5-7　混合布置—单元布置示意图

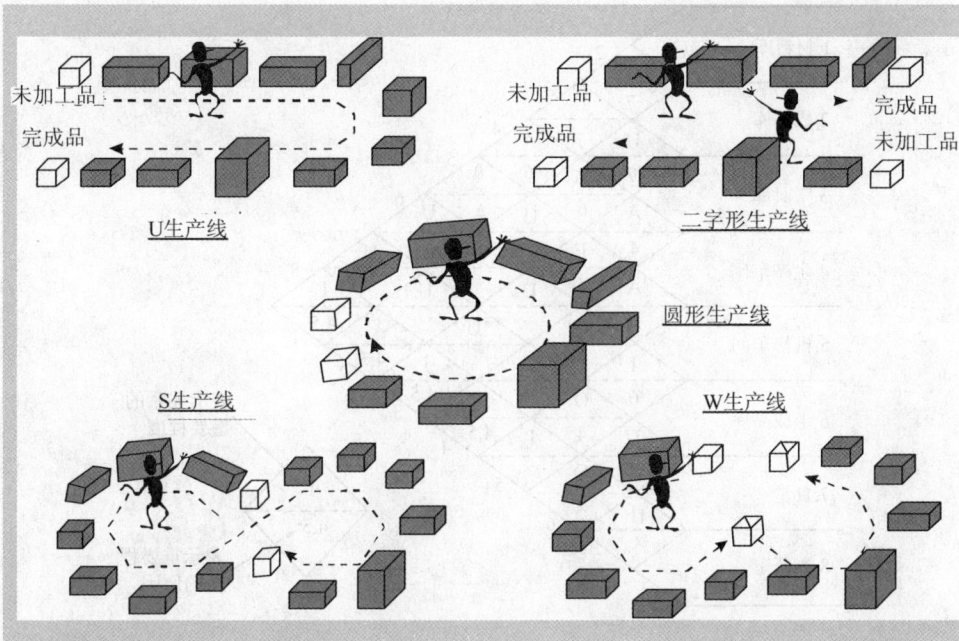

图5-8　混合布置—混流装配线示意图

（四）设施布置的基本方法

1. 从—至表

设施布置与物流合理化具有密不可分的联系。从—至表就是分析各个经济活动单元之间的物流的流向、流量、间距、运输费率等的有效工具，如表5-2所示。

表5-2　物流流向、流量、运输费率等的从—至表

从＼至	1	2	3	4	5	6
1		20		20		80
2			10		75	
3				15		90
4					70	
5						
6						

从—至表的制作是通过流程分析，弄清物流在不同经济单元的流向、流量、流动距离等，进而得到各经济单元间的运输费率。在设施布置时先把相互间流量或费用最大的经济单元分配至相互最近位置。当然，从—至表也可以用于服务业表示各部门间的业务往来量等。

2. 关联网格图

关联网格图是在对各经济单元之间的关系密切程度进行定性分析的基础上，通过对其间关系的密切程度进行评分，最终定量化的一种方法。如图5-9所示。

图5-9表达了各经济活动单元之间的密切程度，在图上可以方便地找到每个单元与其他

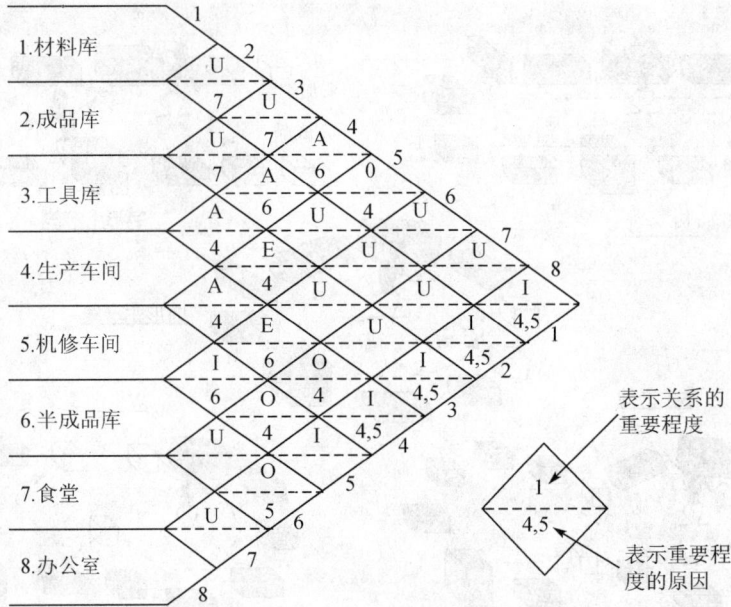

图 5-9　关联网格图

七个单元的关系。每个菱形由两个单元发出的平行线交汇而成,菱形对角线上方的代号表示相应两个单元之间关系的重要程度,对角线下方填写的数据表示两单元之间重要程度的原因。如图中最右边的菱形表示材料库和办公室之间的相关情况,代号"I"表示这两者之间的相关程度为"重要",下方数字"4"和"5"表示这两个单元的相关程度重要的原因有两个:一个是人员关系密切;另一个是文件联系密切。

各部门间重要程度及其相关原因见表 5-3 和表 5-4。

表 5-3　相关程度代号及评分表

重要程度分类	代号	量化分值	重要程度分类	代号	量化分值
绝对重要	A	6	一般	O	3
特别必要	E	5	不重要	U	2
重要	I	4	不能接近	X	1

表 5-4　相关原因及代号

相关原因	代号	相关原因	代号	相关原因	代号
使用公共记录	1	人员联系密切	4	做类似工作	7
共用人员	2	文件联系密切	5	公用设备	8
共用场地	3	工作连续性	6		

每一经济单元的评分值是依照表 5-3 中各重要程度的评价的量化分值与表示相同程度的原因的个数相乘,最后将与该经济单元的各类相关程度评分值合计。表 5-5 为某个经济活动单元的评分计算表。

表 5-5　某经济单元（生产车间）评分计算表

相关程度及原因	相关程度评分	相关程度及原因	相关程度评分
A(1、2、3、5)	6×4＝24	I(8)	4×1＝4
E(6)	5×1＝5	合计	36
O(7)	3×1＝3		

表 5-5 中括号内数字为经济单元序号,如代号"A"后面括号中有 4 个数字,表示与生产车间相关程度为"A"的经济单元有:材料库、成品库、工具库、机修库,同样可计算出其他单元的综合评分值。

据此,可以进行布置。评分值最高的单元一般应尽可能地安排在中心区域,再按积分高低和相关程度顺序在它周围布置其他单元。

3. 路径矩阵（法）

路径矩阵是分析加工设备与加工对象或者服务设施与服务对象之间相关关系的一种工具。通过矩阵分析与变换找出具有相似加工(服务)对象的设施(设备)群,或者具有相似加工(服务)路径的对象族,据此划分单元进行布置。图 5-10、5-11 分别表示了变换前后的路径矩阵。

加工/服务对象	1	2	3	4	5	6	7	8	9	10	11	12
A	×	×		×				×		×		
B			×			×						
C			×			×			×			
D	×	×		×				×		×		
E					×	×				×		
F	×			×				×				
G			×					×				
H											×	×

图 5-10　原路径矩阵

服务/加工对象	1	2	4	8	10	3	3	5	7	11	12
A	×	×	×	×	×						
D	×	×	×	×	×						
F	×	×	×								
C						×	×				
G						×	×				×
B								×	×		×
H								×	×	×	×
E					×			×			×

图 5-11　变换后的路径矩阵

根据变换后的路径矩阵,可以将 8 台设备划分成 3 个单元进行布置,可以大大简化原来的运输路径,使物流、业务流等更加顺畅。

三、销售物流过程

根据国家标准《物流术语》(GB/T 18354—2006)中的定义,销售物流是指"企业在出售商品过程中所发生的物流活动"。也就是,从产成品下线后开始,将产品的所有权转给用户的物流活动,是产品从生产地到用户的时间和空间的转移。

一般销售物流过程主要包括产成品的包装、产成品的储存、发送运输和装卸搬运。

1. 产成品的包装

包装可视为生产物流过程的终点,也是销售物流过程的起点。包装具有防护功能、提高效率和信息功能,是企业销售不可缺少的一个环节。因此,在包装材料、包装形式上,除了要考虑物品的防护和销售外,还要考虑储存、运输等环节的方便及包装材料、工艺的成本费用。包装标准化、轻薄化,以及包装器材的回收利用等也是要重点考虑的问题。

2. 产成品的储存

保持产品的合理库存水平,及时满足客户要求,是产品储存最重要的内容。客户对企业产品的可得性非常敏感,缺货不仅使客户需求得不到满足,错失销售机会,而且还会提高企业销售服务的物流成本。产品的可得性是衡量企业销售物流系统服务水平的一个重要参数。

为了避免缺货,企业一方面可以提高自己的存货水平,另一方面可以帮助客户进行库存管理。当一个客户的生产线上需要成百上千种零部件时,其供应阶段的库存控制是非常复杂的。在这种情况下,企业帮助客户管理库存就能够稳定客源,便于与客户的长期合作。另外,企业可以在客户附近保持一定数量的库存以降低客户的储存空间,甚至帮助客户实现"零库存",即企业直接从客户处得到订单,然后由供货商直接把货物运送给客户。

3. 发送运输

不论销售渠道如何,也不论是消费者直接取货,还是生产者或供应者直接发货给客户(消费者),企业的产成品都要通过运输才能到达客户(消费者)指定的地点。而运输方式的确定需要参考产成品的批量、运送距离、地理位置等条件。

配送是一种较先进的运输形式。当生产者直接发货时,一般采用配送的形式。国家标准《物流术语》(GB/T 18354—2006)中对配送的定义是:在经济合理区域范围内,根据用户要求,对物品进行拣选、加工、包装、分割、组配等作业,并按时送达指定地点的物流活动。配送与运输的概念有时难以准确划分。从以上的概念和定义中可以把配送归纳为,配送是指拣选、包装、加工、组配、配备、配置、送货等各种物流活动的有机组合,不是一般性企业之间的供货和向用户的配货。对生产制造类企业来说,配送处于"二次运输""末端输送"的地位,与运输相比,更直接面向并靠近用户。运输一般是干线输送或直达送货。

4. 装卸搬运

客户希望在物料搬运方面的投资最小化,例如,客户可能要求供应商以其使用尺寸的托盘交货,也有可能要求将特殊货物集中在一起装车,这样他们就可以直接再装运,而不需要重新分类。装卸搬运过程要考虑装卸搬运机器和器具、装卸搬运方式、省力化、机械化、自动化以及智能化等等。

四、逆向物流过程

根据国家标准《物流术语》（GB/T 18354—2006）中的定义，逆向物流是指"物品从供应链下游向上游的运动所引发的物流活动"。逆向物流是对货物、服务及相关信息从消费地到起源地的有效流动和储存，以满足再创价值或适当处置的过程。逆向物流所包括的产品不仅指终端消费者所持有的产品，也包括供应链伙伴——批发商和零售商的持有库存。同样，逆向物流不仅仅指再创造产品、再利用装运容器，回收包装材料，还包括由于质量问题、季节性库存、过量库存、产品召回等活动导致的回流物品的处置。

逆向物流过程主要包括物品收集、检测与分类、再加工、重新配送和运输等四个环节。

1. 物品收集

物品收集是逆向物流的基本功能，其成本构成了逆向物流总成本的重要部分。从消费者市场上收集物品时，经常涉及数目大、批量小的多频次运输，运输费用较多。同时，收集物品的运输也往往会对环境产生不良影响。因此，物品收集是逆向物流管理的重要内容。

2. 检测与分类

回收的物品种类繁多，相应价值也不尽相同，必须进行有效分类才能进行后续处理。如果回收的商品只是由于顾客偏好或多余库存而不是质量因素，则可以继续出售。终端顾客向零售商退货，零售商向分销商退货，而接受退货的一方都可以把退货作为新的库存。当产品确有质量问题时，商品返回到制造厂商。制造商对返回物品进行分类、成本核算，再进行相应的处理决策，例如削价处理或进行再制造和再加工，对于无法再利用的物品，经过适当处置，包括分解并返回原料供应商或焚烧、填埋等。

对于包装材料，终端用户的包装材料可以返回经销商或直接至包装材料的制造企业。而中间客户所用的托盘等装运设备则可以多次利用。使用过的包装材料一般需要经过再次加工维护后再利用，这种加工维护工作可由专门的回收包装材料处理厂商来完成。

3. 再加工

分类完成后，部分物品进入再加工过程。一般再加工设备投资较大，在很大程度上影响整个逆向链的经济可行性，因此，一般要求再加工物品的数目很多，从而降低再加工设施平均运营成本。

4. 重新配送和运输

与正向物流中的配送过程类似，主要是在快速反应和运营成本之间做出权衡。由于逆向系统输出物品更为多样化，因此，当流量较大时必须进行统一配送以提高效率。运输方面也可利用原有正向物流的车辆，即回程车。对于不同分类的物品应给予不同的优先级，选取不同的运输方式。

以上的系统功能，有一些是由独立的设施提供的，例如再加工；而收集、分类、重新配送等功能既可由独立的设施提供，也可由综合处理设施提供，例如回收中心。有关逆向物流过程更详细的内容可参阅文献[5]和[15]。

第三节 企业物流功能设施选址

企业物流功能设施选址问题(简称物流设施选址)主要研究的是固定设施在整个物流网络中的选址问题。固定设施在整个物流网络中的选址,在企业物流管理决策中,是一个非常重要的决策问题,它决定了整个物流系统的模式、结构和形状,其结果不仅会限定物流系统运作方式的选择,继而影响运输服务和库存水平的恰当选择,而且也会影响到物流系统的运作成本。选址决策主要包括确定在物流网络中的各种节点所使用设施的数量、位置和规模。其中,这些节点即工厂、港口、供应商、仓库、零售店和服务中心等是物流网络内货物运往最终消费者过程中临时经停的节点或始发节点。

一、物流设施选址问题的关注点

对选址问题的研究由来已久。人类祖先对居住的洞穴的选择问题以及始于中国古代的对风水问题的研究,其本质都是选址问题。

然而,研究的角度和目的不同,关注的问题点和研究的方法论差距很大。对物流系统而言,物流系统的宽泛性、协调性、及时性、动态性、悖反性以及多目标性等特点,使得物流设施选址问题尤其显得复杂。设施选址是企业物流最关注的一个问题之一。对大多数企业而言,物流设施选址问题大都围绕以下几个问题来决策:

(1)物流网络中应该有多少个仓库?这些仓库应该有多大规模,应位于什么地点?

(2)哪些客户需要由哪些仓库负责供应?各个工厂、供应商或港口应由哪些仓库负责?

(3)各个仓库中应该存放哪些产品?哪些产品应从工厂、供应商或港口直接运送到客户手中?

针对上述问题,已研究出了很多方法,当然有些方法并非完善。

另外,动态仓库选址问题和零售/服务选址问题也是物流设施选址问题研究的一个亮点。

二、物流设施选址问题的主要研究方法

物流设施选址方法主要有五种类型:

(1)根据选址设施数量的多少分为单一设施选址和多设施选址方法。其中,单一设施选址主要考虑的因素是运输成本,而对多设施选址问题而言,还要考虑设施之间需求的分配、集中库存的效果、设施的成本以及竞争力等因素。

(2)根据可选位置的离散程度分为连续选址法(Continuous Location Methods)和离散选址法(Discrete Location Methods)。其中,连续选址法是指通过考察一个连续空间内所有可能的点,从中选择一个最优的选址点。而离散选址法是指在一系列可选方案中选择一个最优方案。连续选址法常用于单一设施选址问题,而离散选址法常用于多设施选址问题。

(3)根据所用数据的性质分为静态选址法和动态选址法。静态选址法是指以某单一时期(如一年)的数据为基础进行选址,而动态选址法是在考虑数据动态变化性的基础上进行选址。静态选址法尽管也常用来帮助物流管理者解决实际设施选址问题,但它无法提供随时间

而变化的最优选址模式。随着时间的流逝,静态选址模型根据现期数据得出的解在需求和成本模式发生变化的经济环境下使用会被证明是次优的。最优网络布局应该呈现出随时间的变化能够不断转换其布局形式的动态过程。

(4)根据企业物流战略所追求的目标不同分为基于成本的设施选址、基于资本的设施选址、基于服务的设施选址。其中,基于成本的设施选址方法主要关注降低成本,基于资本的设施选址方法主要关注减少资本,而基于服务的设施选址方法主要关注改进服务。

(5)根据设施性质不同分为工厂选址、设施选址、零售选址、服务设施选址等。一般情况下,工厂和设施选址重点要考虑经济因素;对零售选址,地点带来的收入往往起决定性作用;而在服务设施的选址中,到达的容易程度则可能是首要的选址要素。

然而,对大多数企业物流系统而言,面临的主要问题往往是必须同时决定两个或多个设施的选址。多设施选址问题在物流网络规划中非常普遍,因为除了非常小的企业以外,几乎所有企业的物流系统中都有一个以上的设施,而且这些设施之间又不是相互独立的,另外,可选布局方案又相当多,所以多设施选址问题往往非常复杂。在此,我们只简要介绍典型的三种多设施选址方法的内涵。相关的详细内容可参考文献[2]及其相关文献。

1. 优化法

优化法(Optimization Methods)是指用数学建模求解最优解的方法。

2. 模拟法

虽然真正提供数学最优解的选址模型看起来最好,但针对实际选址问题的最优解可能并不比模型对问题实际情况的描述更好。况且,这样的优化模型通常很难理解,需要许多管理人员掌握他们并不具备的技能。因此,一些人认为应该首先要求对问题进行准确描述,这些倡导者常常使用模拟方法进行规划。他们强调对问题的准确描述,宁愿冒险接受改良的次优解,也不要对问题笼统描述的最优解。

模拟法(Simulation Methods)不是一种单项技术,而是一种求解问题的方法。它可以运用各种模型和技术,对实际问题进行建模,通过模型采用人工试验的手段,来理解需要解决的实际问题。通过模拟,可以评价各种替代方案,证实哪些措施对解决实际问题有效。

模拟模型与算术选址模型不同,它要求分析员或管理人员必须明确网络中需要的特定设施。根据被挑选出来等待评估的个别设施及其分配方案判断这是最优的,还是接近最优的选址方式。算术模型寻求的是最佳的设施数量、最佳的位置、设施的最佳规模,而模拟模型则试图在给定多个设施、多个分配方案的条件下反复适用模型找出最优的网络设计方法。分析结果的质量和效率取决于使用者选择分析地点时的技巧和洞察力。

模拟法的一个突出优点是能够解决用解析方法难以解决的十分复杂的问题。有些问题不仅难以求解,甚至难以建立数学模型,当然也就无法得到分析解。模拟可以用于动态过程,可以通过反复试验(Trial-and-error)求优。与实体试验相比,模拟的费用是比较低的,而且可以在较短的时间内得到结果。

3. 启发法

启发法(Heuristic Methods)指可以有助于减少求解平均时间的任何原理和概念。有时启发法表示指导问题解决的经验原则。当经验原则运用在选址问题上时,这类洞悉求解过程的经验可迅速地从大量被选方案中找出好的解决方案。虽然启发法不能保证一定找到最优解,但由于使用该方法带来合理的计算机运算时间和内存要求,可以很好地表现实际情况,可以得到质量满意的解,所以设施选址时人们仍然考虑使用该方法。

有关利用启发法解决设施选址问题的例子很多。但总结起来,选址问题实际就是对与选址有关的成本进行的一种权衡,这些成本主要包括:生产/采购成本;仓储和搬运成本;设施固定成本;库存持有成本;设施订单和客户订单处理成本;设施内向、外向运输成本。其中,每一类成本都会反映出地理位置的差异、货物数量和运输批量的特征、政策的差异、规模经济的特点。而且,这些成本之间存在悖反现象。

成本悖反规律的性质如图 5-12 所示。库存、仓储和固定成本与出入库运输成本之间存在直接的悖反关系。生产/采购成本和订单处理成本之间也存在悖反关系,但在该图中没有充分反映出来。选址模型的任务就是在给定客户服务水平和其他实际条件的限制下,找出使总的相关成本最低的设施/工厂布局。

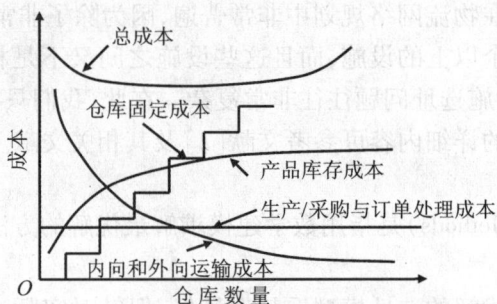

图 5-12　设施选址问题中的一般成本悖反规律

三、物流设施选址方法——重心法

重心法是用来根据多个需求终端的不同地理位置和重要性,为单个仓库或商店确定"最佳"地址的一种物流决策技术。地理位置一般表示为坐标(X, Y)。其中 X 和 Y 的值表示其在地图上的对应位置。重要性可以通过如人口、运输量、销售额或其他与情况相适合因子进行加权得到。

重心法要求计算所在的地理位置(X, Y)的加权平均值。其基本思想是使主要原材料或货物总运量运距(吨千米)最小,从而使运输或销售成本降至最低。

运用重心法选址主要包括以下几个步骤:

(1)准备一张标有主要原材料供应基地(或货物主要运送目的地)位置的地图。地图必须精确并且满足比例。将一个直角坐标系重叠在地图上并确定各地点在坐标系中的相应位置,也就是确定它们的坐标。

(2)确定备选地址与现有各原材料供应基地的运输量。重心法的基本前提是假设运输到每个目的地的商品相对数量是基本固定的。

(3)求出其重心坐标。即计算选址位置坐标,使得新址与各原材料供应基地或货物目的地之间的总运量运距最小。

(4)求出其重心坐标。即计算选址位置坐标,使得新址与各原材料供应基地或货物目的地之间的总运量运距最小。

$$X^* = \sum_{i=1}^{n} X_i Q_i / \sum_{i=1}^{n} Q_i$$

$$Y^* = \sum_{i=1}^{n} Y_i Q_i / \sum_{i=1}^{n} Q_i \qquad (5\text{-}1)$$

式中：X^*、Y^*为重心坐标值；X_i、Y_i为第i个运送目的地或第i个原材料供应基地坐标；Q_i为送至第i个运送目的地或来自第i原材料供应基地货物数量（也可称需求点i的加权因子）；n为运送目的地或原材料供应基地数目。

重心法常用于在成本中运输费用占很大比重的情形。

重心法实例参见图5-13。

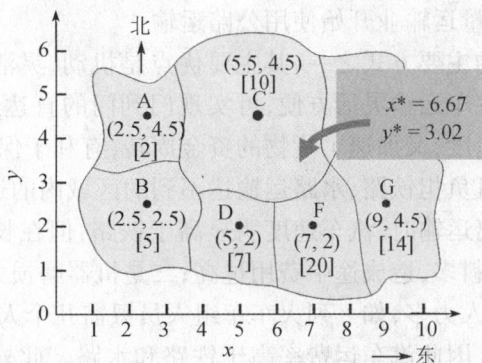

图5-13 重心法图

第四节 企业物流运输方式的选择

创造物品的空间效用是物流系统的一项重要功能，而这项功能是通过运输来实现的。运输是物流系统设计和管理中的关键环节，其成本可能占物流总成本的1/3到2/3。其中，运输方式又是影响运输成本的最关键要素。

一、五种基本运输方式及其特点

五种基本运输方式反映了多种运输服务类型的最基本的表现形式。

1.铁路运输

这是使用铁路列车运送货物的一种运输方式。铁路运输主要承担长距离、大批量、价值低的一些货物，包括煤、木材、化工品、纸制品、木制品等。在没有水运条件的地区，几乎所有大批量货物都是依靠铁路来运输的，它是干线运输中起主力作用的运输方式。

铁路运输与其他各种现代化运输方式相比较，具有运输能力大，能够负担大量客货运输的特点。速度快是铁路运输的另一特点，常规铁路的列车运行速度一般为80 km/h左右，而在高速铁路上运行的旅客列车时速目前可达300 km。铁路货运速度虽比客运慢些，但是每昼夜的平均货物送达速度也比水路运输快。此外，铁路运输成本也比公路、航空运输低，运距越长，运量越大，单位成本就越低。铁路运输一般可全天候运营，受气候条件限制较小，同时具有安全可靠、环境污染小和单位能源消耗较少等优点。由于铁路运输具有上述的技术经济特点,因此铁路运输适合国土幅员辽阔的大陆国家,适合运送经常的、稳定的大宗货物和中长距离的货物。

铁路运输的主要缺点是灵活性差,只能在固定线路上实现运输,需要与其他运输手段配合和衔接。

2. 公路运输

这主要是指使用汽车,也指使用其他车辆(如人、畜力车)在公路上进行货物运输的一种方式。公路运输主要承担近距离、小批量的货运和水运、铁路运输难以到达地区的长途、大批量货运及铁路、水运优势难以发挥的运输。由于公路运输有很强的灵活性,近年来在有铁路、水运的地区,较长途的大批量运输业开始使用公路运输。

公路运输是现代运输的主要方式之一,其主要优点是机动、灵活性强,而且对货运量大小具有很强的适应性。由于汽车运输灵活方便,可实现门到门的直达运输,不需要中途倒装,既加速了中短途运输的送达速度,又加速了货物的资金周转,有利于保持货物的质量和提高货物的时间价值。公路运输还可负担铁路、水路运输达不到的区域内的运输,它是补充和衔接其他运输方式的运输。在短距离运输时,汽车速度明显高于铁路,但在长途运输业务方面,有着难以弥补的缺陷:一是耗用燃料多,造成途中费用过高;二是机器磨损大,因此折旧费和维修费用高;三是公路运输所耗用的人力多,如一列火车车组人员只需几个人,若运送同样重量的货物,公路则需配备几百名司机。因此汽车运费率高于铁路和水路。此外,公路运输对环境污染较大。总之,公路运输(高速公路除外)与其他运输方式相比,投资少、资金周转快、投资回收期短,对收到站设施要求不高,且技术改造较容易。汽车运输的出现时间不过百年左右,但在载货吨位、品种、技术性能、专用车种类等方面都有了很大的改进和提高,能较好地满足社会经济发展对运输的需要。

3. 航空运输

这是使用飞机进行运输的一种形式。航空运输的单位成本很高,因此主要适合运载的货物有两类:一类是价值高、运费承担能力很强的货物,如贵重设备的零部件、高档产品等;另一类是紧急需要的物资,如救灾抢险物资等。

航空运输在20世纪迅速崛起,是运输行业中发展最快的行业。与其他运输方式相比,最大的特点是速度快,并且具有一定的机动性。在当今的时代,高速性具有无可比拟的特殊价值。现代的喷气运输机,时速一般在900 km左右,比火车快5~10倍,比海船快20~25倍。航空运输不受地形地貌、山川河流的阻碍,只要有机场并有航路设施保证,即可开辟航线,如果用直升机运输,则机动性更大。其缺点是载运能力小,重量受限制,能源消耗大,费用高,运输成本高。

4. 水上运输

这是使用船舶运送货物的一种运输方式。水运主要承担大批量、长距离的运输,是在干线运输中起主力作用的运输形式。在内河及沿海,水运也常担任补充及衔接大批量干线运输的任务。

水路运输中,除运河以外,内河航道均是利用天然江河加以整治的,修建必要的导航设备和港口码头等就可通航;海运航道一般不需要人工整治,且海运航线往往可以取两港口间的最短距离。因此,一般说来,河运的平均运输成本比铁路略低,而海运成本则远低于铁路,这是水路运输的一个突出优点。

水路运输的输送能力相当大。海上运输在条件允许的情况下,可改造为最有利的航线。

由于水路运输具有占地少、运量大、投资省、运输成本低等特点,在运输长、大、重件货物时,与铁路、公路相比,水上运输具有更突出的优点。对过重、过长的大件货物,铁路、公路无法承运,而水上运输都可以完成。对大宗货物的长距离运输,水路运输则是一种最经济的运输方式。但水路运输速度通常比铁路运输等运输方式慢,而且受自然条件的限制较大,冬季河道或港口冰冻时就须停航,海上风暴也会影响正常航行。

水路运输有以下四种形式:

(1)沿海运输。它是指使用船舶通过大陆附近沿海航道运送货物的一种方式,一般使用中、小型船舶。

(2)近海运输。它是指使用船舶通过大陆邻近国家海上航道运送货物的一种运输形式,视航程可使用中型船舶,也可以使用小型船舶。

(3)远洋运输。它是指使用船舶跨大洋的长途运输形式,主要依靠运量大的大型船舶。

(4)内河运输。它是指使用船舶在陆地内的江、河、湖、川等水道进行运输的一种方式,主要使用中、小型船舶。

5. 管道运输

管道运输是使用管道输送流体货物的一种运输方式。它是随着石油工业发展而兴起并随着石油、天然气等流体燃料需求的增加而发展,逐渐形成沟通石油、天然气资源与石油加工场地及消费者之间的输送工具。管道不仅修建在一国之内,还连接国与国之间,甚至达到洲与洲之间,成为国际能源调剂的大动脉。

管道运输在最近几十年得到了迅速的发展。主要的流体能源以石油、天然气、成品油为输送对象,之后发展到输送煤和矿石等固体物质(将其制成浆体,通过管道输往目的地,再经脱水处理转入使用)。管道运输具有输送能力大(管径为 1 200 mm 的原油管道年输送量可达 1 亿 t)、效率高、成本低及能耗小等优点。由于管道埋于地下,除泵站、首末站占用一些土地外,管道运输占用土地少,且不受地形与坡度的限制,易取捷径,可缩短运输历程,而且基本不受气候影响,可以长期稳定运行。管道输送流体能源,主要依靠每隔一段距离设置的增压站提供压力能,因此设备运行比较简单,易于实现自动化和进行集中控制。由于管道运输节能和高度自动化,用人力较少,运输费用较低,是一种很有发展前景的现代化运输方式。当然,管道运输也存在一些缺点,它适合于长期定向、定点、定品种输送,合理运输量范围较窄,若运输量变化幅度过大,则管道的优越性就难以发挥,更不能输送不同品种的货物。

目前,我国各种运输方式的技术速度分别是:铁路 80 ~ 160 km/h,海运 10 ~ 25 n mile/h,河运 8 ~ 20 km/h,公路 80 ~ 120 km/h,航空 900 ~ 1 000 km/h。公路通常载重量是 5 ~ 10 t,铁路一般载重量是 3 000 t,水路运输的载重能力最大,从几千吨到几十万吨的船舶都有。一般认为,距离在 300 km 内主要选择公路运输,300 ~ 500 km 主要选择铁路运输,500 km 以上则尽可能选择水路运输。

二、不同运输方式的成本特征

成本特征反映的是成本各构成要素在总成本中所占的比重及其变化规律。运价结构反映的是运价内部各组成部分的构成及其相互间的比例关系。决定运价的关键是成本特征,公正、合理的运价应遵循价格反映服务成本的原则。为了便于成本特征分析,首先来看一下典型的成本分类方法。

运输服务涉及许多成本,如人工成本、燃油成本、维护成本、端点成本、线路成本、管理成本及其他成本。这些成本可以人为地分成随服务量或运量变化的可变成本和不随服务量或运量变化的固定成本。当然,如果考察的时期足够长,运量足够大,所有的成本都是可变的。但为了对运输服务进行定价,就有必要将在承运人"正常"运量范围内没有变化的成本视作固定成本。其他成本视作可变成本。具体而言,固定成本包括获取路权的成本和维护成本,端点设施成本、运输设备成本和承运人管理成本。可变成本通常包括线路运输成本,如燃油和人工成本、设备维护成本、装卸成本、取货和送货成本。以上并非对固定成本和可变成本进行准确分类,就像分析不同运输方式之间的成本一样,随考察的范围不同,固定成本和可变成本的分类也有所不同。将成本划分到这一类或那一类只是角度不同的问题。

企业除了要区分固定成本与可变成本以外,还需要区分直接成本和间接成本(又称共同成本或联合成本)。直接成本是指与某一特定的成本对象存在直接关系,它们之间存在明显的因果关系或收益关系,它是为某一特定的成本对象所消耗,故可直接记入该成本对象的成本。间接成本是指与某一特定成本对象没有直接联系的成本,它为几种成本对象所共同消耗,不能直接记入某一特定成本对象的成本。比起直接成本,在运输行业里,间接成本产生得更多。很多运输成本是不可分的。比如,许许多多不同规格、不同重量的货物在同一条铁路线上运输,每件货物该分摊多少成本,是按货物重量占总运量的比例分摊,或按货物体积占总货运体积的比例分摊,还是按其他标准分摊,这些都可以归类于间接成本。返程问题也属于间接成本。

1. 铁路运输成本特征

铁路运输成本特征为固定成本高,可变成本低。其中,装卸成本、制单和收费成本以及多种产品、多批货物车的调度换车成本导致铁路运输的端点成本很高。还有,铁路维护和折旧、端点设施的折旧和管理费用也导致了固定成本的提高。铁路运输的线路成本(或可变成本)通常包括工资、燃油、润滑油和维护成本。根据定义,可变成本会随运距和运量呈比例变化。但某些可变成本(如人工成本)确实存在一定程度的不可分性,所以单位可变成本会随运量和运距的增加略有下降。虽然人们对可变成本、固定成本的确切比例关系争议很大,但传统上,铁路运输部门常常将总成本的一半或1/3当作可变成本。

固定成本高和可变成本相对低造成的结果就是在铁路运输成本中存在明显的规模经济。将固定成本分摊到更大的运量上一般会降低单位成本。相类似,如果将固定成本分摊到更长距离的运输中,铁路的吨·千米成本就会下降。

2. 公路运输成本特征

公路运输与铁路运输的成本特征形成鲜明对比。公路运输的固定成本是所有运输方式中最低的,因为承运人不拥有用于运营的公路,拖挂车只是很小的经济单位,车站的运营也不需昂贵的设备。而另一方面,公路运输的可变成本很高,因为公路建设和公路维护成本都以燃油税、公路收费等方式征收。公路运输成本主要可分为端点费用和线路费用。端点费用包括取货和送货成本、站台装卸成本、制单费和收费成本,约占公路运输总成本的15%~25%。线路费用占总成本的50%~60%。一般情况下,公路运输的总的单位运输成本也会随运量和运距的增加而降低，只是不如铁路运输那么明显。

3.水路运输成本特征

水运承运人主要将资金投放在运输设备和端点设施上。水路和港口都是公有的，由政府运营，只有少数项目向水运承运人收费，在内陆水运中尤其如此。水运承运人预算中主要的固定成本都与端点作业有关。这些费用包括船只进入海港时的港口费和货物装卸费。水运货物装卸速度特别慢，除散货和集装箱货可以有效使用机械化的物料搬运设备外，昂贵的搬运成本使得其他情况下的端点费用高得令人几乎无法接受。

水运中常见的高端点成本一定程度上被很低的线路费用所抵消。水路不对使用者收费，水运的可变成本仅包括那些与运输的运营设备相关的成本。因为水运以很慢的速度、很小的牵引力进行运输，营运成本(不包括人工成本)尤其低。由于端点站成本很高，线路费用很低，吨·海里成本随运距和运量的变化急速下降。正因为此，水运是最廉价的大宗货物运输方式之一，适合长距离、大批量运输。

4.航空运输成本特征

航空运输与水运和公路运输的成本特征有很多相同之处。航空运输的端点和空中通道一般不属航空公司所有。航空公司根据需要以燃油、仓储、场地租金和起降费的形式购买机场服务。如果将地面装卸、取货和送货服务包括在航空货运服务中，这些成本就成为空运端点成本的一部分。此外，航空公司还拥有(或租赁)运输设备，在经济寿命内对其进行折旧就构成每年的固定使用费。在短期，航空公司的可变成本受运距的影响比受运量的影响大。由于飞机在起飞和降落阶段效率最低，可变成本就会随着运距的加长而降低。运量对可变成本有间接影响，因为对空运服务需求的增加使得航空公司可以引入大型飞机，而大型飞机按吨·千米计算的营运成本较低。

固定成本和可变成本合在一起通常使航空运输成为最贵的运输方式，短途运输尤其如此。但是，随着端点费用和其他固定开支分摊在更大的运量上，单位成本会有所降低。如果在长距离内营运，还会带来单位成本进一步的下降。

5.管道运输成本特征

管道运输与铁路运输的成本特征一样。管道公司拥有运输管道、泵站和气泵设备，其可能拥有或租赁管道的使用权。这些固定成本加上其他成本使管道的固定成本与总成本的比例是所有运输方式中最高的。为提高竞争力，管道运输的运量必须非常大，以摊销这些高的固定成本。可变成本主要包括运送产品(通常为原油和成品油)的动力和与泵站经营相关的成本。对动力的需求差异很大，取决于线路的运量和管道的直径。大管道与小管道相比，周长之比不像横截面面积之比那么大。摩擦损失和气泵动力随管道周长变大而增加，而运量则随截面的增大而提高。其结果是，只要有足够的运量，大管道的每吨·千米成本会迅速下降。在一定的管道规格条件下，如果运送的产品过多，管道运输的规模收益会递减。

总之，不同的运输方式反映出不同的成本特征，与此相对应，运价结构也反映各自特点。

三、不同运输方式的运价结构

无论是什么样的运输方式其运价结构都反映出与运量、运距和需求有关。

1. 与运量相关的运价结构

运输行业的成本经济特征表明服务成本与运输批量有关。通常的运价结构反映了这些经济特征,大批量运输的运价总是比小量运输的运价要低。运量通过几种方式在运价结构中得到反映。首先,直接针对运输批量报价。如果批量小,为承运人带来的收益很低,就要对所运货物收取起码运费或与运量无关的统一运价。运输批量大,超过起码运费但又低于整车运量时,会随运量不同收取零担运费。如果运输批量等于或超过指定的整车运量,就收取整车运费。其次,运用运费分级系统可以对大量运输的货物提供一些折扣。某种货物大批量运输可以为托运人争取到特殊运价。一般认为,特殊运价偏离了适用于小批量运输的正常运价。

2. 与运距相关的运价结构

运价作为运距的函数,可能完全不随运距变化,也可能直接随运距波动,而大多数的运价结构介于两个极端之间。

(1)单一运价结构。最简单的莫过于单一运价结构,即对不同的起讫点距离只适用一种运输运价[如图 5-14(a)所示]。例如,邮政快件的邮费。邮政中使用单一运价结构是合理的,因为邮政服务总成本的绝大部分是处理费用,而处理费用与运量有关,与运距无关。另一方面,公路运输中线路费用占总成本的 50% 以上,如果在公路运输中也使用单一运价结构,就会造成严重的运价歧视问题。

(2)比例运价结构。如果线路成本所占的比例很大(公路运输和更低程度上的航空运输),就要用比例运价结构来协调简单的运价结构和服务成本之间的矛盾[如图 5-14(b)所示]。只要知道两个运价,就可以绘出直线得到该商品的其他运价。虽然这种简单的运价结构有许多明显的优势,但这种运价却只对短途运输的托运人有利,对长途运输的托运人不利。在短途运输中,端点费用无法得到弥补;而整车运输由于装卸成本极低,所以可以采用这种运价结构。

(3)递减运价结构。常用的运价是建立在递减原则的基础上。由于端点费用经常被包含在线路费用中,所以根据成本变化得出的运价结构就如图 5-14(c)所示,随运距增加而增加,但增加的速度呈递减趋势。出现该形状的主要原因是随着运距的增加,端点成本和其他固定开支会分摊在更多的历程上。运价增加量递减的程度取决于承运人的固定成本水平和线路营运中规模经济的大小。因此,只要考虑运价结构中的经济性,那么就有理由认为铁路运输、水路运输和管道运输比公路运输和航空运输中的运价递减幅度要大。

(4)分段统一运价结构。承运人希望向竞争对手的运价看齐,希望简化运价,简化管理,因此建立了分段统一运价。所谓分段统一运价,就是适用于一个广阔范围内的起讫点之间的单一运价。运价结构如图 5-14(d)所示,曲线的平稳段就是运价归并或统一段。分段统一运价在那些长途运输的产品和生产商或市场集中在特定区域的产品中最常见。邮政包裹和联合包裹服务公司对自起点开始到呈辐射状的广阔区域所报的运输价格就是其中一种形式的分段统一运价。

分段统一运价是一种歧视性运价,但对承运人和托运人来讲,运价简洁带来的好处超过歧视带来的不利影响。同时,分段统一运价也向运输服务的用户提供了更多的选择。有时,竞争压力会迫使某段运输的运价低于根据一般运价结构和成本特点所预计的正常运价值。如图 5-14(d)中的点 Y,如果降低点 Y 的运价就会导致位于 Y 前面的点(如点 X)受到不公正的对待。为避免这种不公正,承运人就允许点 X 的运价,以及位于 Y 前面高于 Y 点运价的所有点

的运价都等于 Y 点的运价。这一过程被称作分段统一过程。

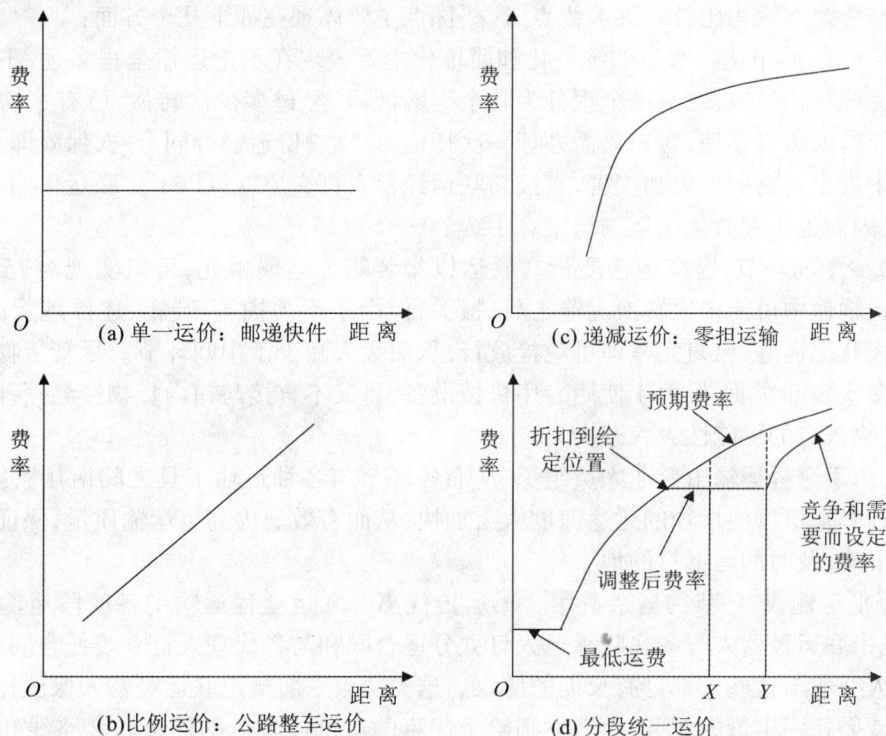

图 5-14　与运距相关的运价结构

但是,在实际应用中,运价结构远非如此简单,上述三种只反映出最基本的共性问题,还有很多因素影响着运价结构。比如,产品特点、运输方式、服务种类以及运输路线等众多因素都会对运价结构产生影响,使得运价结构类型如同运输服务种类一样几乎是无限的。

四、几种典型的运输服务

运输服务是指在特定价格下购买到的一整套服务特征。因受运输用户需求的宽泛性、特殊性、个性化以及多目标性的影响,现代运输服务表现出众多类型,其类型几乎是无限的。

五种基本运输方式是提供运输服务的基础。所有运输服务都是以这五种基本运输方式为基础而组合的。由于受篇幅所限,下面介绍几种典型的运输服务类型。

1.联合运输

联合运输(Combined Transport)简称联运,是指由两家以上运输企业或用两种以上运输方式共同将某一批物品从启运地运送到目的地的一种运输方式。联合运输是综合性的运输组织工作。这种综合组织是指在一个完整的货物运输过程中,不同运输企业、不同运输区段、不同运输方式和不同运输环节之间的衔接与协调组织。其内容主要包括以下几个方面:

(1)货物全程运输中使用两种或两种以上运输工具(方式)的运输衔接;

(2)货物全程运输中使用同一种运输工具完成两程或两程以上运输的衔接;

(3)货物全程运输中使用一种运输方式多家经营和多种运输方式联合经营的组织衔接;

（4）货物全程运输所涉及的货物生产、供应、运输、销售等企业运输协作组织。

联运与传统运输相比具有许多优点，这些优点主要体现在如下几个方面：

（1）统一化，简单化。联运的统一化和简单化主要表现在不论运输全程多远，不论由几种方式共同完成货物运输，也不论全程分为几个运输区段、经过多少次转换，所有一切运输事项均由联运经营人负责办理，客户只需办理一次托运，订立一份运输合同、一次保险即可，一旦在运输过程中发生货物的灭失和损害，直接与联运经营人打交道就可以了。联运采用一张单据、单一费率，因而也大大简化了运输与结算手续。

（2）减少中间环节，提高运输质量。联运以集装箱为运输单元，可以实现"门到门"的运输。尽管运输途中可能多次转换运输工具、报关，但由于不需掏箱、装箱、逐件理货，只要保证集装箱外表状况良好，铅封完整即可免检放行，从而大大减少了中间环节。尽管货物运输全程中要进行多次装卸作业，但由于使用专用机械设备，且又不直接与箱内货物接触，所以货损、货差事故、货物被盗的可能性大大减少。

而且，由于全程运输由专业人员组织，从而各环节与各种运输工具之间衔接紧凑、中转及时、停留时间短，所以使货物的运达速度大大加快，从而有效地提高了运输质量，保证了货物安全、迅速、准确、及时的运抵目的地。

（3）降低运输成本，节约运杂费用。①运价优惠。联运全程运输中各区段运输和各区段的衔接，是由联运经营人与各实际承运人订立分运合同和与各代理人订立委托合同来完成的。联运经营人一般与这些人都订有长期的协议。这类协议一般规定联运经营人保证托运一定数量的货物或委托一定量的业务，而对方则给予优惠的运价或较低的佣金。②路线和运输方式合理。通过对运输路线的合理选择和运输方式的合理使用，可以降低全程运输成本，提高利润。对于客户来讲：一来可以得到优惠的运价；二来在联运方式下，一般将货物交给第一承运人后即可取得运输单证，并可据此结汇（结算货款）；三则由于采用集装箱运输，从某种意义上说可以节省货物的运输费用和保险费用。

（4）扩大运输经营人业务范围，提高运输组织水平，实现合理运输。在联运开展以前，各种运输方式的经营人都是自成体系、独立运输的，因而其经营业务的范围（特别是空间地域范围）受到很大限制，只能经营自己运输工具能够（指技术和经济方面）抵达的范围内的运输业务，货运量也因此受到限制，一旦发展成为联运经营人或作为联运的参加者（实际承运人），其经营的业务范围即可大大扩展。除运输经营人外，其他与运输有关的行业及机构，如仓储、港口、代理、保险、金融等都可通过参加联运得到益处，扩大业务。

由于联运的上述优点逐渐被各方所认识，自其产生以来，不仅得到客户和联运经营人的认可，同时也得到了所涉及的各方面的共同认可，从而得到了迅速发展。

2. 多式联运

多式联运是联运的一种形式。它是指根据多式联合合同，使用两种或两种以上的运输方式，由联运经营人组织完成的全程连续运输。多式联运的主要特点是在不同运输方式间自由变化运输工具。例如，将拖车上的集装箱上飞机，或铁路车厢被拖上船等等。这种转换运载工具的服务是使用单一运输方式的托运人得不到的。多式联运服务通常需要在彼此合作的各承运人单独提供的服务间达成妥协，也就是说，服务成本和绩效特征介于所涉及的那些运输服务之间。多式联运服务的组合方法可有十种：①铁路运输和公路运输；②铁路运输和水上运输；③铁路运输和航空运输；④铁路运输和管道运输；⑤公路运输和航空运输；⑥公路运输和水上运输；⑦公路运输和管道运输；⑧水上运输和管道运输；⑨水上运输和航空运输；⑩航空运输和管道运输。这些组合并不是都实用，而其中有些可行的组合也未被用户采用。只有铁路运输和公路运输的组合，被称为驮背运输，得到了广泛使用。公路运输与水上运输的组合，被称为鱼背运输，也得到了越来越多的采用，尤其在高价值货物的国际运输中。在较小的一定范围内，公路运输—航空运输和铁路运输—水运的组合也是可行的，但其使用很有限。

3. 集装箱运输

集装箱运输又是多式联运的一种形式。标准集装箱是一种各种地面运输服务中通用的设备，管道运输除外。因为集装箱运输避免了多式联运中成本高昂的小件货物中转再装卸作业，而且与公路运输结合可以提供门到门的服务，使用水运中的集装箱船，还可以提供水运—公路联运服务，所以，目前这类服务形式正在迅猛发展，尤其是国际贸易的日益增长更进一步推动了其发展。集装箱还可用于与航空运输结合的联运形式，这就是当前最具前景的航空—公路联运。集装箱对航空运输非常重要，因为昂贵的运输成本使得空运中不可能运输拖车的底盘。现有飞机尺寸以及空运主要承运的小件货物的尺寸限制了大型集装箱在航空运输中的使用，但随着大型飞机投入运营，航空运费有所降低，航空—公路联运服务将得以拓展。

联运服务受标准集装箱尺寸的影响。过大的集装箱，或者与公路运输设备不相匹配的集装箱会将公路运输排除在联运方式之外，对其他运输方式也如此。所以，集装箱的标准化问题日益受到运输业的关注。

五、选择运输服务的主要影响因素

价格、平均运送时间、运送时间的变化率、安全性等因素是影响选择哪种运输服务的主要因素。

1. 价格

对托运人来讲，运输服务的价格（成本）就是运输货物的在途运费加上提供额外服务的所有附加费或运输端点费用。如果使用受雇运输，那么运输服务的总成本就是货物在两点间运输收取的运费加上所有附加费，如，起点的拣货费、终点的送货费、保险或货物备运费用；如果是自有运输，那么运输服务成本就是分摊到该次运输中的相关成本，包括燃油成本、人工成本、维修成本、设备折旧和管理成本等项目。

2. 运送时间及其变化率

不断有研究表明，平均运送时间和运送时间的变化率是头等重要的运输服务指标。运输时间通常指货物从起点运输到讫点所耗费的平均时间。不同运输方式中，有些能够提供起讫点之间的直接运输服务，有些则不能。例如，航空承运人在机场之间运输货物，水运承运人在港口之间运输货物。但如果要对不同运输服务进行对比，即使涉及一种以上的运输方式，也最好是用门到门运送时间来进行衡量。

运送时间的变化率指各种运输方式下多次运输间出现的时间变化。起讫点相同、使用同样运输方式的每一次运输的在途时间不一定相同，因为天气、交通拥挤、中途经停次数、合并运输所费的时间不同等都会影响在途时间。运送时间的变化率是衡量运输服务不确定性的指标。

各种运输服务运送时间变化率的排序与平均运送时间的顺序大致相同，即，铁路的运送时间变化最大,航空运输最小,公路运输介于中间。如果从变化率与平均运送时间的比值来看,则航空运输最不可靠,而公路运输是最可靠的。

3.安全性

因为承运人安全运输货物的能力不同,所以运输中安全性的记录就成为选择承运人的重要因素。

承运人有义务合理速遣货物,并恰当地审慎避免货物的灭失或损坏。但如果由于自然原因、托运人过失或承运人无法控制的其他原因造成货物的灭失和损坏,承运人可以免除责任。虽然在托运人准确陈述事实的情况下,承运人会承担给托运人造成的直接损失,但托运人应该在选择承运人之前认识到会有一定的转嫁成本。

托运人承受的最严重的潜在损失是客户服务。运输货物的目的可能是为补足客户的库存,也可能为立即使用。运输延迟或运到的货物不能使用意味着给客户带来不便,或者会导致库存成本上升,因为如果预计的补货没有按计划收到,会造成缺货或延期交货的增多。托运人如果要进行索赔,需要花时间搜集相关证据,费尽周折准备适当的索赔单据,在索赔处理过程中还要占用资金,如果索赔只能通过法庭解决,可能还涉及很高的费用。显然,对承运人的索赔越少,用户对服务越满意。对可能发生的货物破损,托运人的普遍做法是增加保护性包装。这些费用最终也一定由用户承担。

总之,运输服务可以通过其成本(价格)和服务水平(平均运送时间及其变化率、灭失与损坏)特征得到最好的反映。通过对成本和服务水平的描述,可以将一种服务形式与另一种形式区分开来。

第五节 企业物流网络规划设计

企业物流网络规划主要包括物流网络结构设计、渠道设计、运输规划等内容。显然,企业物流网络问题属于流程/功能子系统需要研究的范围。另外,网络设计所需要的很多数据取决于具体的运作与管理方法,而且网络设计的有些内容也涉及具体的运作与管理过程。可以说企业物流网络规划是整合企业物流系统相关领域,综合相关知识,确保物流系统动态优化,并实现企业物流系统一体化管理的关键环节。

如何整合企业物流系统相关要素,并综合相关知识,为企业物流系统提供最优的物流网络系统方案是本章的主要研究目的。本章的关注点是企业物流网络规划设计的理论与方法。

一、企业物流网络规划设计的主要内容和一般程序

规划设计企业物流网络是一项非常复杂的系统工程。规划的内容和程序因规划项目、范围和人员的不同会有所差异,但仍然存在一些共性和相同点。

(一)企业物流网络规划设计的主要内容

企业物流网络规划设计的主要内容包括物流网络结构设计、渠道设计和运输规划。

其中,物流网络结构设计主要解决工厂、仓库和运输场站的数量、规模和位置,安排满足需求的设施,各设施应该储存的产品种类等问题。网络结构设计的目标是:

（1）满足物流客户服务约束条件的同时，使所有相关物流成本最小化；

（2）在保持物流总成本的限制水平下，使物流客户服务水平最大化；

（3）尽量扩大物流服务水平所产生的收入和提供这种服务水平所需要的成本之间的差异，使物流对利润的贡献最大。

虽然物流网络结构在总体水平上也处理了有关库存和运输问题，而且也考虑了产品流经成型网络的路径问题，但它主要关心的是取决于物流网络总量的选址问题。

渠道设计是指产品流经成型网络的路径设计。渠道设计需要解决的问题是：

（1）各类产品在各层级和各存储点内应该存放多少？

（2）各层级之间最好采用哪种运输服务？

（3）应该采用推动式，或拉动式库存策略，还是分拨需求计划？

（4）各级存储点之间使用哪种信息传递方法最好？

（5）哪种预测方法最好？等等。

显然，如果说物流网络结构设计注重的是物流网络的总量，那么渠道设计注重的就是单一产品流经成型网络的路径。渠道规划就是关于成型网络的运作规划。

运输规划是物流网络规划中第三个重要内容。虽然运输方式的规划已经包含在网络结构和渠道设计内容之中，但自有车辆的运输路线和时间安排决策并不包括在内。比如，应该安排哪辆车在什么地方取货和送货、停靠各站点的顺序是什么样的。这又涉及企业物流系统的运作与管理问题，有关运输计划的制订将在第七章第四节讨论。

企业物流网络规划设计既有长期战略决策的性质，又包含短期运作管理需要考虑的内容。为了使从长远角度规划设计的企业物流系统更适合于短期运作与管理的变化环境，在中期（据有关研究表明，企业物流网络重新规划的频率为每年 1 次），对企业物流系统网络重新进行优化调整。

企业物流网络规划设计是企业物流管理活动不可缺少的一项重要工作，也是提高企业物流管理水平、降低企业物流成本的重要手段。

（二）企业物流网络规划设计的一般程序

就短期而言，企业物流网络及其关键设施的选址已然确定，物流管理者必须在设施限制基础上作业，场地可用性、租约、合同、投资都使得在短期内变动设施地址不太现实。然而，快速变化的环境使得原本最优的物流网络系统经常处于次优的地位，这就引发出企业物流网络重新规划的要求（据有关研究表明，重新设计物流网络往往能使物流总成本每年节省 5% ～ 15%），这种需求促使企业物流管理者致力于充分利用社会物流资源来设计本企业物流网络系统，这不仅推动了现代物流走向社会化和专业化的进展，而且使企业物流网络的重新设计成为可能。

对企业物流网络重新设计的需求，既可能是投资型优化需求，也有可能是零投资的成本节约型优化需求；既可能覆盖全方位的物流网络系统，也可能只包含物流网络系统的某局部领域。但无论是何种优化过程，一般都需要经过立项、收集数据、可行性研究、建模分析、方案确认、方案设计以及方案实施和持续优化等七个阶段。

1. 立项阶段

立项阶段的主要任务是明确需要重新规划设计项目所要达到的目的和涉及的范围。为此,首先需要进行外部访问和内部诊断。外部访问的主要目的是为了了解客户当前所享受到的物流服务水平和所期望得到的服务水平,而内部诊断的主要目的是为了了解企业实际提供的服务水平。通过这样的过程达到知己知彼,确定有必要重新规划设计的项目及其目的、目标和范围。然后,根据项目所要达到的目的、目标和所涉及的范围,组成项目组。项目组的构成应该考虑规划设计的实施过程,应注重那些可能受该项目影响的领域和那些能够根据需要提出宝贵见解和意见的人员。生产和营销部门尤其重要。

2. 收集数据阶段

收集数据阶段的主要任务是收集确定网络规划设计所需的基本数据和信息。这一部分请参考本节第二部分内容。

3. 可行性研究阶段

根据所收集的数据,对立项内容,从技术的可行性、经济的合理性、环境相容性等几个方面,进行分析和评价,得出项目是否有必要进一步促进的结论。可行性研究是物流项目前期工作的重要内容。项目立项后必须进行可行性研究,编制和报批可行性研究报告。

但可行性研究报告的内容和详细程度取决于项目特点和范围,而且,也取决于是初建项目还是每年进行的网络调整项目。

4. 建模分析阶段

建模分析阶段的主要任务是明确分析方法和工具。为此,首先需要设定标杆,也就是建立一个反映企业现有物流模式和物流政策的参照点,以防分析建模过程脱离标准的账簿和报表的生成过程。设立标杆的过程就是建立成本水平、服务水平和网络结构基准,以便进行比较,了解改进的情况。

建模分析阶段常用的模型可参考本节第三部分内容。

如何在充分考虑不同类型模型利弊的前提下,结合实际情况(特别是约束条件和所要达到的目标),建立适合于本项目的分析模型,并对其模型运行结果给予充分的客观评价,是建模分析阶段的主要工作。这一阶段工作需要很强的综合分析能力。

企业信息系统的发展,使得企业很多分析工具(包括网络规划分析模型)融合于决策支持系统(Decision Support System,DSS)中(参考第六章)。该系统通过使用户直接与数据库交互作用,将数据直接导入决策模型,以方便的形式描述分析来辅助决策过程。决策支持系统一般包括四个子系统:

(1)交互系统。该系统使用户和系统可以直接交流。

(2)数据管理系统。该系统能够从内部数据库和外部数据库获取必要的信息。

(3)建模子系统。该系统允许用户通过输入参数、针对具体决策需要调整条件来实现与管理科学模型的交互作用。

(4)输出系统。该系统具有图像功能,这样用户可以提出假定推测问题,并可以得到便于解释的输出形式。

总之,企业决策支持系统为网络规划设计过程提供了更为广泛的空间。

5. 方案确认阶段

方案确认阶段的主要任务是通过对多种方案的比较,选择确定最合理的网络规划方案。所谓最合理的方案是指在现有条件下最有利于实现企业战略目标的最可行的运作方案。

一个企业的产品可以有不止一个物流网络设计方案,而且,物流网络规划问题本身就是一个多目标规划问题。所以,每个可选方案都可能是满足某些特定目标值的最佳方案。

为了在众多的可选方案中选择出最有利于实现企业战略目标的最可行方案,首先需要明确企业战略目标,其次,需要明确各种可选方案的目标值、可取之处、约束条件以及不利影响,并分析、对比各方案对实现企业战略目标的影响程度。最后,综合分析各可行方案的各项指标,结合项目实际,确定出最合理的网络规划方案。

6. 方案设计阶段

对所确定的方案进行设计,一般分两个阶段进行:初步设计和详细设计。其中,初步设计主要包括:①项目设计依据;②项目建设的规模、性质及项目构成;③设计原则及特点;④项目设计范围;⑤技术经济指标;⑥主要建材消耗量:钢材、水泥、木材;⑦工程总投资及环保要求等等。详细设计是在初步设计的基础上,对项目进行更加细化的设计,包括流程、IT系统、设备设施、区域布置、人力资源需求、基础设施布置等等。

7. 方案实施和持续优化阶段

将设计完成的方案按季、月、周和日逐步落实到各相关计划,并根据内外因素的变化(比如,需求的转变、运输费率的调整、仓库存储和搬运费率的变化等),在适当范围内,还需要对网络系统进行持续优化,确保企业物流系统的高效性。

二、企业物流网络规划设计所需基础数据和信息

物流网络规划的基础是数据和信息。没有准确的数据和信息作为依据,即使使用再科学的方法和工具也得不出好的方案。

企业物流网络规划所需的基础数据,依网络设计的主体(主要分为企业自营物流和外包物流)不同而有所差异。

(一)自营物流环境下,所需基础数据

基础数据一般指的是原始数据,而信息一般指的是经加工后的数据。网络规划需要一个包罗万象的数据库。尽管有些数据专门用于某些特殊的网络规划问题,但数据库的大部分数据都是通用的。这些数据包括:

(1)产品线中所有产品的清单;

(2)客户、存储点和供货点的位置;

(3)处于不同位置的客户对各种产品的需求;

(4)运输费率或运输成本;

(5)送货时间、订单传输时间和订货履行率;

(6)仓储费率或仓储成本;

(7)采购/生产成本;

(8)不同产品的运输批量;

(9)不同地点、不同产品的库存水平,控制库存的方法;

(10)订货的频率、订单规模,季节性特征和订单的内容;

(11)订单处理成本,以及产生订单处理成本的环节;

(12)资金成本;

（13）客户服务目标；

（14）现有设备和设施以及处理能力限制；

（15）当前满足销售需求的分拨方式，等等。

（二）外包物流环境下，所需基础数据

由物流企业提供第三方物流时，所需基础数据，除了自营物流环境下的部分数据之外，还需要一些与企业生产经营系统相关的数据。比如，项目计划技术任务书、生产厂的生产工艺文件、厂家使用和希望第三方物流企业使用的 IT 系统、生产厂平面布置文件、生产厂所在地区的经济地理环境资料、生产厂的建筑设计文件等等。

当然，随物流业务外包的程度、特点和范围不同，所需数据差异很大。比如，生产型企业的生产物流往往都是企业自营，这时，生产厂平面布置文件可以只包含与外包业务密切相关的部分内容即可。

（三）物流网络设计所需信息

数据是没有任何特别用途的事物。数据收集好后，还要进行编排、检索、提炼、分组、汇总或以其他方式进行处理，来支持网络规划，经过加工后的数据方能转化为决策时使用的信息。为进行网络规划设计，常用的信息主要包括：

（1）分析单位。分析单位是指网络规划分析中所使用的计量单位。常见的有重量单位、货币单位、物品的个数单位或体积单位。物流管理人员在多数网络规划问题中都倾向于使用体积单位或重量单位。对重量—体积比大的货物一般倾向于选择重量单位，因为此时运输费率通常以货物重量表示；而对重量—体积比小的货物一般倾向于选择体积单位，因为此时仓储和运输费率通常以货物体积表示。

（2）产品分组。企业的产品系列中可能包括成百上千种不同的产品。不仅产品型号和风格的不同会导致产品的多样性，同一种产品包装规格的不同也会造成同样影响。由于产品种类繁多，要收集所有必要数据并进行分析是不现实的。可行的方法是将这些产品汇总为合理数量的产品组合。但我们在分组时应尽量避免大幅度降低计算结果的准确性。

（3）估计运输费率。物流网络规划中，运输费率是一个重要问题，因为可能有许许多多种不同的运输费率。对于只有 2 类产品、5 种运输批量、200 个客户、5 座仓库、2 个工厂的小型网络而言，代表所有产品流组合的运输费率有 20 000 种（$2 \times 5 \times 200 \times 5 \times 2$）。以某种方式估计费率可以加快计算过程，避免查找或索取这么多种费率带来的工作量。估计运输费率时应该了解所用运输服务的种类，而且还得知道是使用自有运输还是运输外包。

（4）订单和货运结构。网络设计对订单规模及相应运输批量的规模非常敏感。例如，如果所有的客户都要求以整车方式送货，那么除非出于服务的考虑要将存货放在临近客户的地方，否则没什么鼓励仓储的经济原因。与此相反，如果客户订单很小，通常就要求企业大量保有存货。但是，企业往往有许多客户，而且其订货量又是多种多样的。货运结构的价值在于可以对运输费率进行准确的查询统计。由于货运重量不同，同一运输起讫点之间可能会有多种不同的运输费率，因此需要针对每个标准重量绘制出运输费率曲线。然后，对每条费率曲线进行加权，权数就是与该重量相对应的货运量占总运量的百分比。因为货运结构既可以代表不同的运输方式，也可以代表不同的货运量，这样得出的运输费率曲线就能够代表很多不同的货运规模或多种运输模式。

（5）销售汇总。通常，所有企业产品或服务的客户都分散在全国各地，当然这些客户常常集中在特定地区。从网络规划的角度来看，没有必要将每个客户都分开考虑。数以千计的客户构成了企业产品或服务的市场，如果成本估计的准确性没有明显降低，可以按地理位置将市场分为有限的几个群组，然后确定客户组群的适当数量，最后对客户数据进行汇总。

（6）估计里程。物流网络规划的地理性特征要求物流管理人员掌握各种距离数据。估计运输起止点间运输成本时需要知道距离，距离也可用来替代时间。例如，我们可能要求所有客户都在距仓库 150 km 的范围内，这就意味着在这个距离内一天就可以完成送货服务。

（7）设施成本。与设施（如仓库）相关的成本可以表示为：固定成本、存储成本和搬运成本。固定成本是那些不随设施的经营活动水平而改变的成本；存储成本是那些随设施内存储货物数量变化而改变的成本；搬运成本是随设施吞吐量变化的成本。设施成本可以通过相关费率得到。

（8）设施的生产能力。工厂、仓库和供应商生产能力的严格限制可能对物流结构造成重大影响。然而在实践中，设施的生产能力并不是绝对、一成不变的。可能存在一个能使设施运营最有效率的产量。但是，在规划中应该注意不要过于僵化地看待设施生产能力这个限制条件。虽然增加设施生产能力会增加成本，但方法很多，像加班、增加班次、使用废弃的空间存放产品或者临时获得额外设备或仓储空间等只是其中几种。

（9）库存—吞吐量之间的关系。如果网络规划涉及仓库选址，就必须估计仓库数量、位置和规模的变化对网络中库存水平的影响。因为选址问题就是仓库之间需求调配的问题，所以我们能够根据分派给仓库的需求或吞吐量来估计仓库的库存量。

（10）估计未来需求。如果规划的结果不能得到迅速实施，那么以过去和当前的需求数据为基础制定网络规划就意义不大。因此，出于设计的目的，我们需要预测未来若干年的需求，这里用到的是中长期的预测方法。

（11）其他因素和限制条件。搜集到基本经济数据后，还需要了解各种对网络设计有影响的限制条件。比如，资金限制、法律和政治限制、人员限制、截止时间、必须保证运营的设施以及现有的和预期的合同条款。

（四）数据和信息的一般来源

物流网络规划所需数据和信息应成为企业物流信息/知识子系统的一部分（参考第六章）。但是，许多企业的信息系统还不够完备，不能生成前文所列的物流网络设计所需的数据。这就迫使物流管理人员从企业内部以及企业外部的各种数据来源获取所需数据。这些数据来源主要包括业务运作单据、财务报告、物流研究报告、公开发布的信息，还包括人为的判断。

（1）业务运作单据。每家企业在管理方方面面的经营活动时都会生成许多单据。这些单据有的和物流活动有关，但更多的则是出于其他目的而准备的。这些单据以及许多商务文件都是产生数据和信息的丰富源泉。比如，从销售订单及其附带单据中可以获取大量有用的物流信息。企业常常将客户所在地、各客户不同时期产品的销售水平、销售条件、服务点、运输批量、库存状态和订单履行率、客户服务水平等数据储存在企业数据库，以便于提取数据，并加工整理成网络规划所需的信息。值得注意的是，许多附加数据都来自企业职工为自己使用而做的非正式报告。

（2）财务报告。财务数据也是物流管理人员借以获得内部信息的重要来源。财务数据侧重于确定各项运作成本，包括物流活动的成本。一般来讲，会计活动很好地报告了大多数的物流成本。但是，大部分会计活动是直接为股东利益服务的，而不是管理人员的利益，对物流网络规划活动尤其如此。根据公认的会计准则，一些重要的成本是不报告的，而且有的成本虽然包括在报告的内容之中，但是报告的方法甚至会造成混乱。尽管如此，这些财务报告仍然是物流成本数据的主要来源。

（3）物流研究报告。研究提供的信息是运作订单处理系统或财务系统所不能提供的。虽然企业很少进行正式的物流研究，但为确定有助于物流网络规划的基本关系而付出的努力是值得的，这些关系包括（但不限于）销售与服务的关系和运输费率与距离的关系等。这类研究通常都由企业内部或外部的咨询小组和大学教授来做，物流研究也可能是间接为企业所做的，诸如物流与采购联合会等行业性协会定期组织研究，并将研究结果向公众发布。这些都是获取同行业其他企业和其他行业物流数据的宝贵源泉。

（4）公开发布的信息。许多二手数据（有时也包括原始数据）都来自企业外部，其中包括专业杂志、政府组织的研究报告和学术期刊等，从中可以得到有关成本和行业发展趋势、技术进步、经营水平和预测的信息。

（5）人为的判断。企业经理、咨询顾问、销售人员、运作人员和供应商都是企业的数据来源，都应该被视为物流数据库的一部分。开启这些随时可得的数据来源往往无须任何投资。

除此之外，第三方物流企业还需要从提供服务的企业处获取相关数据和信息。接受服务的企业也有义务向第三方物流企业提供与企业物流业务有关的数据和信息。

三、企业物流网络规划设计的常用模型

常用的企业物流网络规划设计模型主要包括以下几种：

1. 图表和规尺技术

这类技术泛指各种只借助相对低水平数学分析的基本直观技术，比如，统计图表、制图技术和表格对比等。从今天计算机化的世界看来，这类技术都是一些初级方法，但是，这类技术的分析结果不一定就是低质量的。洞察力、经验和对网络规划的良好理解使得人们能够做出满意的设计。这类方法能够考虑主观因素、例外情况、成本和限制条件等许多最复杂的数学模型也不能包括的因素。这使得分析内容更丰富，并且有可能得出能直接用于实施的设计方案。

2. 仿真模型

网络的仿真通常包括模拟成本结构、约束条件和其他能够合理地代表网络的因素。利用仿真模型解决网络规划问题的一般思路是，将一定的网络结构表示成仿真模型，然后提供与系统设计和运作相关的成本和其他数据，并就同样的或不同的设计方案反复多次进行试验，借助所生成的统计数据来比较分析不同设计方案。因为仿真模型可以借助计算机处理，能在短期内模拟运行多种系统方案，所以人们愿意用仿真模型而非实际运行来选择可行方案。绝大部分仿真模型要针对所分析的具体问题专门设计。尽管现在已经有一些专门处理物流问题的仿真模型，但更多的仿真模型还是建立在通用仿真语言的基础之上。现在，这些通用语言中的大多数都具有图像功能，模拟时产品的流动和库存的水平可以移动化的形式展现在屏幕上，以便

于对结果进行解释。

如果在某个复杂问题的描述中有大量十分重要的细节，如果问题中存在许多随机因素，如果寻找数学上的最优解并不是问题的关键，就可以选用仿真技术。物流业界将仿真技术看作第二常用的分析技术，仅次于统计方法。

3. 启发式模型

启发式模型是某种形式的混合模型，它将仿真模型能够实现的模型定义的真实性与最优模型所能实现的寻找最优解的过程结合在一起。启发式模型一般可以解决相当广泛的问题，但无法保证获得最优解。模型是围绕启发法（参考第五章第三节）的概念建立的。启发式模型对某些物流中最难以解决的问题是一种很实用的方法。如果人们建模的目的是要找到最佳答案，且利用优化法对问题求解要求的条件过多，那么启发式模型会非常有用。

启发法可以借助一些准则来限制问题的可行解的个数，以便能缩短求解时间和过程。这些准则一般可以表示为：

（1）最适合建仓库的地点是那些需求最大的地区或临近这些地区的地方；

（2）应该由供货点直接供货给那些按整车批量购买的客户，不应再经过仓储系统；

（3）如果某产品出、入库运输成本的差异能够弥补仓储成本，就应该将该产品存放在仓库里；

（4）生产线上的最适合采用适时管理而不是统计库存管理方法的物料是那些需求和提前期波动最小的物料；

（5）下一个进入分拨系统的仓库就是那个节约成本最多的仓库；

（6）从分拨的立场来看，成本最高的客户就是那些以小批量购买且位于运输线末端的客户；

（7）从分拨网络最远端开始，沿途搭载小批量货物直到装满整车，再回到运输起点的运输方法是最经济的。

4. 最优模型

最优模型依赖精确的数学过程评价各种可选方案，且能保证得到的是针对该问题的数学最优解，也即，从数学上可以证明所得到的解是最优的。许多确定性运筹学模型或管理科学的模型都属于此种类型。这些模型包括数学规划（线性规划、非线性规划、动态规划和整数规划），枚举模型，排序模型，各种各样的微积分模型和设备替换模型。许多最优模型已经过概括总结，可以得到相应的软件包（参考第五章第三节）。

5. 专家系统模型

如果某个规划问题曾经在不同环境下多次求解，规划人员就很可能对该问题的解决方法有了一定的见解。这些见解往往胜过最复杂的数学公式。如果能将这样的知识或经验融入现有模型或专家系统中，就能够比单独使用仿真技术、启发法或最优化方法得出的结果总体质量更高。

专家系统有几个明显超过传统规划系统的优点：

（1）专家系统既能处理定性的信息，也能处理定量的信息，使得某些关键性的主观因素可以很容易成为决策过程的组成部分；

（2）专家系统能够处理不确定的信息，而且利用部分信息也能够对问题求解，这样就能够解决一些更复杂的、未能很好地组织起来的问题；

（3）专家系统解决问题时尽量使用最少信息，因此解决问题的速度更快，成本更低；

（4）专家系统展示的是专家解决问题的逻辑方法，使得物流管理人员能够很快地提高决策能力；

（5）专家系统提供的知识可转移、可复制且具有文档化特征。

开发专家系统模型所要克服的最大障碍就是指定专家、确定知识库（大部分是定性的）和获得专家们的相关知识。然而，专家系统提出了通过掌握规划艺术的技术和知识来弥补当前规划过程所使用的科学方法的不足，这种观点很有吸引力，专家系统无疑会将来得到更普遍的应用。

练习题

5.1 请解释以下概念的含义：

装卸搬运活性指数，供应物流，生产物流，销售物流，逆向物流，SLP 法。

5.2 请说明消费品中便利品、选购品和特殊产品的区别。

5.3 与物流成本有关的产品特征有哪些？这些产品特征如何影响物流过程和物流系统结构？

5.4 请简述延迟战略如何影响物流过程和物流系统结构。

5.5 设施布置类型有哪些？各自有什么特点？

5.6 请简要说明设施选址问题中的一般成本悖反规律。

5.7 请简述五种基本运输方式的成本特征。

5.8 请说明与运距相关的 4 种典型的运价结构。

5.9 根据图 1，将 9 个部门安排在一个 3 × 3 的区域内，要求把部门 5 安排在左下角的位置上。

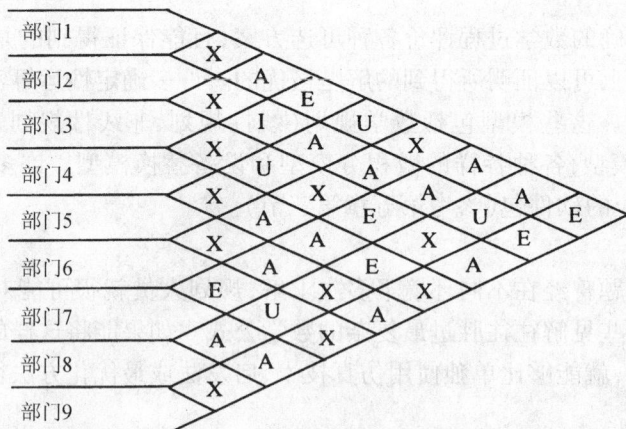

图 1 作业活动关系图

5.10 有 5 个部门须分配到表 1 所示分布的位置 B ~ F（因技术方面的原因，部门 1 必须在位置 A），各部门间的运输量如表 2 所示。假设在相邻的部门之间单位运输量的运输成本为 1 元，每隔一个部门就增加 1 元。试找出最优布置方案。

表1

A(部门1)	B	C
D	E	F

表2

单位:件

从＼至	1	2	3	4	5	6
1		175	50	0	230	20
2			0	100	165	80
3				17	213	99
4					25	0
5						554
6						

5.11 某咖啡公司的业主正试图决定为其即将开业的配货仓库进行选址。表3给出了该仓库需要服务的三个主要城市的地理位置和人口。业主希望仓库所处的地理位置能花费最小的运输成本而且能为三个市场提供最佳整体交货速度。请用重心法,使用人口作为权数,得出配货仓库的坐标值。

表3 三个城市的位置坐标和人口数

	城市 A	城市 B	城市 C
(X, Y)	(1,5)	(4.5,3.5)	(4,1)
人口	400 000	200 000	170 000

第六章　企业物流管理信息系统规划设计

引导案例

随着上海市城市功能的重新规划,上海松江免税出口加工区和松江工业园区内将集聚大量的外资企业和中外合资企业,而这些外资企业产品数量多且多数销往外地。上海商业储运有限公司敏感地预测到这里需要一个具有现代物流服务功能的第三方物流企业。同时,20 世纪 90 年代在松江投资的美国百事食品公司原先分别使用上海地区 4 个仓库,仓库距离生产加工区最远距离为 30 多 km,每天短驳运输、人工投入很大,由于仓库都没有信息系统或系统不能满足现代物流管理要求,仓储和配送的成本很高,在激烈的休闲食品市场竞争中,百事食品公司亟须提高物流效率,降低物流成本,提高市场竞争能力。上海商业储运公司的战略设想与百事食品的战略需求一拍即合,于是一个全新的第三方物流企业——上海全方物流有限公司在松江诞生了。全方把百事公司作为自己的第一个第三方物流业务客户,开始了一对一的专业化的物流服务。

请思考一下:美国百事食品公司与上海全方物流有限公司的信息系统应如何构筑和衔接?

物流管理信息系统是物流系统的神经中枢,是物流管理的主要工具和手段。生产企业应具备什么样的物流管理信息系统结构和功能,以扶持供应链物流的有效运作是本章的主要研究目的。

通过本章的学习,学员能够了解、掌握:

★ 企业物流管理信息系统基本模式
★ 企业物流管理信息系统结构模型与功能
★ 常见的物流管理信息技术
★ GS1 系统
★ 国家交通运输物流公共信息平台

第一节　企业物流管理信息及其系统结构

企业物流管理信息就是与企业物流系统规划、运作与管理有关的信息。企业物流系统中的相互衔接是借助信息系统予以沟通的(见图 5-2),基本资源的调度也是通过信息的传递来实现的。例如,物资调运是根据供需数量和运输条件来进行的,装卸活动的组织是按运送货物的数量、种类、到货方式及包装情况来决定的。因此,物流内控必须以信息为基础,一刻也不能离开信息。为了使物流活动正常而有规律地进行,必须保证物流管理信息畅通;而为了保证物流管理信息畅通,必须科学设计物流管理信息系统。

📢 一、物流管理信息的种类

物流管理信息有很多分类方法,在此,主要介绍根据物流管理信息在整个物流系统规划、运作和管理过程中提供的功能而进行分类的方法。

1. 支持交易的信息

这类信息的功能是用来支持交易活动。物流过程伴随着交易活动。交易活动包括记录订货内容、安排存货任务、作业程序选择、装船、定价、开发票,以及消费者咨询等。例如,当收到消费者订单进入信息系统时,就开始了交易。按订单安排存货,记录订货内容意味着生成了计划。在整个过程中,当消费者需要而且必须获得订货状况信息时,通过一系列信息交易,就完成了消费者订货功能的循环。交易系统的特征是:格式规则化、通信交互化、交易批量化、作业逐日化。结构上的各种过程和大批量交易相结合主要强调了信息系统的效率。

2. 支持管理控制的信息

这类信息的功能是用来支持管理控制。管理控制要求把主要精力集中在功能衡量和报告上。功能衡量对于提供有关服务水平和资源利用等管理反馈来说是必要的。因此,管理控制以可估价的、策略上的、中期的焦点问题为特征,它涉及评价过去的功能和鉴别各种可选方案。普通衡量包括每吨的运输和仓储成本(成本衡量)、存货周转(资产衡量)、供应比率(顾客服务衡量)、每工时生产量(生产率衡量)及顾客的感觉(质量衡量)等。

当物流管理信息系统有必要报告过去的物流系统功能时,物流系统是否能够在其被处理的过程中鉴别出异常情况也是很重要的。管理控制的例外信息对于鉴别潜在的顾客或订货问题是有用的,比如,根据预测的需求和预期的入库数来预测未来的存货短缺情况。基本的管理控制衡量方法,如成本,有非常明确的定义,而另一些衡量方法,如顾客服务,则缺乏明确的定义。例如,顾客服务可以从内部(企业的角度)或从外部(顾客的角度)来衡量。内部衡量相对比较容易跟踪,而外部衡量却难以获得,因为它要求的是建立在对每一个顾客监督的基础上。

另外,与物流管理活动相关的文件也可列入该类型信息。这类信息的主要功能是统一和协调物流系统的规划与运作,主要包括指令、规章制度、标准、规范等。

3. 支持决策分析的信息

这类信息的功能是用来支持决策分析。决策分析主要是集中精力在决策应用上,协助管理人鉴别、评估经比较物流战略和策略后的可选方案。典型分析包括车辆日常工作和计划、存货管理、设施选址,以及有关作业比较和安排的成本—收益分析。相比之下,决策分析趋向于更多地强调有效(针对无利可图的账户,鉴别出有利可图的品目),而不是强调效率(利用更少的人力资源实现更快的处理或增加交易量)。

4. 支持制订战略计划的信息

这类信息的功能是用来支持制订战略计划。制订战略计划主要精力集中在信息支持上,以期开发和提炼物流战略。这类决策往往是决策分析层次的延伸,但通常更加抽象、松散,并且注重于长期。作为战略计划的例子,决策中包括通过战略联盟使协作成为可能、厂商的能力和市场机会的开发和提炼,以及顾客对改进的鼓舞所做的反应。物流信息系统的制定和战略层次,必须把较低层次的数据结合到范围很广泛的交易计划中去,以及结合到有助于评估各种战略的概率和损益的决策模型中去。

二、企业物流管理信息系统及其基本模式

企业物流管理信息系统是企业总体管理信息系统的一个子系统,主要面向企业物流决策中的特定问题。它是用来帮助企业物流管理人员规划、运作和管理的一个集成体系。该体系中主要涉及数据、支持的设备、人员以及解决问题的方法等。

与其他系统一样,企业物流管理信息系统也由基本要素构成:输入、转换和输出。见图6-1。

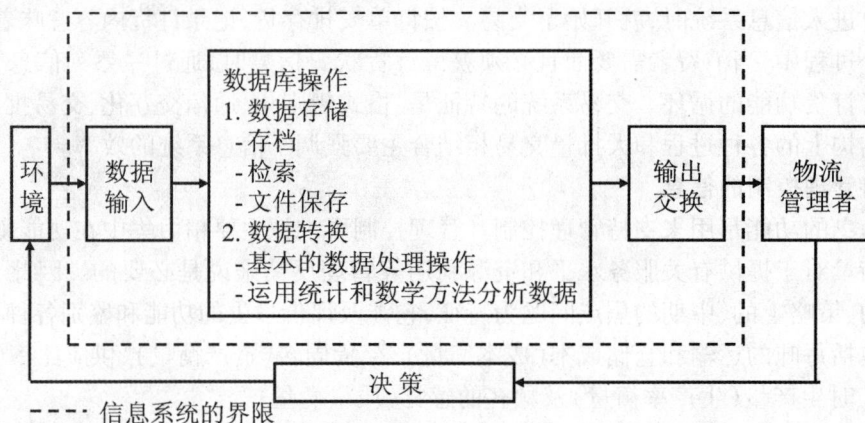

图 6-1　企业物流管理信息系统基本模式

1. 数据输入

物流管理信息系统的第一项相关活动就是获取那些有助于决策的数据。就企业物流管理信息而言,数据的来源主要有客户、公司记录、公开的数据以及管理层。

通过录入来自客户的订单可以取得很多对规划和运作决策非常有用的数据(如销售量、销售时间、销售地点以及订单规模的规划决策等)。另外,企业在送货给客户时也可以获得有关运输规模和运输成本的数据。还有,运费单据、采购订单以及发票等都是主要数据来源。

公司记录可以提供大量有价值的数据。其形式包括会计报表、财务状况报告、公司内部与外部的研究报告以及各种营运报告。这些报告中的数据通常不是以有助于物流决策的目的而组织起来的,信息系统只是挑选其中一些数据,留待以后阶段进行处理。

来自企业外部的公开数据代表一种特有的数据源泉。其中主要来自政府资助的研究项目以及供应商为建立良好的信誉而提供的有价值数据,专业期刊等也能提供一些数据。

管理层、内部顾问、规划人员以及专门业务人员等公司员工也是很好的数据来源。

2. 数据转换（加工）

把数据转换为信息,以有助于决策的形式描述出来,并将信息与决策辅助手段相联系,所有这些通常被视为信息系统的核心所在。数据转换过程主要通过数据库管理来实现。

数据库管理首先涉及选择存储的数据和检索、选择所使用的分析方法以及选择将采用的基本数据加工方法。在决定了数据库内容之后,数据库设计中需要考虑的问题是决定哪些数据以传统的"硬拷贝"形式保留,哪些数据应该保留在计算机内存里以方便快速查找,哪些数据不应以任何常规形式来保留。保存数据的成本会很高,对数据保存形式的决策应基于以下

标准:①信息对企业做决策是否关键;②需要以多快的速度检索信息;③信息的提取是否频繁;④将信息转换成所需数据形式需要付出多大的努力。战略规划并不经常进行,所以战略规划所需的信息常常无须频繁提取,随时可得。但操作性规划非常频繁,其所需信息的特征也就恰恰相反。

3. 数据输出（使用）

输出部分是信息系统最后一个要素,也是用户与系统接触的界面。输出通常有几种类型,最常见的输出类型就是一定形式的报告,如:①成本与绩效统计的总结报告;②库存状况获订单处理进度报告;③对比标准绩效水平和实际绩效水平的例外报告;④开始某项活动的报告（采购订单或生产订单）。运输提单、运费单这些填制好的单据也是一种输出形式,输出还可能是数学和统计学模型的分析结果。

总之,数据的输入、存储、转换和输出是信息系统的关键因素。除了具有基本的数据处理能力外,信息系统的主要作用就是成为物流系统规划、运作和管理的决策支持工具。如图 6-2 所示。

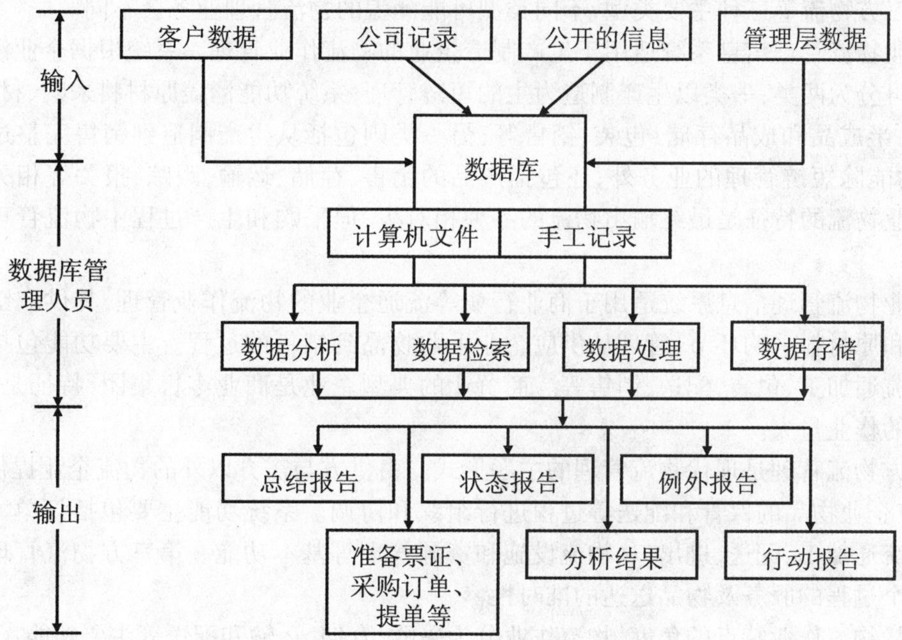

图 6-2　企业物流管理信息系统具体模式

📢 三、企业物流管理信息系统结构模型与功能

在全球经济一体化和智能化管理趋势下,物流管理信息标准化的重要性日显突出。为了有效推广物流管理信息标准化,我国制定并颁布了国家标准《物流管理信息系统应用开发指南》（GB/T 23830—2009）。

该标准推荐的物流管理信息系统构造模型如图 6-3 所示。

图 6-3 模型从三个角度明确了物流管理主要业务及管理对象。

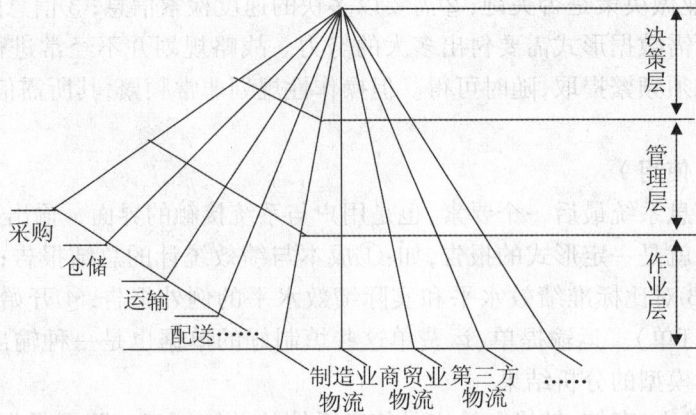

图6-3　物流管理信息系统构造模型

一是从企业物流和信息系统服务对象的角度,物流管理信息系统分为制造业物流、商贸业物流和第三方物流等三种主要类型,不同类型可能涵盖的物流管理业务会不同。

制造业物流管理信息系统适用于生产制造企业的物流作业管理。系统根据企业涉及供应链的长短可分为两类:一类以生产制造为主的短链管理,系统功能涵盖原材料采购、材料存储、生产配送、半成品和成品存储、包装、销售等;另一类则包括从生产制造到销售完整过程的管理,系统功能除短链管理的业务外,还包括产品的销售、存储、运输、跟踪、报关等相关业务管理。制造业物流的特征是最终输出物流的品种相对少,但采购和生产过程中物流管理的作业量大。

商贸业物流管理信息系统适用于商业行业等流通企业的物流作业管理,其供应链中不含物品生产和原材料采购环节,管理从供应企业采购物品到销售的过程。主要功能包括物品采购、存储、流通加工、包装、配送、销售等。商贸业的典型企业是商业零售集团,特征是品种多,物流管理的作业量大。

第三方物流管理是现代物流管理的主题形式。由供方与需方以外的物流企业提供物流服务,对供应企业物品的保管和配送等过程进行组织和协调。系统功能主要包括订单、运输、仓储、包装、流通加工、配送、进出口、物流设施和资源管理等基本功能。第三方物流管理的特征是强调整个过程的服务及物品送达的准时性。

二是从物流作业特点的角度,物流作业分为采购、仓储、运输和配送等主要功能,不同物流功能涵盖的作业及管理业务也会不同。

采购流程涵盖采购申请、供应商选择、询价、采购订单签发、订单执行跟踪、物品接受和确认支付。采购管理子系统包括采购计划管理、供应商信息管理、供应商评价管理、询价谈判管理、采购订单管理、采购执行管理、采购到货检验管理、采购退货管理和查询管理等模块。采购管理子系统更多地应用于制造业物流和商贸业物流管理信息系统,一般来说,制造业物流采购的对象是原材料的供应商,商贸业物流采购的对象是商品生产企业。对于第三方物流公司,采购管理子系统则应用于运作供应商的选择和管理。

仓储管理的流程涵盖物品入库、存货保管和发货出库过程。仓储管理子系统主要包括基础信息管理、出入库计划管理、入库管理、存储管理、出库管理、结算管理和查询模块。仓储管理子系统除了仓储管理的通用功能外,商贸业物流系统更强调仓储物品的期效、库存数量的合理性指标。第三方物流系统更关心仓储物品的完好保管、库容的合理利用。制造业物流系统更注重合理库存物料需要、零部件供应商状况等信息。

运输管理的流程涵盖提单和货运清单制作、物品跟踪、运费清单制作过程。运输管理子系统主要包括工具信息管理、运输调度管理、运输作业管理、运输费用管理以及运输跟踪管理和查询模块。联运还要考虑水陆空分工、公铁分工等在联运中的衔接转换能力、枢纽通过能力等因素。

配送的主要目的是降低企业库存、方便客户和提高供应的保证度，但对不同类型企业的配送策略不尽相同，如对生产企业多按"零库存原则"实行原材料配送，对商业零售企业则多实行小批量多品种的配送，有时考虑到综合效益等因素，也可采用定时配送与加急快送的混合策略等。总的来说，配送应遵循 JIT 原则，应支持多供应商和多购买商之间的精确、快捷、高效的配送。配送的流程包括制订配送计划、拣选、组配、送货，有时还包括加工、包装、分割等作业，按时送达指定地点并做相应的回单处理。配送管理子系统主要包括配送计划录入、制订配送计划、选货组配、验货出库装车、制作路单和送货、回单管理和查询模块。配送管理子系统应用于三种类型的物流管理信息系统中，但特点略有不同。商贸业系统配送的物品，数量大是一个明显的特征，但是无论是配送的目的地还是物品的类型都相对比较固定，所以配送系统比较稳定；第三方物流系统服务对象的流动性大，因而配送物品的稳定性弱；生产企业配送的地点和物品比较固定，但对准时性的要求很高。

三是从管理层次的角度，物流业务分为作业层、管理层和决策层，不同管理层可能涵盖的业务也会不同。其中，作业层是组成管理信息系统最基本的功能模块层，由完成基础物流活动的功能模块组成，也是管理层和决策层的基础信息资源。任何一个物流管理信息系统都会包括采购管理、仓储管理、运输管理、货运代理管理、配送管理、销售管理、报关报检管理、回收物流管理、资源管理等功能子系统的一部分甚至全部。

管理层是管理作业层各单项功能模块的执行情况，管理信息系统维护和更新操作，并对企业管理层的经营活动进行管理。管理层处于物流管理信息系统构造模型的中部，该层模块的特点一是应用于企业管理机构，二是管理的内容涉及企业的核心信息。因此，其重要程度和机密保障要求是信息系统设计人员首要考虑的因素。该标准说明，由于管理层所有的管理子系统都是企业运营的核心模块，所以它们将应用于所有类型的物流管理信息系统中。主要包括合同管理、客户关系管理、客户服务管理、结算管理、统计报表、系统管理等模块。

决策层是根据作业层和管理层提供的信息以及独立收集的信息，利用统计、决策等技术手段产生企业进一步操作的决策参考信息，主要包括统计分析业务和决策支持技术。其中，统计分析子系统需要提供对物流活动各环节情况进行统计分析的功能，为此，需要采购分析模块、仓储分析模块、运输分析模块、配送分析模块、资源分析模块、销售分析模块、财务分析模块等。决策支持子系统应为决策层提供决策支持的有效工具。它通过采集应用系统的各种有效信息，运用数据仓库技术、运筹学模型、线性规划等分析法对历史数据进行多角度、立体的综合分析，为决策层提供有效准确的信息资料。决策支持子系统主要包括仓储决策模块、运输决策模块和财务决策模块等。

总之，该标准不仅为企业物流管理信息系统的开发提供了一种模式和框架，也为物流作业和管理人员提供了业务指南。

第二节　物流管理信息技术

在全球化和物联网时代,信息技术必然成为企业提高生产率和竞争能力的主要来源。物流管理信息技术的应用使企业在提高反应速度和能力的同时降低成本。常见的物流管理信息技术包括条形码和扫描技术、射频识别技术、电子数据交换技术、物流定位技术、地理信息系统技术、智能交通系统技术等。

一、条形码和扫描技术

条形码及扫描技术均属自动识别技术,可迅速收集及交换信息。这种技术一般应用于仓库到货时追踪记录及商店销售结账。

1. 条形码

条形码由一组黑白相间、粗细不同的条状符号组成。它隐含着数字信息、字母信息、标志信息、符号信息,主要用以表示商品的名称、产地、价格、种类等,是世界通用代码的表示方法。条形码按使用方式分为直接印刷在商品包装上的条形码和印刷在商品标签上的条形码。条形码以其简单、快捷、准确、成本低、可靠等特点,为 EDI 提供了一个唯一的清晰、简单、国际通用、标准化的信息识别手段。

条形码按使用目的分为商品条形码和物流条形码。商品条形码是以直接向消费者销售的商品为对象、以单个商品为单位使用的条形码。它由 13 位数字组成,最前面的两个数字表示国家或地区的代码,中国的代码为 69,接下来的 5 个数字表示生产厂家的代码,其后的 5 个数字表示商品品种的代码,最后的 1 个数字用来防止机器发生误读错误。物流条形码是物流过程中的以商品为对象以集合包装商品为单位使用的条形码。标准物流条形码由 14 位数字组成,第 1 位表示物流识别码,例如在物流条形码中 1 代表集合包装容器装 6 瓶酒,2 代表装 24 瓶酒,其余 13 位数字代表的意思与商品条形码相同。

国际物品编码协会和美国统一代码委员会为加强对物流商品的单品管理,提高物流管理中商品信息自动采集的效率,于 1999 年联合推出适用于各个行业应用的物流条形码标准——复合码。复合码是由一维条码和二维条码叠加在一起而构成的新的码制,它能将 2 300 个字符编入条码内,使人们在读取商品的单品信息时获得更多描述商品物流特征的信息。复合码目前主要集中在标志散装商品(随机称重商品)、蔬菜水果、医疗保健及非零售的小件物品以及商品的运输和物流管理上。

2. 扫描技术

扫描技术(Scanner Technology)是指扫描机利用光线收集条形码资料并将其转换成可使用的信息。扫描机(或扫读机)有两种类型:一种为手持式扫描机,可采用不接触技术(如激光枪)和接触技术(如光笔);另一种为固定式扫描机,可采用不接触技术(如自动扫描机)和接触技术(如卡片阅读机)。各种扫描仪都和后续的光电转换、信息信号放大及与计算机联机形成完整的扫描阅读系统,完成电子信息的采集。

扫描技术在物流上的应用一般有两种:销售点实时管理系统(Point of Sale, POS),仓库或店铺中的物流(物品)搬运及追踪。其中,POS 系统是指通过自动读取设备(如收银机)在销售商品时直接读取商品信息(如商品名、单价、销售时间、销售店铺、购买顾客等),并通过通信网络和计算机系统立即传送至管理信息系统中,进而把相应的信息传输给有关合作伙伴。它使得制造商能尽快了解其产品的销售信息及顾客的需求趋势,从而更准确地做好预测,降低库存水平,缩短订货提前期,最终提高企业的经营效率。

联邦快递利用条形码给每份货运单据加上不同的编号,以便运输途中更方便、更快速地识别包裹。在货物进入配送系统的起点时,在分拣货物时,在运输途中,在终点,工作人员都扫描条形码。配送卡车内还装有小型计算机,能够接收无线电信号。这就使公司能够按照提货和交货需要安排行车路线,还可以使卡车成为货物运输与卡车定位信息的输入点。配送代理携带一个手握式扫描仪,可以在提货或交货时读取货物编号。存有编码信息的扫描器可以插入卡车的车载计算机,将其中的信息读入公司的数据库。

二、射频识别技术

射频识别技术(Radio Frequency Identification,RFID),又称电子标签、无线射频识别,是一种通信技术,可通过无线电信号识别特定目标并读写相关数据,而无须识别系统与特定目标之间建立机械或光学接触。典型的 RFID 系统由电子标签、读写器以及数据交换、管理系统等组成。相对于条形码,RFID 有快速扫描、体积小型化、形状多样化、抗污染能力和耐久性、可重复使用、穿透性和无屏障阅读、数据的记忆容量大、安全性等优点。

近年来,RFID 因其所具备的远距离读取、高储存量等特性而备受瞩目。它不仅可以帮助一个企业大幅提高货物、信息管理的效率,还可以让销售企业和制造企业互联,从而更加准确地接受反馈信息,控制需求信息,优化整个供应链。

目前,制约射频识别系统发展的主要问题是不兼容的标准。射频识别系统的主要厂商提供的都是专用系统,导致不同的应用和不同的行业采用不同厂商的频率和协议标准,这种混乱和割据的状况已经制约了整个射频识别行业的增长。许多欧美组织正在着手解决这个问题,并已经取得了一些成绩(参见本章第三节内容)。标准化必将刺激射频识别技术的大幅度发展和广泛应用。

三、电子数据交换技术

电子数据交换(Electronic Data Interchange,EDI)是通过电子方式,采用标准化的格式,利用计算机网络进行结构化数据的传输和交换。具体而言,EDI 是一套报文通信工具,利用计算机的数据处理与通信功能,将交易双方彼此往来的商业文档(如询价或订货单等)转换成标准格式,并通过通信网络传输给对方。EDI 可以使企业之间彼此方便地使用对方已经获得和加工过的信息数据,更多地代替了传统文件的传输,例如信件、电话,甚至传真,并且不仅仅是简单的替换,而是提供更多额外信息,减轻了企业信息管理系统数据录入的压力,降低各自信息系统数据录入人员的工作强度,压缩信息管理系统的使用成本。

EDI 主要包括三方面的内容:格式化的数据与报文标准、通信网络和计算机应用。经过20 多年的发展与完善,EDI 作为一种全球性的具有巨大商业价值的电子化贸易/工具,具有以下几个显著的特点。

1. 单证格式化

EDI 传输的是企业间格式化的数据,如订单、报价单、发票、运单、装箱单、报关单等,这些信息都具有固定的格式与行业通用性。而信件、公函等非格式化的文件不属 EDI 处理的范畴。

2. 报文标准化

EDI 传输的报文符合国际标准或行业标准,这是计算机能自动处理的前提条件。目前最为广泛使用的 EDI 标准是:UN/EDI FACT(United Nations Rulers For Electronic Data Interchange For Administration, Commerce and Transport, 联合国适用于行政管理、商贸、交通运输的 EDI 规则)和 ANSI(美国国家标准化协会)X. 12 鉴定委员会标准。

3. 处理自动化

EDI 信息传递的路径是计算机到数据通信网络,再到商业伙伴的计算机,信息的最终用户是计算机应用系统,它自动处理传递来的信息。因此这种数据交换是机—机、应用—应用,不需人工干预。

4. 软件结构化

EDI 功能软件由 5 个模块组成:用户界面模块,内部 EDP(Electronic Data Processing)接口模块,报文生成与处理模块,标准报文格式转换模块,通信模块。这五个模块功能分明,结构清晰,形成了 EDI 较为成熟的商业化软件。

5. 运作规范化

EDI 以报文的方式交换信息有其深刻的商贸背景,EDI 报文是目前商业化应用中最成熟、最有效、最规范的电子凭证之一,EDI 单证报文具有法律效力已被普遍接受。任何一个成熟、成功的 EDI 系统,均有相应的规范化环境作基础[如 EDI 存证系统、商贸伙伴(Partner)的协议、管理法规与相应的配套措施]。例如,联合国贸法会制定了《电子贸易示范法草案》,国际海事委员会制定了《电子提单规则》等。

四、物流定位技术

物流定位技术指的是利用稳定的、可靠的公用系统技术(如卫星、GMS、CDMA 等)或者其他技术对物流对象物的位置进行确定的技术。物流定位技术最先进的莫过于全球卫星定位系统技术。但是在现实生活中,也存在许多更加简洁、便宜的应用系统,如 GMS 定位技术、激光导向技术等。

全球卫星定位系统(Global Positioning System, GPS)是美国于 1973 年 11 月开始研制的第二代星基被动式无线电导航系统,是美国继"阿波罗"登月飞船和航天飞机之后的第三大航天工程,历经 20 年,耗资 300 多亿美元,1994 年 7 月系统全部完成。美国政府宣布从 2000 年 5 月 1 日起将取消对 GPS 的保护政策,向全世界用户免费开放。GPS 由 24 颗高度为 2 万 km 的卫星形成空间部分——卫星星座,其中 21 颗作为工作卫星,三颗作为备用卫星,连同设在美国本土的地面监测部分和采用伪随机码测跨技术的接收机。

GPS 主要应用于导航、城市交通疏导系统、车辆监控系统和固定点的定位测量等领域。

📢 五、地理信息系统技术

地理信息系统(Geographic Information System, GIS)是用于获取、处理、分析、访问、表示和在不同用户、不同系统和不同地点之间传输数字化空间信息的系统。它作为计算机信息系统的一类,属于计算机软件的范畴。GIS的基本特征是以计算机为运行平台,空间数据参与运算,为各类应用目的服务。因此,GIS可以用来作为一个以空间信息为主线,将其他各种与空间位置有关的信息结合在一起,为应用服务的集成框架。由于世界上大多数信息都与其产生、代表、包含的地点有关,GIS的用途十分广泛,不仅涉及国民经济的许多领域,如交通、能源、农林、水利、测绘、地矿、环境、航空、国土资源综合利用等,而且与国防安全密切相关。在未来"数字地球"的建设中,GIS将起十分重要的作用。研究GIS的理论与技术,开发GIS软件产品以及推进和深化GIS各类应用,已经成为国内外科技界和产业界的一大热点,意义十分重大。

GIS的理论基础包括地球科学和信息科学。前者涉及地物空间信息及其关系信息的获取、分类模型及语义表示中的理论问题和实践问题,后者则涉及信息的组织、存储、处理、可视化表示及传统传输中的理论问题和实践问题。GIS的技术基础包括遥感技术、定位技术和信息技术的各个方面。

📢 六、智能交通系统技术

智能交通系统(Intelligent Transport System, ITS)是指利用先进的信息通信技术,形成人—车—路三位一体的系统,从而大大提高道路交通的安全性、运输效率、行车的舒适性以及有利于环境保护的道路交通系统。

ITS的特点体现在信息技术的四个方面,即智能感测技术(模式识别)、智能通信网、智能信息处理、智能控制等。

第三节 供应链物流管理信息共享与交换

供应链物流管理是迄今为止企业物流发展的最高形式。供应链物流管理指的是用供应链管理思想实施对供应链物流活动的计划、组织、协调与控制。作为一种共生型物流管理模式,供应链物流管理强调供应链成员组织不再孤立地优化自身的物流活动,而是通过协作(Cooperation)、协调(Coordination)与协同(Collaboration),提高供应链物流的整体效率。

信息共享和交换是实现供应链物流管理的基础。供应链的协调运行建立在各个节点企业高质量的信息传递与共享的基础之上,而信息共享和交换的基础又是信息的标准化,没有信息标准化为基础的供应链物流管理信息系统是发挥不了其应有的作用。

物流信息标准化的重点是物流数据的一致性。随着电子技术、互联网技术的发展,全球经济、全球贸易以及电子商务已成为当今的发展趋势。贸易伙伴之间主数据是商务系统中最基本最重要的信息,在不同的经济体系中,全球产品与服务主数据能否共享和一致是提高电子商务效率和效益的关键。而电子商务与现代物流又是紧密联系的,针对当前严重影响现代物流发展的物流数据一致性问题,急需展开这方面的标准化工作。物流数据一致性标准的主要内容包括:全球统一的物流信息分类与编码体系;物流信息采集技术标准;物流业务模型优化标准;物流信息交换标准;现代物流信息维护与管理体系。

信息化是现代物流发展的必由之路。物流信息化的基本任务是解决物流流程的透明化,利用流程的透明化来改善物流的管理水平、决策水平。物流信息化过程主要有三个方面的工作:第一个领域就是企业的信息化,包括物流企业和它所服务的客户,怎么实现信息的对接。第二个领域就是政府监管,比如通关、车辆的监管、危险品的监管、食品和药品的监管等,其中涉及的政府监管也是通过 IT 技术来提高透明度和真实性;第三个领域就是公共信息化技术平台提供不同系统的信息交换和共享。物流作为一个复合型产业开放的系统要跟各行各业都有关系,物流的流程跨越了很多个领域,这就需要一个能够提供信息共享和交换的服务平台。该平台不仅要为不可能完全建立自己信息系统的中小企业提供服务来实现自己的管理信息化,也可以为拥有自己信息系统的企业,提供不需要进行对外传递的时候,采取自己独立的系统,而需要跟外界进行交换和共享信息的时候,通过交换标准跟外界进行沟通的服务。

基于上述需求,本节介绍两个典型的与物流信息共享与交换相关的系统,为企业物流管理信息系统的构建提供参考。

一、GS1 系统

GS1 系统(也称 EAN·UCC 系统)是以对贸易项目、物流单元、位置、资产、服务关系等进行编码为核心的集条码、射频等自动数据采集、电子数据交换、全球产品分类、全球数据同步、产品电子代码(EPC)等系统为一体的服务于物流供应链的开放的标准体系。目前,全球共有150 多个国家采用 GS1 系统标准,广泛应用于工业、商业、出版业、医疗卫生、物流、金融保险和服务业,大大提高了供应链的效率。

GS1 系统是通过具有一定编码结构的代码实现对相关产品及其数据的标识,该结构克服了厂商、组织使用自身的编码系统或部分特殊编码系统的局限性,保证了在相关应用领域中代码在世界范围内的唯一性,提高了贸易的效率和对客户的反应能力。在提供唯一的标识代码的同时,GS1 系统也提供附加信息的标识,例如有效期、系列号和批号,这些都可以用条码或射频标签来表示以实现自动数据采集,然后通过电子数据交换数据,极大地推动了电子商务的发展。

GS1 系统从标识层、采集层和交换层上为实现高效的供应链管理提供了完整的解决方案。如图 6-4 所示。

GS1 系统的标准体系(如图 6-5 所示)包括管理标准、技术标准和应用标准。其技术标准包括了信息分类与编码标准、信息采集技术标准、信息交换技术标准以及网络技术标准,这几方面标准的结合可以构造完美的商品信息管理技术体系,为电子商务的实施提供完整的解决方案——全球数据同步(GDS)。

(一)GS1 系统发展过程

GS1 系统的发展应从商品条码的应用谈起。商品条码的应用起源于 20 世纪 70 年代末的美国。当时,制造业和零售业迅猛发展,商品交换比较频繁,需要用统一的编码对商品进行标识,于是 UPC - 12 位的商品编码得以产生。这就是我们常说的 UPC - A 码,它是北美地区,主

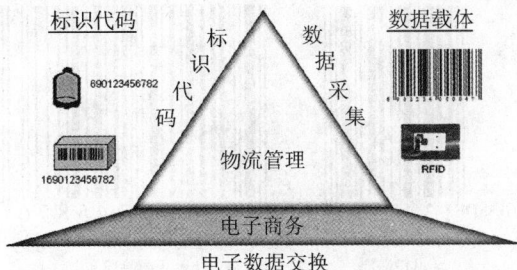

图 6-4　供应链管理解决方案

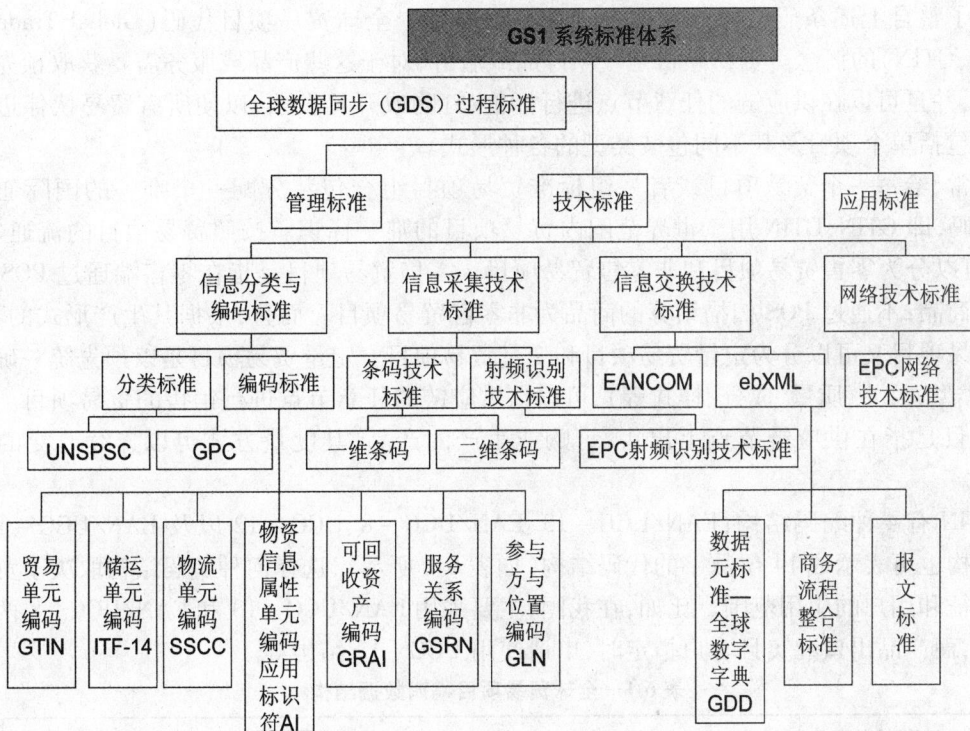

图 6-5　GS1 系统标准体系

要是美国和加拿大的商品条码的结构。

1973 年,美国统一代码委员会(UCC)成立,统一分配、注册和管理 UPC 码。把 UPC 商品条码应用于食品零售的自动扫描结算过程,形成条码开放环节的系统化应用。可以说条码技术是随着计算机等信息技术的发展,人们需要对商务信息进行自动化管理,为了解决计算机识别、采集信息的瓶颈问题而产生的。

在美国的影响下,欧洲也不甘落后。1977 年,欧洲物品编码协会(EAN)成立,开发出与 UPC 条码完全兼容的 EAN 条码,它是 13 位的条码。

常规物品的标识可以用 UPC – A 和 EAN – 13 条码。对于药瓶或烟盒等小包装商品,UCC 和 EAN 分别开发了 UPC – E 和 EAN – 8 条码进行标识。

UPC – A、UPC – E、EAN – 13、EAN – 8 共同组成了全球范围内用于 POS 结算的商品条码标识体系,实现了全球范围内零售结算的革命。如图 6-6 所示。

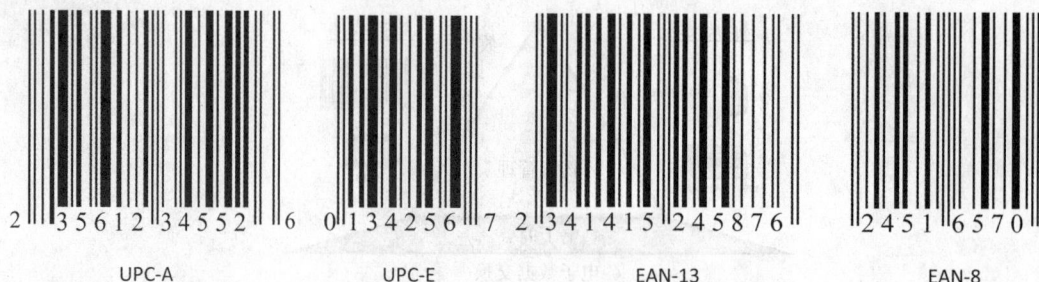

| UPC-A | UPC-E | EAN-13 | EAN-8 |

图 6-6 用于零售结算的贸易单元条码标识

为了整合上述条码符号,EAN 和 UCC 提出了一个全球贸易项目代码(Global Trade Item Number,GTIN)的概念。贸易项目是一项产品或服务,对于这些产品或服务需要获取预先定义的信息,并且可以在供应链的任意节点进行标价、订购或开具发票,以便所有贸易伙伴进行交易。它包括单个项目及其不同包装类型的各种形式。

通常,给每一个贸易项目或者一组标准贸易项目组合包装分配一个唯一的国际通用的 GS1 代码,即 GTIN,GTIN 用于世界范围内贸易项目的唯一标识。按照贸易项目的流通领域,GTIN 可以分为零售贸易项目和非零售贸易项目。零售贸易项目是指在零售端通过 POS 扫描结算的商品;不通过 POS 扫描结算的商品为非零售贸易项目。而且,根据其生产形式的不同,零售贸易项目又可以分为定量贸易项目和变量贸易项目。定量贸易项目是以预先统一确定的形式(类型、尺寸、质量、成分、样式等),可以在供应链的任意节点进行销售的贸易项目。变量贸易项目是指在供应链节点上出售、订购或生产的产品,其度量方式可以连续改变的贸易项目。

GTIN 有 4 种编码结构:EAN/UCC – 13、EAN/UCC – 8、UCC – 12 以及 EAN/UCC – 14,前三种结构也可表示成 14 位数字的代码结构(如表 6-1 所示),选择何种编码结构取决于贸易项目的特征和用户的应用范围。比如,在我国,主要采用 EAN/UCC – 13 和 EAN/UCC – 8 两种编码结构,而产品出口北美且客户指定时,申请使用 UCC – 12 结构等。

表 6-1 全球贸易项目编码数据结构

编码结构	GTIN 格式													
	T1	T2	T3	T4	T5	T6	T7	T8	T9	T10	T11	T12	T13	T14
EAN/UCC – 14	N1	N2	N3	N4	N5	N6	N7	N8	N9	N10	N11	N12	N13	N14
EAN/UCC – 13	0	N1	N2	N3	N4	N5	N6	N7	N8	N9	N10	N11	N12	N13
UCC – 12	0	0	N1	N2	N3	N4	N5	N6	N7	N8	N9	N10	N11	N12
EAN/UCC – 8	0	0	0	0	0	0	N1	N2	N3	N4	N5	N6	N7	N8

随着市场和应用的不断发展,EAN 和 UCC 发现,需要对物流过程中由贸易项目组合而成的用于运输和仓储的各级包装单元进行管理,于是提出系列货运包装箱条码(Serial Shipping Container Code Barcode,SSCC),并用 UCC/EAN – 128 条码表示,以实现对供应链中物流单元的跟踪和自动记录。

GTIN 和 SSCC 组成 GS1 条码标识系统,实现了各级包装单元的条码标识。如图 6-7 所示显示了供应链不同环节中不同的编码表示和条码标识,这样就形成了 GS1 条码标识系统,通过条码实现了物流与信息流的统一。

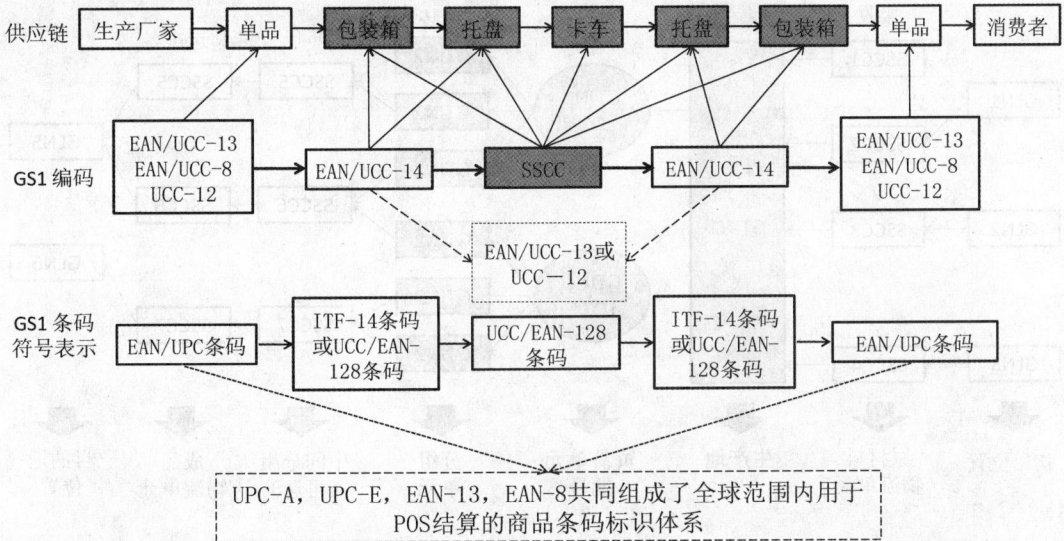

图6-7 供应链不同环节中不同的编码表示和条码标识

后来 GS1 又将 PDF417 条码等二维码引入了该系统,制定了复合码和缩小面积 RSS 条码,可用于有些物流环境中,在无法联网的情况下,进行信息的采集,以及对于表面积非常小的产品的条码标识。

GTIN 和 SSCC 主要是用来标识供应链上的实物单元。除此之外,在整个供应链中,需要一个代码把我们所有的贸易伙伴,包括某些部门或某些具体位置等都给标识出来。所以,在物流过程中,除了标识实物,还要对贸易参与方和位置进行标识,于是 EAN 开发了全球位置码 GLN(Global Location Number),用来标识物流供应链的物理实体、功能实体和法律实体。法律实体是指供应链中合法存在机构,如:供应商、客户、银行、承运商等;功能实体是指法律实体内的具体的部门,如:某公司的财务部;物理实体是指具体的物理位置,如:建筑物的某个房间、仓库或仓库的某个门、交货地等。

GTIN、SSCC 和 GLN 为供应链各环节物流信息的跟踪标识提供了完整的方案。比如,供应链生产环节中需要标识的内容如图 6-8 所示,供应链物流环节中需要标识的内容如图 6-9 所示。

用来标识商品的 GTIN 和用来标识参与方和位置的 GLN 是全球数据同步的关键字。

GS1 条码标识系统在零售结算和库存管理中起到了非常重要的作用。但随着供应链管理和信息技术的发展,继条码技术之后产生了另一重要的信息采集技术,即产品电子标签(EPC)射频识别系统。作为 GS1 系统的重要组成部分,EPC 编码是以射频标签为数据载体的编码标准,完全兼容全球贸易项目编码,不同的是 EPC 提供给物理对象唯一标识,做到"一物一码",能通过计算机网络来标识和访问单个物品,便于实现对物品的实时追踪。

GS1 系统解决了信息的编码、采集问题,下一步就是信息在信息系统之间的交换问题。早期的电子数据交换只是贸易双方使用相互约定的协议、非结构化的数据在计算机上进行简单的数据传输,需要人工介入操作,不能满足快速发展的国际贸易的需求。随着计算机技术、通

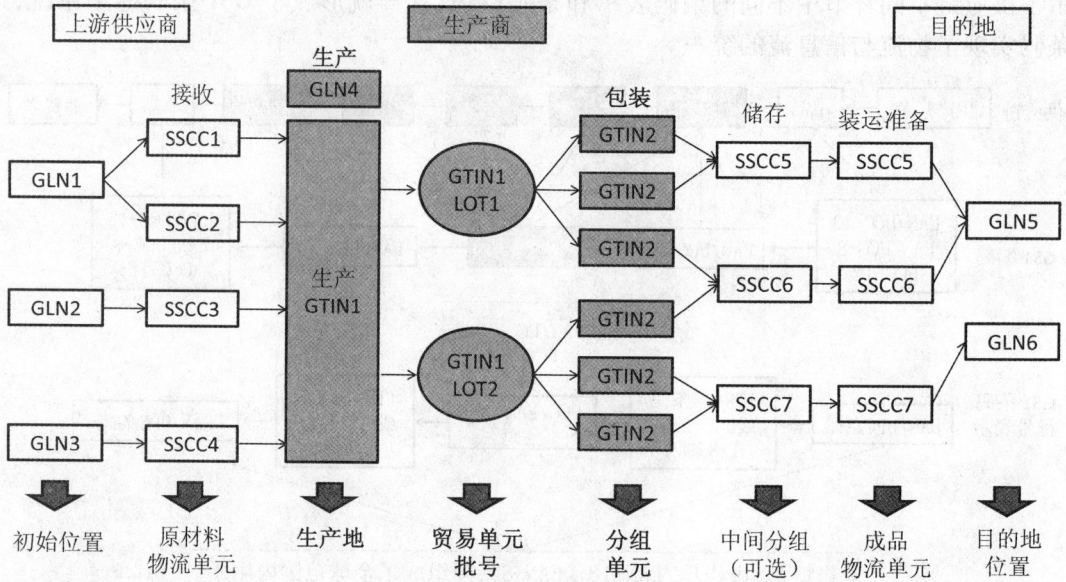

图 6-8　供应链生产环节中所需标识的内容

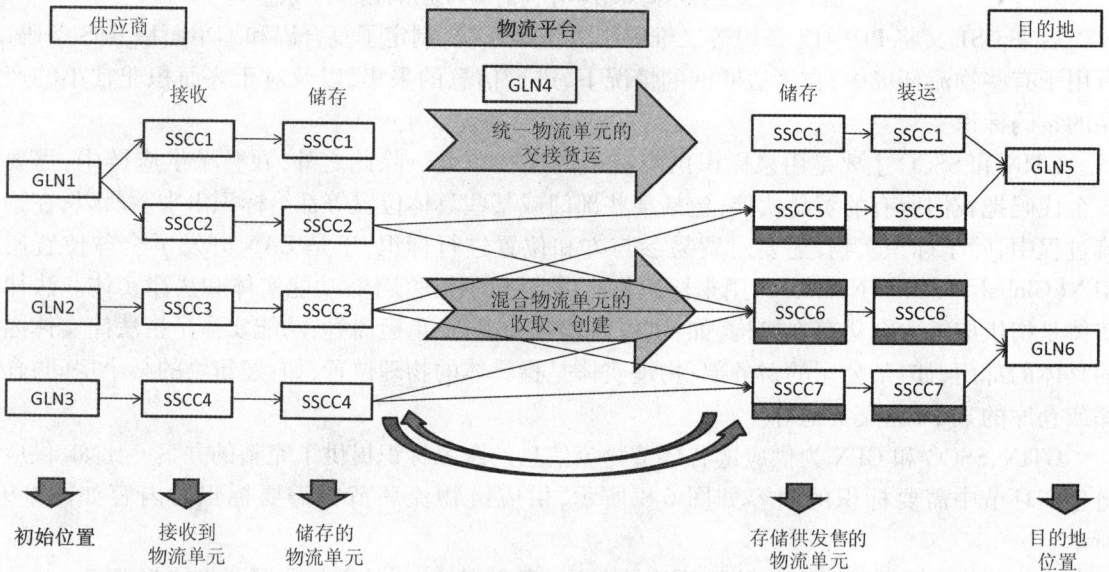

图 6-9　供应链物流环节中所需标识的内容

信技术的不断创新,电子数据交换技术不断向更高层次发展和应用,出现了使用在电信基本网络基础上的增值网络(VAN)交换贸易参与方相关业务信息的电子数据交换,即 EDI 电子数据交换。ISO 和联合国电子商务促进中心(UN/CEFACT)制定了一整套用于 EDI 电子数据交换的数据标准、格式标准和实施指南。

GS1 在 UN/CEFACT 标准的基础上制定了全球商业流通领域 EDI 电子数据交换标准化实施和解决方案。EDI 电子数据交换的出现改变了传统的贸易方式,贸易参与方间传输结构化、标准化的文件,数据从计算机到计算机自动传输,无须人工操作,自动处理和交换,出现了"零库存"和"无纸贸易"等供应链管理(SCM)的新理念,极大地提高了供应链的效率和效益。

GS1 系统 EDI 电子数据交换的特点是自动识别技术与电子数据交换技术相结合,自动识别、采集印在产品上的条码标签或货物上的物流条码标签,识读器自动读出条码符号所含的数字,数据自动输入计算机,物流和信息流同步,数据被各参与方信息化系统共享,进入计算机辅助订货系统、订单管理系统、自动收/发货处理系统、销售管理系统、库存管理系统、自动补货系统,实现商业自动化处理。

然而,由于 EDI 电子数据交换建立在功能单一的专用软硬件设施的基础上,当时网络技术的局限性和成本过高等因素限制了 EDI 电子数据交换应用的发展,使得许多中小企业望而却步。但是,EDI 电子数据交换对于电子数据交换技术向前发展做出了重大贡献,它改变了人们经营模式的传统理念,提供了定义贸易商务语义的实践经验,规范了业务过程和贸易数据基础信息,为后续电子数据交换技术的发展打下了坚实的基础。

随着信息技术的不断创新,伴随着人们对数字经济所产生的巨大经济效益认识的逐步深入,EDI 电子数据交换技术得到了进一步发展,从基于专用增值网电子数据交换向基于 Internet 的应用集成过渡,从 EDI 电子数据交换向基于 XML 标记语言的电子数据交换过渡。基于 Internet 的电子数据交换是指利用互联网、服务器体系结构和软件系统进行电子数据交换。互联网为电子数据交换提供了公共信息平台,将供应链上的各参与方连接在一起,彼此成为战略伙伴关系,共享信息资源,信息可以实时交换,系统用户范围扩大,用户使用简易,便于应用开发。尤其是中小型企业,不用购买和维护 EDI 软件,不用开发 EDI 应用程序接口(API),只需利用浏览软件即可应用和访问。

在 Internet 上使用 XML 标记语言描述信息的电子数据交换避免了不同协议、平台和结构带来的不便,各种协议、平台转换成公共语言 XML,通过互联网把用户及其应用程序有效地连接了起来,实现信息交换自动化和集成化。为此,UN/CEFACT 及推进结构化信息标准化组织(OASIS)共同制定了一套国际上一致认可的、由通用的 XML 语法和结构化文件组成的技术规范(ebXML)。

ebXML 吸取了 EDI 电子数据交换的实践经验,参考了 IETF(互联网工程任务组)、ISO、IEEE(电子电工协会)、IEC 和 OMG(对象管理组织)等国际标准化组织的标准和规范,伴随着计算机网络技术的高速发展,为企业使用互联网进行电子数据交换提供了开放的、跨行业的、可互操作的技术架构。

20 世纪 90 年代末期,GS1 系统就开始对基于 ebXML 的标准和技术规范进行研究,GS1 ebXML 解决方案方向上与 W3C 和 UN/CEFACT 一致,同时充分利用其自身全球通用商业语言的特点,形成了 GS1 系统完整的 ebXML 方法学和 GS1 ebXML B2B 电子商务实施方案。

GS1 ebXML 标准化解决方案根据 W3C XML 规范和 UN/CEFACT ebXML 的 UMM 方法学,把其实际的业务过程和 ebXML 语法完美地结合在一起,制定了一套由商务应用驱动的 ebXML 整合标准,并建立了 GSMP(全球标准管理程序),针对 ebXML 标准实施 GSMP 网上维护机制,进行全球标准的制定和全球动态维护。GS1 ebXML 实施方案的内容包括:GS1 建模方法学、GS1 核心组件方法学、GS1 XML 设计规则及 GS1 XML 传输架构。

GS1 ebXML 电子数据交换典型的应用包括 ebXML 商业报文标准(BMS)、高效消费者反映(ECR)和协作计划、预测和补货实施指南(CPFR)、全球数据同步网络(GDSN)等。

近年来，随着高新技术的发展，出现了集计算机技术、互联网技术、通信技术、自动识别技术于一体的新一代物联网进行电子数据交换的新技术。其原理是：把产品信息嵌入电子标签芯片中（即 EPC 系统），通过射频识别（即 RFID 技术），利用网络，实现整个供应链中产品的实时跟踪与信息的自动交换和共享，从产品的生产、销售直至最终用户，整个供应链的信息透明，产品信息实时准确地反映在贸易参与方的信息系统中，准确的信息流使供应链的各个环节、各个节点都可受益，这将极大提升供应链的效率，增强企业竞争优势。自动识别技术和电子数据交换技术的高速发展对信息产业、电子商务、物流、经贸乃至整个社会产生了巨大而深远的影响。

（二）全球数据同步和供应链解决方案

当前的全球数据同步是指主数据的同步。所谓的主数据，是指描述供应链中每个贸易项和参与方的数据集。在每个数据集中，每个贸易项由全球贸易项目代码 GTIN 唯一标识，每个参与方或位置由全球位置代码 GLN 唯一标识。

主数据包括中性主数据和关联性主数据。中性主数据是指在多个参与方之间共享的主数据（GTIN、贸易项描述、度量值、价格目录、GLN、地址等）。关联性主数据是指贸易伙伴双方彼此认可的数据（市场状况、价格与折扣、物流协议等）。

全球数据同步是指数据的发布者和数据的接受者及时并实时发送经认证的标准的主数据过程。主数据同步过程是简单电子商务的前提。主数据同步过程需要通过将 EAN · UCC 标准应用到供应链全过程中来实现。全球数据同步实施步骤如图 6-10 所示。

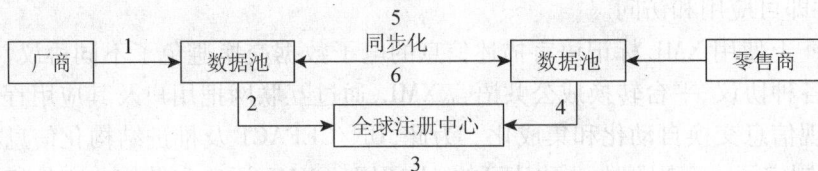

图 6-10　全球数据同步实施步骤

1. 全球数据同步的必要性

现代的供应商为了降低生产和物流成本，往往采取不同区域分散生产，或为就地取材或为分散风险而同时生产多种商品，或为降低库存成本而采用联合库存，这使得商品数据管理更为复杂，而准确、高效的数据处理及分析则是进行商品销售数据分析、了解客户或消费者的前提。在商务过程中，供应商迫切需要买卖双方信息系统互通，所收到的订单准确无误，发票与送货单或对账单一致，新品上市高效快速并可及时了解商品市场营销状况。

而从零售商角度来讲，当前的零售商经常要管理数万种商品，且因商品生命周期愈趋缩短，需要及时开发、引进新品以保持畅销并提高效率，因此商品数据文件的更新维护也成为极大的挑战。若以人工输入方式处理数据，差错和效率问题将会更加恶化。在商务过程中，零售商迫切需要供应商提供的产品数据完整无误，且以电子方式上传至内部系统；内部、外部数据无须重建或转档；可以很容易搜寻到新的商品或新的供应商或新商品库存位置；减少管理与发票核对的成本等。

实施全球数据同步，对生产企业来说，订单准确带来了高效率，订单履行流程顺畅，与零售商的协同工作能力增强，与承运人的合作更加高效。对零售商来说，数据信息的准确性提高改善了货物接收流程,剔除了由差错引起的相关成本。对物流商来说,物流信息采集容易、物流数据更加透明、物流信息跟踪管理容易,从而降低了很多物流管理成本。

总之,数据信息可获得性提高、数据整理更容易以及信息准确性的提高对品类管理的促进非常有价值的。它的价值不仅体现在以更有效的方式交换正确的信息,还体现在企业规划和分析时可以很容易地获得高质量的信息上,这些都构成了企业发展的潜力。最后,从供应链层面来看,格式与流程的一致性不仅提高了效率,也增加了供应链成员之间协同作业的机会。

2. 基于全球数据同步的供应链电子协同

所谓电子协同,是指供应链上的贸易伙伴,通过信息技术协同商务的过程。电子协同产生效用的先决条件是要促使交易伙伴核心数据的同步化作业。随着协同的复杂与信赖程度的提高,会产生更多可预期的效益。如图6-11所示。

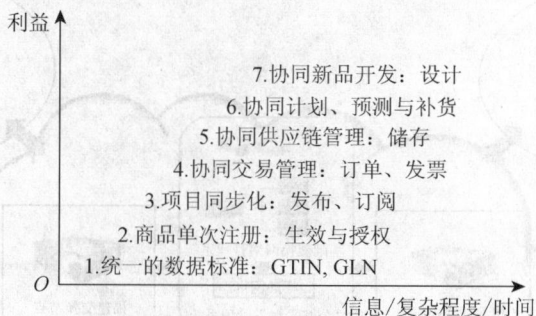

图6-11 数据同步化是供应链协同的基础

二、国家交通运输物流公共信息平台

作为一个国家级管理服务系统,国家交通运输物流公共信息平台(又称物流电子枢纽,以下简称 LOGINK 平台。网址:http://www.logink.org)是以提高社会物流效率为宗旨,以实现物流信息高效交换和共享为核心功能,由交通运输部和省级交通运输主管部门共同推进,连通各类物流信息平台、企业生产作业系统,统一信息交换标准、消除信息孤岛的面向全社会的公共物流信息服务网络。浙江省道路运输管理局牵头成立物流电子枢纽,负责 LOGINK 的建设和运维,LOGINK 亦代表中方参加东北亚物流信息服务网络(NEAL – NET,网址:http://www.nealnet.org)的建设。

(一)LOGINK 平台简介

LOGINK 平台名字由 logistics 和 link 两个单词组成,LOGINK 平台的标志由三个 L(logistics)组成,意为推进物流信息化的链接,致力建设围绕物流信息服务的物流电子枢纽。

LOGINK 平台的总体建设目标是构建覆盖全国、辐射国际的物流信息基础交换网络和国家平台门户,实现 LOGINK 平台与相关物流信息系统和平台之间可靠、安全、高效、顺畅的信息交换,实现行业内相关信息平台交换标准统一,提供公正、权威的物流相关公共信息服务,有效促进物流产业链各环节信息互通与资源共享。

LOGINK 平台基本特征如下:

公益性:不以营利为目的,主要为各物流信息服务需求方提供基础性公共服务;开放性:向全社会提供服务,不局限于特定行业、特定作业环节和特定服务对象;共享性:实现不同部门、不同行业、不同地区、不同物流信息系统间信息交换与共享,减少信息孤岛和重复建设。

LOGINK 平台是衔接相关行业和国际物流信息平台,包括区域平台(特指各地方交通运输主管部门主导建设的、提供区域性物流公共信息服务的平台)、企业平台(由企业主导建设,以满足企业自身物流业务需求或者向物流市场提供有偿信息服务为目的的企业物流信息平台)、相关政务信息系统(包括交通运输行业各类政务信息系统和其他行业相关政务信息系统)和相关国际物流信息系统(比如日本 COLINS 平台以及韩国 SP – IDC 平台)等,负责全网有效协调运行、实现信息交换与资源共享的桥梁。

LOGINK 平台布局方案如图 6-12 所示。

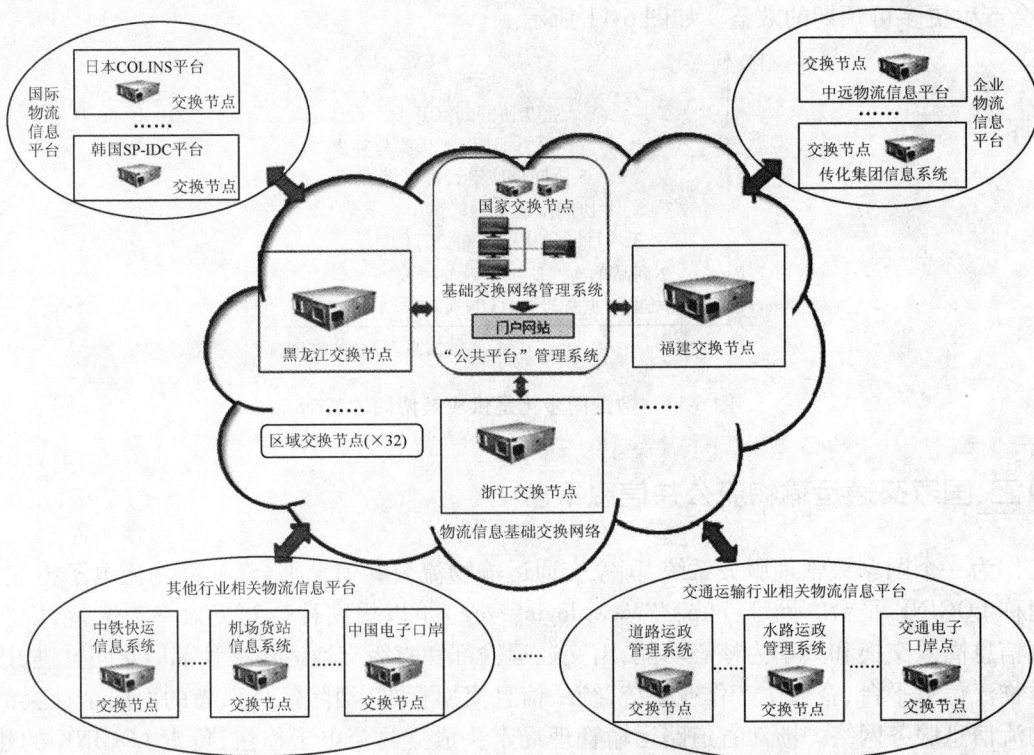

图 6-12　LOGINK 平台布局图

LOGINK 平台技术框架包括 4 个层面、2 套体系。其服务对象包括各类平台及最终用户两部分,为物流行业相关信息平台提供数据交换与服务整合功能,并通过国家平台门户为相关企业直接提供各类信息服务。其技术框架如图 6-13 所示。

平台展现层是指国家平台门户,是物流公共信息服务资源的集中展现。平台交换层是指物流信息基础交换网络所能覆盖的平台节点与外部交换节点。平台管理层是指基础交换网络管理系统,包括注册与审核、交换对象及规则管理、标准管理及维护、交换节点信息同步、网络运行监控等功能。基础设施层是支撑平台运行的信息化基础设施,包括数据中心及镜像中心,以及所依托的互联网、物联网等网络基础设施。

标准规范体系是为实现 LOGINK 平台基础交换功能所必须明确制定并要求各参与方遵循的技术应用和管理保障规范的集合。

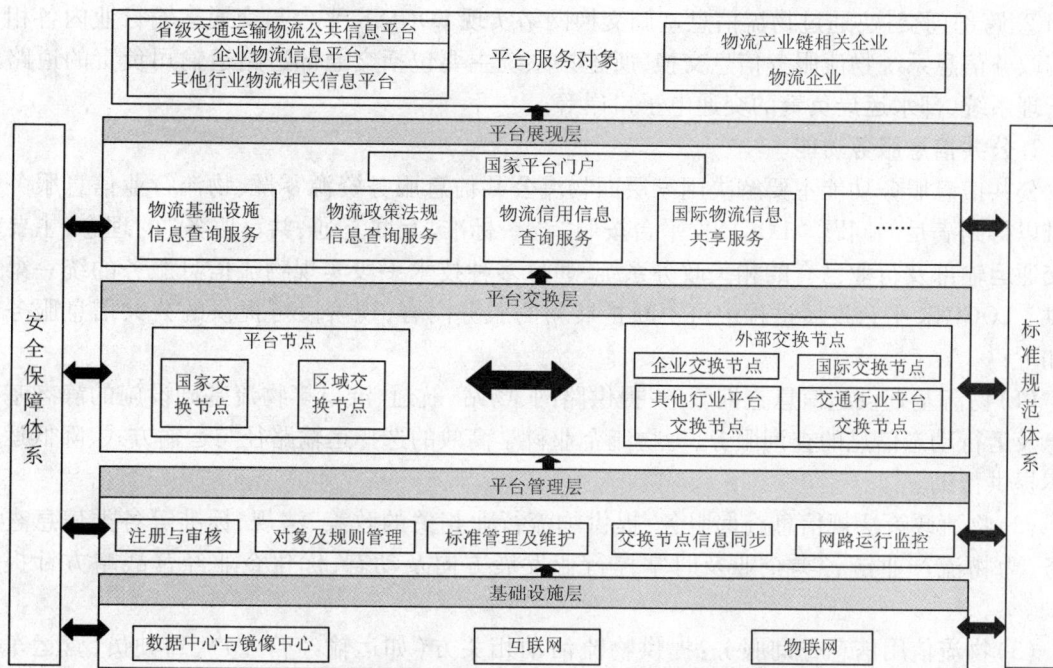

图 6-13 LOGINK 平台技术框架

随着 LOGINK 平台的不断发展,涉及的领域及受众面越来越广泛,需要从技术及管理等方面建立完善的安全保障体系,以维护 LOGINK 平台正常运作、保证数据安全。根据《信息安全等级保护管理办法》,结合 LOGINK 平台的主要功能及所涉及的信息内容,LOGINK 平台国家级管理服务系统安全保护级别定为三级,区域交换节点安全保护级别定为二级。

（二）LOGINK 平台总体功能和主要服务内容

LOGINK 平台主要完成基础交换和公共信息服务两大功能。

1. 基础交换功能

基础交换功能主要解决跨国、跨行政区域、跨行业、跨部门的各类物流公共信息平台和物流产业链上下游企业之间缺乏统一数据交换标准、信息孤岛、信息传递效率低、集成能力低、交换成本高等问题。具体功能如下：

（1）物流业务数据交换

① 跨区域交换：实现各类物流信息平台跨区域的数据交换,交换内容主要包括物流产业链相关企业间业务单据信息、异地车货源信息、从业人员或企业物流活动历史记录信息、异地危险品运输信息等。

② 跨国交换：实现我国与其他国家的物流信息共享,交换内容主要包括港口集装箱状态信息、参与跨国运输的船舶动态船期信息等。

（2）物流公共信息服务数据交换

① 跨行业交换：通过物流信息基础交换网络实现交通运输行业与其他行业的物流相关服务信息交换,交换内容主要包括海关部门的通关状态信息、公安部门的人员身份信息、工商部门的物流企业注册信息等。

② 跨部门交换:通过物流信息基础交换网络实现 LOGINK 平台与交通运输行业内各相关部门政务信息系统物流服务信息交换,所连接系统主要包括交通部道路运输司负责的道路运政管理系统、部水运局负责的交通电子口岸等。

2. 公共信息服务功能

公共信息服务功能主要解决国家层面物流公共信息服务资源零散、物流行业信息服务需求难以得到满足的问题。LOGINK 平台按照"统一标准、互联互通、共享服务"的理念,主要依托交通运输部及行业已有的相关政务系统,通过多种技术手段实现物流信息服务的统一渠道提供。LOGINK 平台发展过程中可不断扩展新的服务内容,现阶段可提供的公共信息服务内容如下:

(1)物流基础设施信息查询服务:提供路网、场站、航道、港口等物流基础设施的静态基础信息及运行动态信息的查询服务,为物流企业科学高效的选择运输路径与运输方式、降低运输成本提供帮助。

(2)物流政策法规信息查询服务:提供物流行业相关的政策、法规、标准等各类信息查询服务,为物流产业链各类企业及时掌控行业发展方向及动态、优化企业经营战略方针提供帮助。

(3)物流信用信息查询服务:提供物流活动相关方(如运输经营业户、驾驶员、营运车辆等)的身份、资质、信用信息查询服务,从而打破物流市场交易中的信息不对称、不透明,为物流业诚信体系的逐步构建奠定基础。

(4)国际及港澳台地区物流信息共享服务:提供国际及港澳台地区物流信息共享服务功能,实现包括港口集装箱状态、船期动态等信息的共享交换功能。

截至 2014 年 1 月 1 日,LOGINK 平台已发布的服务主要包括相关标准、基础交换、物流管理软件、公共应用、物流产业链信息互联等五大类,为将这些服务更好地推向物流及相关行业,将所有服务集中发布,统称 L2000,具体包括:

(1)相关标准

交通运输物流公共信息平台相关标准是为各参与方实现数据交换和公共应用服务而统一制定并要求遵循的技术应用标准和管理规范的集合。目前提供的平台标准版本为《交通运输物流公共信息平台标准 3.1 版本》,其具体内容见本节第三部分 LOGINK 标准体系。

(2)基础交换服务

基础交换服务是 LOGINK 平台的基础和核心,是企业间数据交换和社会资源整合的基础保障,为物流产业链各环节企业提供中立、开放、安全的数据交换,主要包括单据交换和服务调用。

(3)物流管理软件

目前提供的物流管理软件包括普通运输管理软件、小件快运通用软件、集装箱运输管理软件、仓储管理系统、物流基地通用软件、国际货代管理系统、物流移动终端软件等。

(4)公共应用服务

公共应用服务是依托基础交换网络所构建的一系列增值服务系统,一方面实现物流信息资源的开发利用,服务物流行业,以产生更大社会效益与经济效益;另一方面以服务促交换,吸引更多用户加入基础交换网络,从而形成"交换→数据积累→服务→更多交换"的良性循环与可持续发展局面。

目前提供的公共应用服务主要包括信用共享、物流跟踪、行业监测、物流资源和公共信息。

（5）物流产业链信息互联服务

随着社会分工的细化与专业化程度的提高，企业间的竞争已经不再是单个企业之间的竞争，而将逐渐转向供应链和供应链之间的竞争。拼价格的时代已经过去，将来的企业关系将以拼服务为主，注重竞争和合作。更好的服务、更低的成本、更大的效率，将会成为评价企业的基本指标。为了进一步增强企业自身的竞争力，就要跳出企业自身，以物流产业链为着眼点，加强合作伙伴之间的联系，实现伙伴间信息的无缝连接和交换，从而进一步提高供应链的反应速度和效率，加强物流产业链的管理水平，节省成本，提高效率。

LOGINK平台的外部系统互联服务的目的就是为了消除行业的物流信息黑洞，为物流产业链各参与方提供系统互联和信息共享的通道，为物流产业链核心企业实现整个物流产业链的整合提供咨询、工具和服务。

（三）LOGINK平台标准体系

LOGINK平台上开发和应用了众多的物流相关信息系统，涉及不同的业务和服务范围，包括集装箱运输、散货运输、小件快运、仓储、货物运输代理、物流基地等，还提供货物跟踪、车货交易、集装箱双重系统、公共信息发布、信用中心、危险品运输监管、园区通、订舱报文传递等一系列应用和服务，为了实现各系统之间互联互通，制定了一系列的标准和规范，供参与方开发系统和接入平台时遵循。

LOGINK平台标准总体框架见图6-14所示。

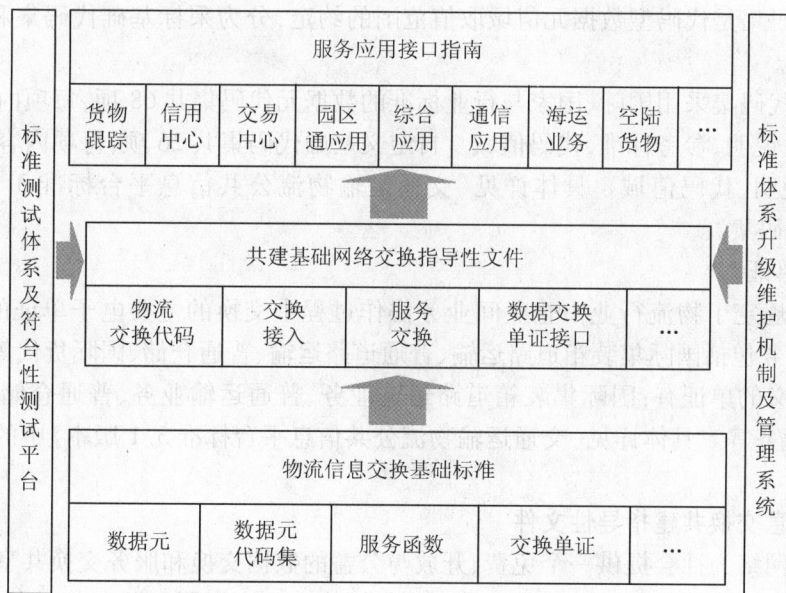

图6-14 LOGINK平台标准总体框架

1.物流信息交换基础标准

该标准适用于交通运输物流行业和共建各省。该标准在广泛采用ISO、UN/CEFACT等国际标准组织推荐的物流信息化标准以及国家和行业信息化、物流信息化相关标准基础上，围绕物流服务信息交换的需求，经过总结和扩展进行编制。

物流信息交换基础标准主要包括:数据元、数据元代码集、交换单证。

(1)数据元

数据元是用一组属性描述其定义、标识、表示和允许值的数据单元。在特定的语义环境中数据元被认为是不可再分的数据最小单位。定义数据元主要能统一数据交换标准和规范,为不同系统的数据交换构筑数据共享的基础。

数据元共有9个类目分组,包括:

① 服务数据元、单证、参考;

② 日期、期限;

③ 参与者、地址、地点、国家;

④ 条款、条件、术语、说明;

⑤ 金额、费用、百分比;

⑥ 计量标识符、数量(非货币量);

⑦ 货物和物品的描述与标识符;

⑧ 运输方式、工具和设备;

⑨ 其他数据元。

标准按照上述9个类目分组分别列出交通运输物流公共信息平台的主要数据元,对于每个数据元给出中文名称、英文名称、内部标识符、定义、对象词、特性词、表示词、数据类型、数据格式、值域等内容。具体详见《交通运输物流公共信息平台标准3.1版本》中的《2.2数据元》。

(2)数据元代码集

数据元代码集是代码型数据元值域取值范围的约定,分为采标基础代码集和自定义基础代码集两类。

采标基础代码集采用国际、国家与行业标准的数据元代码集共68项,每项内容主要包括:数据元标识符、说明、参考标准、代码值域。自定义基础代码集共26项,每项内容主要包括:数据元标识符、说明、代码值域。具体详见《交通运输物流公共信息平台标准3.1版本》中的《2.4数据元代码集》。

(3)主要单证

主要单证规定了物流行业中企业间业务协作过程中交换的主要电子单证的报文结构和XML定义。业务包括国际集装箱道路运输、普通道路运输、普通仓储、国际货代等。

目前已定义的单证有:国际集装箱道路运输业务、普通运输业务、普通仓储业务、货代业务、CFS仓库业务等。具体详见《交通运输物流公共信息平台标准3.1版本》中的《2.5主要单证》。

2.物流信息交换共建指导性文件

共建基础网络为社会提供一个免费、开放与公益的数据交换和服务交换共享平台,为行业提供物流数据交换和服务整合的功能。共享平台网络由一个根服务器和若干个交换服务器组成,其中根服务器对标准、用户、数据路由、服务登记和检索等进行管理,交换服务器为企业提供数据交换功能,服务整合服务器为企业提供服务注册索引、信息服务中介的功能。共建指导性文件适用于交通运输物流行业和共建各省,给共建单位提供技术导向。共建指导性文件主要包括:申请物流交换代码、交换技术接入和标准代码接口。

（1）申请物流交换代码

加入基础交换网络，物流产业链各参与方需要一个数据交换的唯一标识符，在此定义为物流交换代码，应用在接入基础交换网络的软件或系统上。物流交换代码类似企业的地址，参与数据交换时，须知道对方的物流交换代码。物流交换代码绑定在某个交换服务器上，交换服务器会为物流代码提供数据存放空间，用户也可将物流交换代码自由迁移到不同的交换服务器上。物流交换代码还可以组建群组。

物流交换代码由数字序列字符（最小 3 位，最大 16 位）组成，由管理中心自动生成，分为代码和子代码两类。代码和子代码只是管理上存在逻辑关系，并没有上下级区别，两者都可独立参与交换。子代码由拥有物流交换代码的企业自行创建。一般而言，一个业务系统就需要一个物流交换代码。企业有多个物流信息系统可通过子代码的方式解决数据交换问题。

物流交换代码申请步骤如下：

①申请：填写正确信息注册，自动获取。管理中心将对填写的信息进行审核。

②配置：通过配置，可以对一些参数进行设置，以方便使用。

③管理：可以对自己的物流交换代码进行管理，如更改密码设置、更改企业信息等。

④注销：请谨慎使用本项，物流交换代码注销后将无法使用服务。

具体详见《交通运输物流公共信息平台标准 3.1 版本》中的《3.1 共建指导性文件：物流交换代码》中关于物流交换代码的介绍。

（2）交换技术接入

交换接入规定了企业接入数据交换中心所遵循的技术要求和约束，包括交换认证、交换传输、数据类型、数据格式和错误代码等内容。

基础交换网络采用 Web service 技术，遵循的技术规范有：WSDL（Web Services Description Language，一个用来描述 Web 服务和说明如何与 Web 服务通信的 XML 语言）、SOAP（Simple Object Access Protocol，一种轻量的、简单的、基于 XML 的协议，它被设计成在 Web 上交换结构化和固化的信息。SOAP 可以和现存的许多因特网协议和格式结合使用，包括超文本传输协议（HTTP），简单邮件传输协议（SMTP），多用途网际邮件扩充协议（MIME）。它还支持从消息系统到远程过程调用（RPC）等大量的应用程序。WS‑Security（一种提供在 Web 服务上应用安全的方法的网络传输协议）等，并且提供一整套 API［Application Programming Interface，操作系统留给应用程序的一个调用接口，应用程序通过调用操作系统的接口而使操作系统去执行应用程序的命令（动作）］，使物流管理软件或外部系统快速接入基础交换网络。具体详见《交通运输物流公共信息平台标准 3.1 版本》中的《3.2 共建指导性文件：交换接入》。

（3）标准代码接口

标准代码即平台制定的数据元和代码集标准，具体内容参照《交通运输物流公共信息平台标准 3.1 版本》中的《2.2 数据元》和《2.4 基础标准代码集》。通过标准代码接口可以进行数据元版本比对、数据元下载、代码集下载，从而将软件系统中的业务标准与平台制定的标准进行映射，达到企业间业务互联互通的目标。具体详见《交通运输物流公共信息平台标准 3.1 版本》中的《3.3 共建指导性文件：标准代码接口》。

3. 服务与应用接口指南

物流信息交换服务和应用接口是针对平台提供的公共服务调用的接口规范。根据平台上不同的应用，包括货物跟踪应用、信用中心应用、交易中心应用、园区通应用、综合应用、通信业务应用等分别提供相应的服务接口,供各接入系统调用。具体详见《交通运输物流公共信息平台标准 3.1 版本》中的《服务和应用指南:4.1 货物跟踪应用接口、4.2 信用中心应用接口、4.3 交易中心应用接口、4.4 园区通应用接口、4.5 综合应用接口、4.6 通信业务应用接口》。

除此之外,目前正在研究制定或待发布之中的还有标准体系升级维护机制及管理系统、标准测试体系及符合性测试平台等规范。

LOGINK 平台涉及道路运输企业、仓储企业、货代企业、船公司、港口、场站、海关等多种类型的角色,服务的范围覆盖全国,面向国际。为适应信息化方方面面的要求,平台的标准应具有需求驱动并对需求做出快速应答的能力。而要具备这一特点和能力,仅靠传统意义上的标准制修订模式是难以实现的,需要建立新型的标准维护管理模式,有效地支持共享平台对标准化提出的要求。具体内容包括:

(1)建立标准维护管理体系。在广泛分析 ISO/IEC、UN/EDIFACT、WCO 等国际标准的维护模式,以及我国国家标准管理办法的基础上,建立标准的维护管理方法体系,建立与之相适应的维护模式、维护机构、维护程序,最终形成一套平台标准的维护管理方法体系。

(2)标准维护管理平台。开发标准维护管理平台,一方面,作为标准工作讨论、修改、扩展的研究工具;另一方面,作为正式发布、用户查看以及下载平台,从而加快标准的推广应用。

平台基础交换网络的数据交换中心、服务交换中心需要严格按照标准进行研究与开发。标准的真正价值在于执行。为了对标准的执行进行检查监督,做到有标准必依,执行标准必严,需要针对上述各类软件,建立一套行之有效的测试程序和方法,对所研发或者改造后的软件是否符合平台标准进行诊断,给出标准符合程度的结论,并为用户的改进提供具体的意见和措施,从而促进平台在全国范围的推广应用。具体内容包括:

(1)标准符合性测试方法。针对不同的软件、不同的标准,分析平台标准符合性测试的内容,建立一套行之有效的标准符合性测试程序和方法体系。

(2)标准符合性自动测试平台。在标准符合性测试方法研究的基础上,提出标准符合性自动测试平台,为标准测试人员提供有效、便捷的工具,提高标准符合性测试的自动化水平。

练习题

6.1 请解释以下概念的含义:
射频识别技术(RFID),电子数据交换(EDI),物流定位系统,地理信息系统(GIS),智能交通系统(ITS),供应链物流管理,全球贸易项目代码(GTIN),系列货运包装箱条码(SSCC),全球位置码(GLN)。

6.2 请简述按提供的功能所划分的物流管理信息种类。

6.3 请简述国家标准《GB/T 23830—2009 物流管理信息系统应用开发指南》所推荐的物流管理信息系统构造模型及主要功能模块。

6.4 请简述全球数据同步的内涵。

6.5 请简述国家交通运输物流公共信息平台(LOGINK)总体功能和主要服务内容。

6.6 案例分析题
西班牙高街品牌 ZARA 正在加快在华扩张步伐,计划将门店开至三、四线城市。日前,

ZARA 全球执行总裁艾海肃在为上海南京西路店装修后重新开业揭幕时,进一步向《时代周报》记者证实,该计划正处于商讨阶段。"如果当地有一个很好的选址,而且消费者有需求的话,我们会在三四线城市开设我们的店。"截至目前,ZARA 已经拥有超过 1 750 家店铺,遍布在全球 86 个市场主要城市的商业中心。2007 年,ZARA 正式进入中国大陆市场并迅速在大陆崛起,目前在全国已拥有门店 400 多家——这在 ZARA 的全球店铺中的比例惊人。其中北京、上海两大一线城市已超过 40 家之多,短短 6 年时间,ZARA 已经进入大陆 53 个城市,覆盖了 21 个省份、四大直辖市。仅 2012 年,ZARA 在中国市场就增加了超过 120 家门店,这些新扩张的门店基本都集中在一、二线城市。如今,ZARA 已经嗅到三、四线城市市场的商机,当然,挑战也伴随左右。

请基于《物流管理信息系统应用开发指南》(GB/T 23830—2009),分析识别出 ZARA 总部物流管理信息系统可能需要的功能模块。若有不同于标准框架的系统构成或功能模块,需要解释和说明。

运作篇

第七章　供应链环境下企业物流运作

引导案例

　　某公司从事纸杯等纸餐具的生产和销售。该公司拥有国内最先进的一次性环保型纸杯生产流水线 20 条,厂房 6 000 多 m²,年产纸杯 2.5 亿只以上,是餐具行业中颇具影响力的企业。现在该公司主要生产一次性纸质冰激凌杯、冷热杯、快餐杯、餐盘、欧美式快餐连锁店成套餐具及食品包装等。该公司采用先进的技术设备和进口原料,以科学的配方研制开发出不同规格的一次性纸杯,并且可以根据用户的不同需求,定做不同规格的专用杯,可在纸杯杯体上印刷客户所需的各种图案和文字,产品具有防水、防油、耐热、不渗漏,无污染、无异味、强度好、质感好、可自然降解、用料广泛、回收价值大等特点。该公司生产的产品质量稳定可靠、美观大方,广泛用于快餐、酒楼、车站码头、保险、民航、医疗、金融、电信、政府机关等企事业单位。

　　在市场一片欣欣向荣的同时,李总发现他的工作变得越来越不轻松了,虽然公司各个部门工作都很努力,但他感到这种努力有时候并没有带来理想的结果。上周销售部门报上来的报表显示 5 盎司和 8 盎司的冰激凌纸杯及 16 盎司的大饮料杯严重缺货,不得不追加生产,这样既影响了销售业绩也不利于控制生产成本;而同时会计部门报告,4 盎司冰激凌纸杯和 9 盎司的饮料杯已经严重积压,需要尽快处理。由于不能对纸杯市场的需求做出相对准确的预测,该公司已经并且正在付出缺货和积压的代价。计划部门的刘部长跟他反映过好几次这方面的情况,言下之意希望其他部门给予计划部门工作更多的配合,尽量提供稳定的相关数据,减少计划部门反反复复的计划修改工作。刘部长的要求好像也是合理的,李总也希望改变这种局面,他找到销售部门的张部长一起探讨解决办法。但是,张部长认为,市场预测工作确实很重要,但是市场在不断的变化,预测工作需要用到很专业的数理知识和大量的数据,这项工作对销售部门来说可能是勉为其难,销售部暂时真的没有这样的人能担此重任,而他本人除了努力将产品销售出去之外,真得不好讲各种型号的纸杯需求量到底是多少。张部长希望计划部门能将这个任务担当起来,销售部门可以大力配合。张部长是李总的得力干将,从公司成立开始就一直跟着他,虽然学历不高,但在市场开拓工作上张部长做得很好,李总对他非常信任和爱护。这样,每次排生产计划之前,李总只好先根据销售部上月提供的报表,再通过他本人对市场的预计,估计本月的生产数据,交给计划部做生产计划。因为要处理的事情非常多,并且销售部不断汇报上来市场新的变化动向,他有时候不得不要求计划部对已经做好的计划进行重排。虽然他也很不希望出现这样的情况,但是,计划就是不如变化快,李总也只好经常"拍脑袋"了。

　　可是,公司的产品品种不断增多,纸杯的市场需求结构变得越来越复杂,李总靠"拍脑袋"解决问题的压力越来越大。很显然,尽管他在这类事情上花费了巨大的精力,还是改变不了同时发生产品缺货和积压的情况。这种情况必须要得到妥善的解决,李总想到计划部的刘部长刚给他反馈的追加600万只纸杯的原材料短缺问题,眉头不禁紧锁起来,这个周末的办公例会应当重点讨论一下这个问题。

请思考一下该公司应如何运作物流? 如何协调供应链?

了解企业供应链各节点的作用以及相互之间的关联性,理解拉动式和推动式供应链运作模式,掌握供应链协同计划与控制方法是本章的主要目的。

通过本章的学习,学员能够了解、掌握:

★ 企业仓储系统功能和仓储方案的选择

★ 库存管理相关概念和管理目标

★ 企业库存运作的两种基本模式

★ 基本库存控制模型

★ EOQ 和 EPQ 模型的相关内容

★ 企业运输与配送的运作方法

★ 企业综合计划的制订步骤与方法

★ 供应链中的协同计划与控制方法

★ 供应链协调中的企业物流

第一节 企业仓储及其系统

企业是否需要仓储? 如果产品需求已知,且又能及时供给以满足需求,那么,从理论上讲,就不需要仓储。但是,实际上,需求往往是无法准确预测的,而且即使产品的供需趋于完全一致,但也需要生产即刻做出反应,要求运输完全可靠,且不存在运送时间。对于一个企业来讲,在任何合理成本范围内,这都是不可能的。因此,企业要用存货来更好地平衡供需,降低总成本。而要存货,就会对仓储产生需求。因此,与其说仓储是一种必要的活动,不如说是一种经济的便利活动。仓储成本具有经济上的合理性,因为它们能平衡运输和生产—采购成本。也就是说,借助仓储功能,企业常常可以通过调整经济生产批量和生产顺序来降低生产成本。利用仓储,企业可以避免因需求模式不确定和产品多样性而造成的产出不稳定。另外,仓储功能也可以扩大运输批量以降低运输成本。

一、企业仓储的主要原因

1. 降低产品生产成本

产品生产成本与企业生产运作计划(包括生产批量、生产顺序等)密切关联。为了有效地提高生产效率,降低生产成本,企业不可避免地对不同产品需要不同的存货。

2. 降低运输成本

产品运输成本与运输批量大小密切关联。运输和仓储成本之间的悖反性是物流行业显而易见的事实。

3. 生产需要

产品生产过程包括劳动过程(加工过程)和自然过程。其中,自然过程一般都是以仓储形式存在的,比如,有些产品(如酒类)在生产过程中,需要储存一段时间使其变陈。仓库不仅在这一生产阶段通过储存功能以满足生产需要,而且对于那些需要纳税的商品而言,保税区域内的仓储活动又可以因推迟纳税时间而能降低生产和仓储成本。

4. 营销需要

市场营销部门经常考虑的是市场是否可以随时得到产品。仓储可以使产品更接近客户,缩短供货时间,提高客户服务水平,以增加销售量。

5. 协调供需

有些产品的生产极具季节性,但需求比较稳定,比如农产品及其加工品;而有些产品的需求极具季节性,若想供需平衡,则生产成本又过高,此时,就需要仓储,以降低总成本的同时,协调供需。

二、仓储系统的功能

仓储系统主要有两大功能:储存功能和搬运功能。储存即指货物在仓库里堆存一段时间;搬运即指装货、卸货以及货物在仓库内不同地点之间的移动及拣货等活动。根据在供应渠道所起作用的不同,仓储系统的业务可能包括保存、集中(将零星货物集中成较大批量的运输单位)、拆装(以低费率大批量运输的货物运进仓库后,再根据客户的需要以小批量送到客户手中)、流通加工(以低费率大包装货物运进仓库后,再根据客户的需要加工成小包装送到客户手中)以及混装(将一个客户的多样化货物混合在一起运输,以提高运输批量)等。

三、仓储方案

企业对其供应渠道中各仓储系统如何运作一般有四种基本方案:自营仓库、长期租赁、短期租用和在途储存。这四种方案进行不同组合可以产生出几乎无穷的多种方案。

在具备一定资本、需求量大且稳定或者需要特殊仓储技术的情况下,自营仓库能使企业更好地进行管理控制,且成本更低、灵活性更高。

企业租用仓库时一般都租用公共仓库。公共仓库是为满足大多数公司的需求而进行设计的。因而,与自营仓库相比,公共仓库在仓库结构布局上和多功能设备的使用上更加标准化。公共仓库也有很多优势,其中的一些优势刚好和自营仓库相反,比如,没有固定投资、选址灵活以及降低成本(由季节性存货带来的自营仓库利用率低下或管理不当导致自营仓库成本较高时)等。

租赁仓库是介于短期租用公共仓库和长期自营仓库之间的一种折中的选择。租赁仓库的优点是可以从仓库所有者那里得到较低的租金。然而,由于使用者必须保证在特定租期内支付租金,所以可能丧失了一定的选址灵活性。但对于使用者而言的好处是使用者可根据租期的长短对存储空间和相关的运作活动进行管理和控制。

在途存储是指货物处于运输途中在运载工具之上的时间。这是一种特殊的仓储形式,需要与运输方式或运输服务的选择相协调。因为不同的运输方案意味着不同的运送时间,所以物流管理人员有可能通过选择适当的运输服务大幅度降低,甚至消除对常规仓储的需要。该方案对那些拥有季节性库存,并要经过长距离运输的公司来说更具吸引力。

四、仓库的搬运系统

仓库的搬运系统是企业选择仓储方案必须考虑的因素。如果选择公共仓库,首先要考虑的就是公共仓库的搬运系统与本公司的搬运系统是否协调一致;如果选择自营仓库,则必须考虑搬运效率。货物搬运效率的改善主要与以下问题有关:

1. 产品包装及其尺寸规格

产品包装是指在流通过程中,为了保护产品、方便运输、促进销售而采用的容器、材料、辅助物及其采用过程中施加一定技术方法等的操作活动。包装之所以成为物流的重要环节,并在国民经济中得到迅速发展,主要源于包装的独特功能。包装具有保护性、单位集中性及便利性三大特性,基于这三大特性,使包装具有三大功能,即保护商品、提高生产率、信息传递。

货物经过包装,特别是实行标准化包装,使货物包装的尺寸、重量、形状标准化,既利于实现装卸搬运作业的机械化,又利于提高运输工具的装卸效率,还便于在储存过程中堆码、摆放、计量等,使各环节作业效率大大提高。此外,货物包装容器上标有鲜明的标记,以指导产品的装卸和运输,便于商品的识别、清点和验收入库,有利于减少货损和货差,减少各流通环节的作业时间,加快商品流转,降低流通费用。

制定产品包装尺寸规格的主要依据为物流模数体系,如图7-1所示。根据国家标准《物流术语》(GB/T 18354—2006)中的定义,物流模数是指"物流设施与设备的尺寸基准"。物流模数作为物流系统各环节的标准化的核心,是形成系列化的基础。依据物流模数进一步确定有关系列的大小及尺寸,再从中选择全部或部分,确定为定型的生产制造尺寸,这就完成了某一环节的标准系列。比如,日本工业标准 JIS 规定的"输送包装系列尺寸",就是以 1 200 mm × 1 000 mm推算的最小尺寸为200 mm ×200 mm 的整数分割系列尺寸确定的。

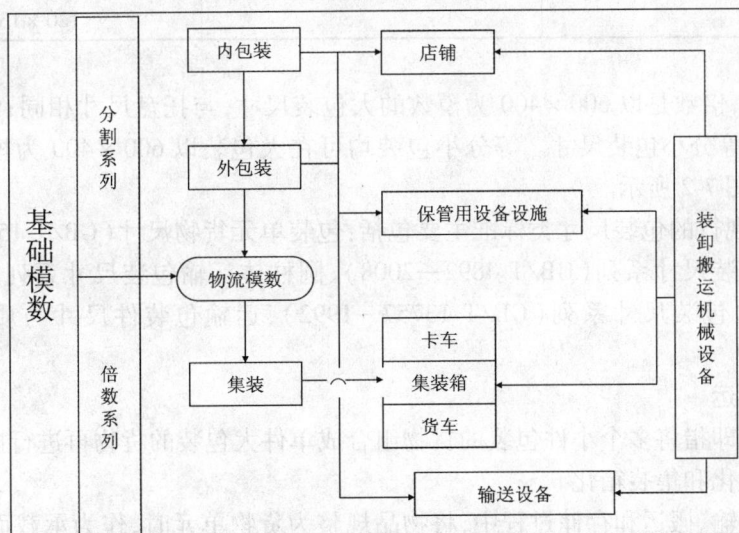

图 7-1 物流模数体系

物流基本模数是物流系统各标准尺寸的最小公约尺寸。在基本模数尺寸确定之后,各个具体的尺寸标准都要以基本模数尺寸为依据,选取其整数倍为规定的尺寸标准,基本模数尺寸确定后,只需在倍数中进行标准尺寸选择,便可作为其他尺寸的标准。

物流基本模数尺寸的作用和建筑模数尺寸相似,考虑的基点主要是简单化,是设备的制造、设施的建设、物流体系中各环节的配合协调、物流系统与其他系统配合的依据。目前 ISO 中央秘书处及欧洲各国已基本认定 600 mm×400 mm 为基本模数尺寸。

ISO 于 1975 年公布以 600 mm×400 mm 的底面积(模数)为基础的一系列刚性长方形运输包装尺寸。其原则是运输包装的有效外部尺寸(长和宽)可通过用一个整数乘或除标准底面积而求得,如表 7-1 所示。运输包装的高度可根据需要自由选择。

表 7-1　运输包装尺寸　　　　　　　　　　　　　　　　单位:mm

模数	倍数	约数
600×400		600×400
	1 200×1 000	300×400
		200×400
	1 200×800	150×400
		120×400
	1 200×600	600×200
		300×200
	1 200×400	200×200
		150×200
	800×600	120×200
		600×133
		300×133
		200×133
		150×133
		120×133

在表 7-1 中,倍数是以 600×400 为模数的大包装尺寸,与托盘尺寸相同;约数为以 600×400 标准底面积等分小包装尺寸。等分小包装均可在大包装以 600×400 为模数的集装托盘上组合排列,如图 7-2 所示。

另外,我国现行的包装尺寸类标准主要包括:包装单元货物尺寸(GB/T 15233—2008)、硬质直方体运输包装尺寸系列(GB/T 4892—2008)、圆柱体运输包装尺寸系列(GB/T 13201—1997)、袋类运输包装尺寸系列(GB/T 13757—1992)、运输包装件尺寸与质量界限(GB/T 16471—2008)等。

2. 成组化装运

成组化装运即指将多个小件包装的货物组合成单件大包装的货物再进行搬运。其中最普遍的做法是托盘化和集装箱化。

托盘是在运输、搬运和存储过程中,将物品规整为货物单元时,作为承载面并包括承载面上辅助结构件的装置。托盘作为物流产业中最为基本的集装单元,随着产品在生产企业、物流企业、零售企业和用户之间流通,它与产品生产线、产品包装、叉车、货架、公路铁路运输车辆、轮船、集装箱和仓储设施等许多方面均有较为严格的尺寸匹配关系。作为重要的物流器具,托盘贯穿于现代物流的各个环节,是最基本的集装单元。托盘国际标准共有 6 种,其中,

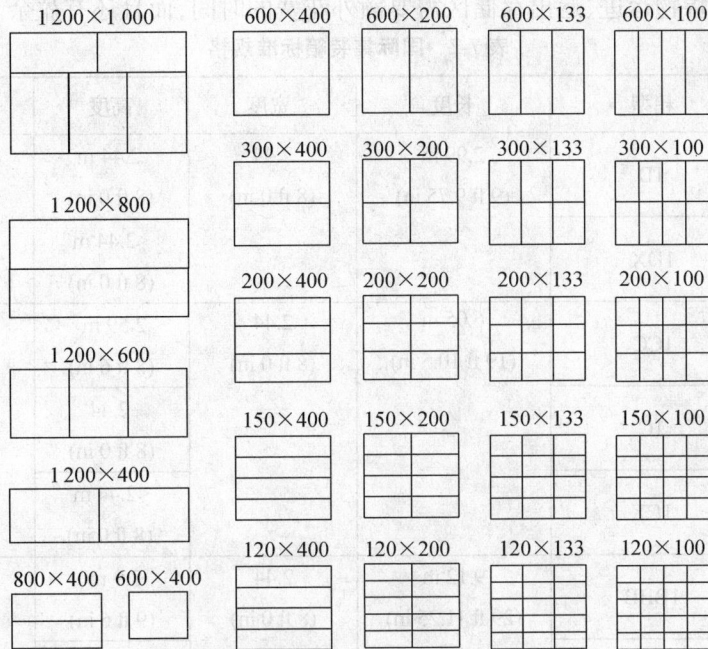

图 7-2 运输包装尺寸组合排列

1 200 mm×800 mm 和 1 200 mm×1 000 mm 是欧洲常用的标准;1 140 mm×1 140 mm 是澳大利亚的标准;1 219 mm×1 016 mm 是美国的标准;1 100 mm×1 100 mm 是日本的标准;1 067 mm×1 067 mm 是欧美的标准。我国托盘标准有两种:1 200 mm×1 000 mm 和 1 100 mm×1 100 mm,其中明确优先推荐 1 200 mm×1 000 mm。托盘化有助于使用标准化机械化的搬运设备来搬运各种各样的货物。托盘化还促进成组化装运,提高每工时货物搬运的重量和数量。采用托盘,货物在仓库内可堆码得更稳固、更高,从而提高了仓容利用率。

集装箱是实现成组化装运、协调货物搬运系统的理想工具。集装箱是一个可储存、运输货物的大容器。集装箱的水密性好,铅封后可以保证安全,无须进行常规仓储。集装箱货物可堆放于露天货场,可用标准化货物搬运系统对其进行搬运,并且在不同的运输方式之间很容易进行转换。集装箱尺寸的标准化是集装箱能否被广泛使用的关键。国际标准集装箱是根据国际标准化组织第 104 技术委员会制定的国际标准来制造的标准集装箱。现行的国际标准为第 Ⅰ系列共 13 种,宽度相同(2 438 mm),长度有 4 种(12 192 mm、9 125 mm、6 058 mm、2 991 mm),高度有 4 种(2 896 mm、2 591 mm、2 438 mm、<2 438 mm),如表 7-2 所示。

在 ISO 体系中的 1CC 型集装箱,是钢制普通货物集装箱中最具有代表性的一种箱型,在集装箱作业量统计中所使用的标准箱 TEU 单位,就是以它作为基础的换算单位。一般来说,长 20 ft,宽和高均为 8 ft 的集装箱作为一个标准箱 TEU,即 1CC＝TEU。

3. 仓库布局

仓库内存货的位置会直接影响到仓库内移动的所有货物的总搬运费用。搬运成本与仓容利用率之间的平衡是仓储管理所追求的目标。仓库布局必须要考虑存储空间和拣货问题。

如果货物周转率低,那么可以优先考虑仓库存储区的布局,即仓储的货位可以宽而深,堆码高度可达天花板,货位间的通道也可以狭窄。当然,这种形式的布局必须能使存储空间的充分利用,可以补偿货物运进、运出存储区需要额外花费的时间,而且还有盈余。

表7-2　国际集装箱标准规格

规格	箱型	长度	宽度	高度	最大总质量
3 m (10 ft)	1D	2.99 m (9 ft 9.75 in)	2.44 (8 ft 0 in)	2.44 m (8 ft 0 in)	10 160 kg
	1DX			<2.44 m (8 ft 0 in)	
6.1 m (20 ft)	1CC	6.05 m (19 ft 10.5 in)	2.44 (8 ft 0 in)	2.59 m (8 ft 6 in)	20 320 kg
	1C			2.44 (8 ft 0 in)	
	1CX			<2.44 m (8 ft 0 in)	
9.1 m (30ft)	1BBB	9.12 m (29 ft 11.25 in)	2.44 (8 ft 0 in)	2.9 m (9 ft 6 in)	25 400 kg
	1BB			2.59 m (8 ft 6 in)	
	1B			2.44 m (8 ft 0 in)	
	1BX			<2.44 m (8 ft 0 in)	
12.2 m (40 ft)	1AAA	12.2 m (40 ft 0 in)	2.44 (8 ft 0 in)	2.9 m (9 ft 6 in)	30 480 kg
	1AA			2.59 m (8 ft 6 in)	
	1A			2.44 m (8 ft 0 in)	
	1AX			<2.44 m (8 ft 0 in)	

如果货物周转率高,那么仓库布局必须综合考虑拣货方案、订单履行时间以及搬运成本等因素。由于仓库通常的货流模式是:货物入库时的单位大于出库时的单位,拣货时间与收货和存储货物所花费的时间不成比例,因此,拣货问题就成为仓库布局的主要决定因素。拣货区布局、拣货工具(如移动货架、传送带、拖缆、扫描仪和其他货物搬运设备等)的选用、拣货运作方案等都将影响拣货时搬运货物的时间。

4.选择存储设备

存储和货物搬运必须要协调考虑。适宜的存储设备不仅有利于仓容量的充分利用,而且也能提高货物搬运的效率。比如,品种较多,而且数量较少的储存货物,如果一个一个地堆码效率会很低,但若利用货架则可从地面到顶棚进行堆码,且底层货物与顶层货物都可以方便地拿取。当然周转量大的货物尽量放在货架靠近底层的地方以减少存取货物的时间。

另外,还可以选用货架箱、水平和垂直衬板、储藏箱以及 U 型架等辅助设施,有助于有序地存放和搬运不规则形状的货物。

5. 选择搬运设备

根据专业化程度和所需手工作业程度的不同,仓库中装卸、拣货及搬运设备的差异很大。总的来讲,搬运设备可以分为三大类:手工搬运设备(如两轮手推车、四轮平板车等)、动力辅助设备(如吊车、叉车、升降机和起重机等)和全机械化设备(如自动存取系统)。

货物搬运系统中,一般是几种设备同时结合使用,很少单独使用某一种设备。其中,托盘—叉车搬运系统以其高灵活性和低投入而广受欢迎,而且,托盘可以使各种货物用标准的搬运设备进行搬运。但自动存取系统,除非仓库有大量的、稳定的货物量,否则很难收回该系统所需的巨额投资,而且,在未来产品组合、产量以及仓库选址方面都不够灵活,一旦机器发生故障,整个系统就会瘫痪。当然,如果有合适的环境来开展系统的运作,那么完全机械化的仓库将比任何其他类型的货物搬运系统都更有潜力降低运作成本、提高拣货速度。

五、仓储系统的成本和费率

任何企业都必须支付仓储系统的费用,该费用或者是由外部提供仓储服务的企业按费率收取,或者是由企业自营仓库的特定货物存储和搬运系统产生的内部成本。为了对不同仓储系统的成本有总体了解,这里介绍四种不同的仓储系统:公共仓储、手工搬运的租赁仓储、使用托盘—叉车搬运系统的自营仓储、自动化搬运的自营仓储等。每一种仓储系统反映出不同水平的固定成本和可变成本,如图 7-3 所示。

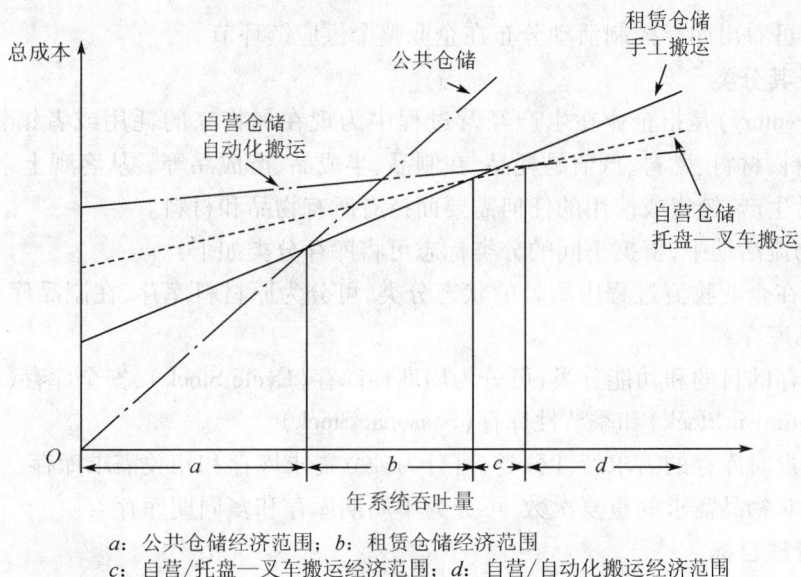

a:公共仓储经济范围;b:租赁仓储经济范围
c:自营/托盘—叉车搬运经济范围;d:自营/自动化搬运经济范围

图 7-3 四种候选仓储系统的一般总成本曲线

第二节　库存管理概述

库存管理是与库存物料计划与控制有关的业务。库存频繁出现在仓库、堆场、商店库房、运输设备和零售商店的货架上。持有这些库存每年耗费的成本约合其价值的 20%～40%。因此,仔细地对库存水平进行控制很有经济意义。

一、库存及其管理

大多数生产运作过程都伴随着物料流动。从各种原材料供应商到消费者的合理有效的物料流不仅能满足消费者的需求,而且有利于提高企业的利润。图 7-4 所示为典型的、经过简化的生产企业的物料流。

采购·外协 —— 仓库保管 ———— 加工·装配·保管 —— 运输·保管 ———— 销售

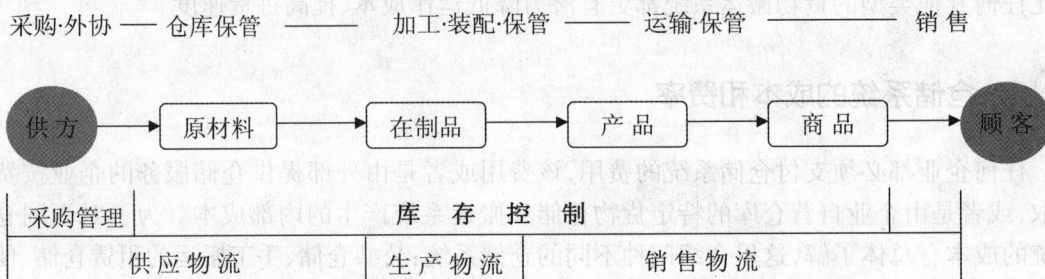

图 7-4　典型的生产企业物料流

从图 7-4 可看出库存控制活动分布在企业整个供应链环节。

1. 库存及其分类

库存(Inventory)是指企业在生产经营过程中为现在和将来的耗用或者销售而储备的资源,包括原材料、材料、燃料、低值易耗品、在制品、半成品、产成品等。从客观上来说,库存是指企业用于今后生产、销售或使用的任何需要而持有所有物品和材料。

在企业物流活动中,根据不同的分类标志可将库存分类如下:

(1)按其在企业物流过程中所处的状态分类,可分为原材料库存、在制品库存、维护/维修库存和产成品库存。

(2)按库存的目的和功能分类,可分为周期性库存(Cycle Stock)、安全库存(Safety Stock)、在途库存(In-transit Stock)和季节性库存(Seasonal Stock)。

(3)按用户对库存的需求特性分类,可分为独立需求库存和相关需求库存。

(4)根据对物品需求的重复次数,可分为单周期库存和多周期库存。

2. 库存管理目标

在企业物流活动的各个环节中,合理的库存起着一定的缓冲作用,并可以缩短物流活动的实现时间,加快企业对市场的反应速度。在企业接到顾客订单后,当顾客要求的交货时间比企业从采购材料、生产加工到运送货物至顾客手中的时间(供应链周期)要短时,就必须预先储存一定数量的该物品,来填补这个时间差,也就是需要通过库存来保证一定期间内期望数量产

品有现货供应以满足客户要求,而这种现有存货满足需求的能力可以表现为客户服务水平。以此可以定义为:

客户服务水平 = 1 − (每年产品缺货件数的期望值/年需求总量)

从另外一个方面来看,库存物品要占用资金,发生库存维持费用,并存在库存积压而产生损失的可能。因此,既要利用库存加快企业物流各环节的快速实现,又要防止库存过量,占用大量不必要的库存资金,这就成为库存管理的主要目标。在产品的现货供应能力(客户服务水平)与支持该现货供应能力的成本(库存成本)之间进行权衡,以最合理的成本为用户提供所期望的服务水平(如图 7-5 所示)。

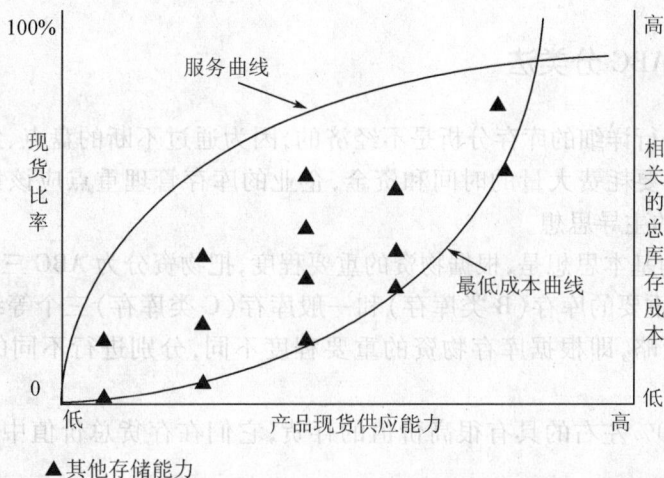

图 7-5　库存计划设计曲线

然而,客户往往会同时需要一种以上的产品,因此,人们可能更关心订单完全履行的概率,而不仅仅是单一产品的服务水平。例如,假设某订单订购六种产品,每种产品的服务水平是0.98,即只有 2% 的缺货可能性。那么,没有任何一种产品缺货,该订单得以履行的概率是:$0.98 \times 0.98 \times 0.98 \times 0.98 \times 0.98 \times 0.98 = 0.89$。

来自众多客户的大量订单都表明任何一张订单都可能订购多个品种的商品组合。因而客户服务水平更好的表示方法为平均订单履行率,即计划期内所有订单履行率的平均值。

库存相关成本可以分两类,变动费用和固定费用。变动费用随着库存量的增加而增加,分摊到单位产品上的费用不变;固定费用不随库存量的增加而变动,分摊到单位产品中的费用随着库存的增加而减少。

(1)随库存量增加而增加的成本。它主要包括:资金的成本、仓储空间成本、物品变质和陈旧、税收和保险等相关成本。

(2)随库存量增加而减少的成本。它主要包括:订货成本、调整准备成本(Setup Cost)、购买成本和加工成本、生产管理成本、折旧费用及缺货损失成本等。

(3)库存总成本。计算库存总成本一般以年为时间单位。归纳起来,年库存成本包括四项:年维持库存成本(Holding Cost,C_H)、年订货成本(Reordering Cost,C_R)、年购置成本(Purchasing Cost,C_P)、年缺货损失成本(Shortage Cost,C_S)。

若以 C_T 表示年库存总成本,则:

$$C_T = C_H + C_R + C_P + C_S \tag{7-1}$$

129

除此之外,库存管理还包括以下几个评价指标:

(1)平均总库存额(Average Aggregate Inventory Value)。它反映一定时期内,保有的所有物品的平均库存。平均总库存额 =(期初库存额 + 期末库存额)/2。

(2)供应周数(Weeks of Supply)。它反映库存周转时间。供应周数 = 平均总库存额/平均每周销售成本。

(3)库存周转率(Inventory Turnover)。它反映库存周转速度。库存周转率 = 年销售额/平均库存额。根据平均库存额来自于原材料库存额,或在制品库存额,还是产成品库存额,来反映原材料库存周转率、在制品库存周转率和产成品库存周转率。

二、库存管理 ABC 分类法

对所有物品都进行详细的库存分析是不经济的,因为通过不断的盘点、发放订单、接受订货等工作来维持库存要耗费大量的时间和资金,企业的库存管理重点应该集中在重要物品。这就是 ABC 分类法的主导思想。

ABC 管理方法的基本思想是,根据物资的重要程度,把物资分为 ABC 三级,即特别重要的库存(A 类库存),较重要的库存(B 类库存)和一般库存(C 类库存)三个等级,然后对每类库存使用不同的管理策略,即根据库存物资的重要程度不同,分别进行不同的管理,确保管理效率。

A 类存货是指 10% 左右的具有很高价值的存货,它们在存货总价值中所占比例在 70% 左右。

B 类存货是指 20% 左右的具有中等价值的存货,它们在存货总价值中所占比例在 20% 左右。

C 类存货是指 70% 左右的具有很低价值的存货,它们在存货总价值中所占比例在 10% 左右。

价值的大小是衡量物品重要程度的尺度,也就是说,一种价格低但用量大的物品可能比价格高但用量极少的物品重要。

将物品进行 ABC 分类,其目的在于根据分类结果对每类物品采取适宜的管理措施,因此,ABC 分类的依据并不唯一。虽然年使用量和价值是确定一个存货分类系统时最常使用的两个评价指标,但是其他指标也同样可以用来对存货进行分类。比如,缺货后果、供应的不确定性、过期或变质的风险等。

另外,ABC 分析理论要求分为三类,但在实际中可以根据实际情况分为五类或六类。而且,在进行 ABC 分析时,所选择的分析时间也是非常重要的,应选择能反映真实情况的时间段,通常以年为分析的时间段。因此,在进行分析时,要对诸如采购困难、可能发生的偷窃、预测困难、物品的变质或陈旧、仓容需求量的大小和物品在生产和经营上的需求情况等问题认真考虑,以便进行适当的分类。

总之,ABC 分类的目的在于提高管理效率和经济效益。能够结合实际、灵活应用,实现管理目标才是 ABC 分类的真正本意。

第三节 企业库存运作

企业库存运作主要有两种基本类型:拉动式运作和推动式运作。如图7-6所示。前者是以控制本存储点库存水平为目的,独立于渠道中其他所有仓库,不考虑各个仓库不同的补货量和补货时间对生产与采购成本节约的影响,只考虑本存储点因素,预测需求并决定补货量的一种运作类型。此种运作类型在供应渠道零售环节特别普遍,超过60%的耐用消费品和将近40%的非耐用消费品都采用该模式补货。后者是以协调生产批量、经济采购量或最小订货量为目的,综合考虑渠道中所有仓库,根据每个存储点的需求预测、可用空间或其他因素,分配补货量的一种运作类型。一般情况下,当采购或生产的规模经济收益超过由拉动式运作而实现的最低总库存水平所带来的收益时,就可以采用推动式运作类型。此种运作类型可以集中管理库存,利用生产和采购规模经济来决定库存水平以降低成本,从总体需求的角度进行预测,然后分摊到每个存储点来提高准确性。

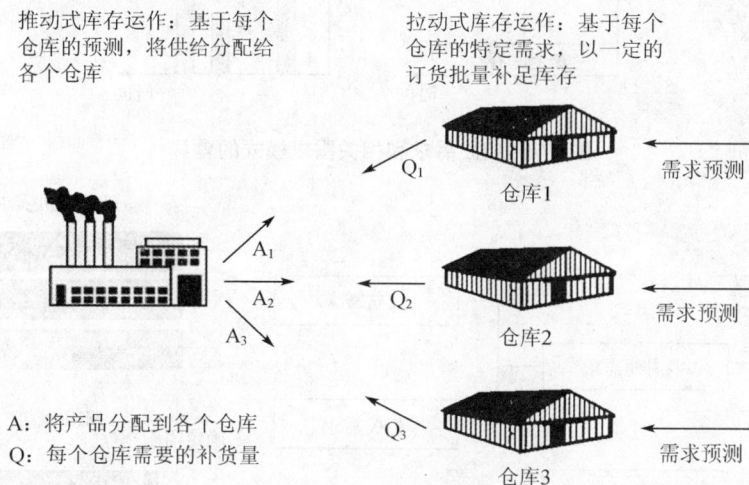

图7-6 企业库存运作两种基本模式

📢 一、企业库存拉动式运作

根据前述定义,拉动式库存运作是以满足本存储点客户需求为主要目的,通过权衡本存储点客户服务水平和库存成本来主动决定补货量的一种运作类型。显然,不同需求模式对应的库存控制方法与关注点也会不同。

(一)需求模式与库存控制方法

根据需求模式(如图7-7所示)的不同,库存控制方法差异很大。其中,影响库存控制方法的需求模式主要有三种分类方法:一是根据物品需求的重复次数,分为单周期需求和多周期需求;二是按用户对库存的需求特性,分为独立需求(取决于顾客需求而不受制于其他物料的需求)和相关需求(受制于其他生产项目的需求);三是根据需求确定与否,分为确定需求和随机需求。独立需求和相关需求是针对多周期需求进一步划分的结果。不同需求采用的库存控制方法有很大不同。独立需求一般采用定量订货库存模型(也称固定量订货库存控制模型或 Q 模型)、定期订货库存模型(也称固定间隔期订货库存控制模型或 P 模型)和最大—最小库存模型(即 Q 模型和 P 模型的混合物),相关需求主要借助 MRP 系统来控制。而单周期需求主要需确定 1 次订货量,主要采用的方法是期望损失最小法、期望利润最大法和边际分析法等(如图 7-8 所示)。

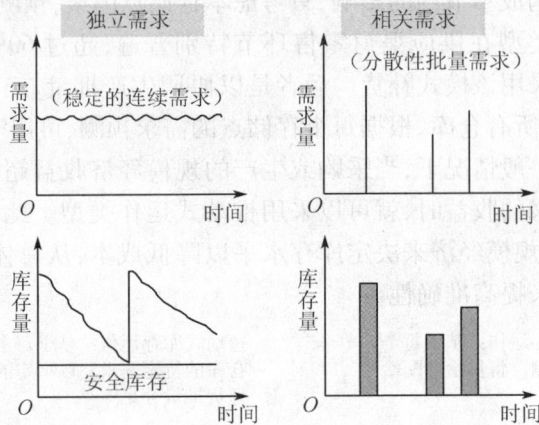

图 7-7 独立需求和相关需求模式的差异

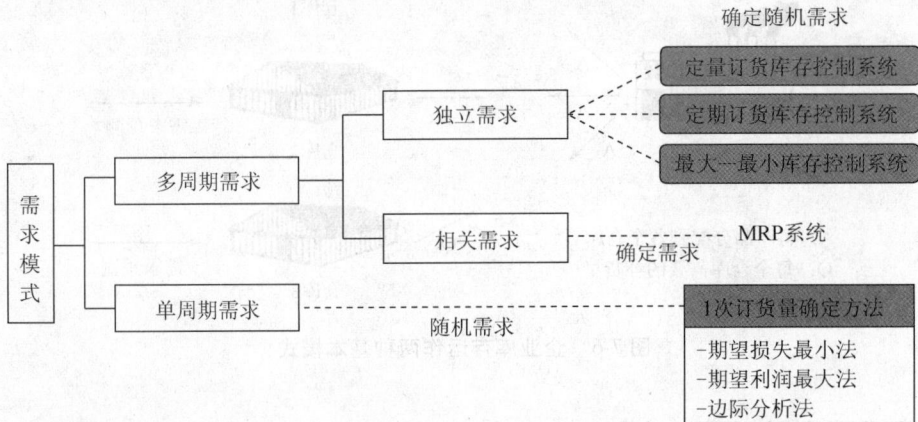

图 7-8 不同需求模式相对应的库存控制方法示意图

(二)多周期独立需求库存控制模型

在库存控制系统中,库存活动可以用库存曲线表达,它是库存管理的基础,如图 7-9 所示。从图 7-9 中可以直观推断出:

(1)由供给和需求活动得到的库存曲线,即为库存水平在一段时期随供给和需求变化的曲线;

(2)到货的时间点(图 7-9 中的 TS 点)和数量(图 7-9 中的 Q 点);

(3)订货的时间点,即图 7-9 中当库存到达 ROL 水平时对应的时间点;

(4)为防止供应和需求的不确定性而设立的安全库存,即图 7-9 中的 SS;

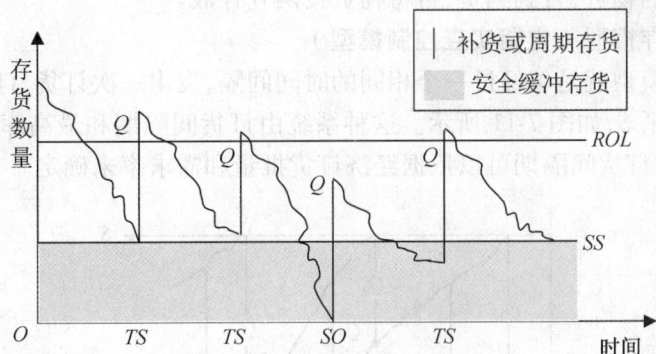

图 7-9 库存曲线

（5）缺货时间点，即图 7-9 中的 SO 点。

在不同情况下，库存曲线表现出来的特征是不同的。这里，主要介绍三种基本库存模型，即定量订货库存模型、定期订货库存模型和最大—最小库存模型。

1. 定量订货库存模型（连续实查控制模型）

所谓定量订货库存模型，就是订货点和订货量都为固定量的库存控制系统，如图 7-10 所示。

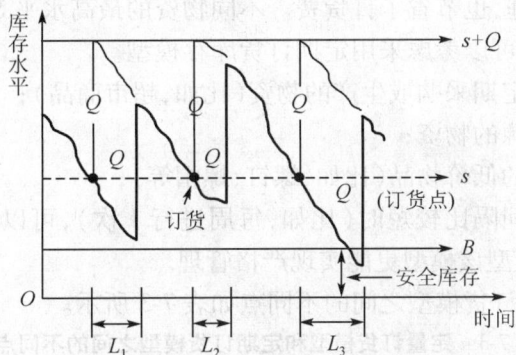

图 7-10 定量订货库存模型

当库存控制系统的现有库存量降到订货点（s）及以下时，库存控制系统就向供应厂家发出订货，每次订货量（一般为经济订货批量）均为一个固定的量 Q。经过一段时间，我们称之为提前期（Lead Time，用 L 表示），所发出的订货到达，库存量增加 Q。订货提前期是从发出订货至到货的时间间隔，其中包括订货准备时间、发出订单、供方接受订货、供方生产、产品发运、产品到达、提货、验货、入库等过程。显然，提前期一般为随机变量。

定量订货库存模型又称为连续实查控制模型，因为在这种系统中，要随时将库存余量与订货点作比较，决定是否发出订货。随时实查库存量，虽然增加了管理工作量，但它使得库存量得到严密的控制。因此，定量订货库存模型一般适用于实查工作和保持记录比较容易的物品与需要严密控制的重要物品，而且，有时也可适用于虽然占用资金不高，但因需求起伏不大，可以简化实查工作量的 B 级或 C 级物品。

为了减少管理工作量，可采用双仓系统（Two Bin System）。所谓双仓系统，是将同一种物资分放两仓（或两个容器），其中一仓使用完之后，库存控制系统就发出订货。在发出订货后，就开始使用另一仓的物资,直到到货,再将物资按两仓存放。

2. 定期订货库存模型(定期实查控制模型)

定期订货库存模型就是每经过一个相同的时间间隔,发出一次订货,订货量为将现有库存补充到一个最高水平 S,如图7-11所示。这种系统由订货间隔期和最高库存数量这两个变量所完全确定。其中,订货间隔期可以依据经济订货批量和需求率来确定。

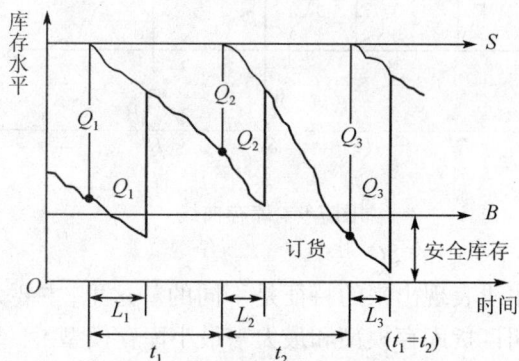

图7-11 定期订货库存模型

定期订货库存模型不需要随时检查库存量,到了固定的间隔期,各种不同的物资可以同时订货。这样,既简化了管理,也节省了订货费。不同物资的最高水平 S 可以不同。

具有下列特点的物资可以考虑采用定期订货库存模型。

(1)需要定期盘点和定期采购或生产的物资(比如,超市商品);

(2)具有相同供应来源的物资;

(3)没必要连续实查的低价物品(比如,螺钉、螺帽等);

(4)实查间隔和订货间隔比较短时(比如,每周进行1次),可以适用于重要度高的A级品。因为,此时,比起Q模型该模型更能实现严格管理。

定量订货模型和定期订货模型之间的不同点如表7-3所示。

表7-3 定量订货模型和定期订货模型之间的不同点

内容 ＼ 模型	定量订货库存模型	定期订货库存模型
特 点	定量,不定期	定期,不定量
订货时间	不定期	定期
订货量	固定量(经济订货量)	不定量(最大库存量—现库存量)
库存实查方式	随时实查	定期实查
确定安全库存需要考虑的因素	订货提前期内需求变动状况 订货提前期变化状况	订货提前期和订货间隔期内需求变动状况 订货提前期变化状况
安全库存量	较低	较高

虽然定量订货库存模型可以对每种产品的库存进行精确控制,因而实现最低相关总成本,但该方法有一些经济上的弱点。比如,每种产品可能在不同的时间进行订货,因而失去了联合生产、联合运输或联合采购带来的成本节约。在管理上,定量订货库存模型要求时刻监控库存

水平。而定期订货库存模型则可以在同一时间对多种产品的库存水平进行核查,从而进行联合订货。虽然定期订货库存模型会导致库存水平略有上升,但持有成本的上升可能远低于管理成本的降低、价格和/或采购成本的下降。而且,定期盘点容易管理并使人员工作量更平均,也可从同一供货来源订购多种产品在节约运输成本的同时也有利于供方生产批量的决策。

3. 最大—最小库存模型

最大—最小库存模型是定量库存模型和定期库存模型的混合物。最大—最小库存模型的运行过程可叙述为:每隔固定的时间就检查库存并确定库存余额,当库存小于或等于订货点时就发出订货,否则,就等到下一个订货点。订货量等于最高库存水平和库存余额之差。该系统由实查周期 t、最高库存水平 S 和订货点 s 三个变量所完全确定,如图 7-12 所示。

和定期订货模型相比,最大—最小库存模型由于不一定在每次实查时都订货,故订货次数较少,从而可节省订货费。但若实查周期很长时,最大—最小模型与定期订货模型没有区别。

最大—最小模型可能需要相当大的安全库存,若在检查时的库存水平稍高于订货点,则安全库存期需要两个订货间隔期再加上前置时间。可按类似于定期订货系统的方法确定实查周期,订货点由安全库存量加整个前置时间与实查周期内的期望需求量组成,安全库存则通过分析在包括前置时间和实查周期的时期内发生的需求量的偏差来确定。

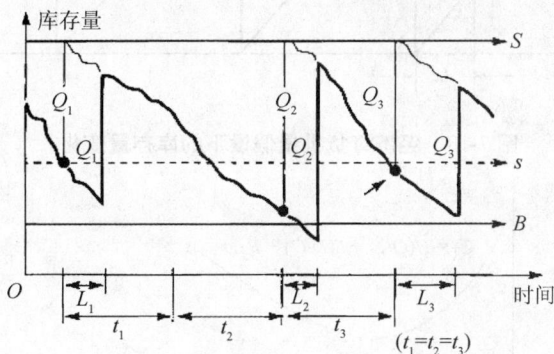

图 7-12 最大—最小库存模型

(三)经济订货批量和生产量的确定

在库存相关成本中,库存成本可以分两类:一类是随着库存量的增加而增加;另一类是随着库存量的增加而减少。因此,可以找到一个最佳库存量的点,使库存总成本最低。这就是经济订货批量或生产量概念的来源,它对确定适宜库存水平起非常重要的作用。

1. 经济订货批量模型

经济订货批量(Economic Order Quantity,EOQ)模型最早是由 F. W. Harris 于 1915 年提出的。该模型有如下假设条件:

(1)需求率和订货提前期均为固定的确定量;

(2)一次订货量无最大最小限制;

(3)采购、运输均无价格折扣;

(4)订货费与订货批量无关;

(5)维持库存成本是库存量的线性函数;

（6）不允许缺货（不需要安全库存）；

（7）补充率为无限大，全部订货一次交付；

（8）采用定量订货库存模型。

从以上假设条件可以看出，EOQ 模型适合于需求比较稳定的情况，对需求变化比较大的情况，并不适用。EOQ 模型历史比较长，其一直受企业界欢迎的主要原因是计算上的方便性。

在以上假设条件下，库存量的变化如图 7-13 所示。从图 7-13 可以看出，系统的最大库存量为 Q，最小库存量为 0，不存在缺货。库存量按年需求量为 D 的固定需求率 d 逐渐减少。但库存量降到订货点 RL 时，就按固定订货量 Q 发出订货。经过一固定的订货提前期 LT，新的一批订货 Q 到达（订货刚好在库存变为 0 时到达），库存量立即达到 Q。显然，平均库存量为 $Q/2$。

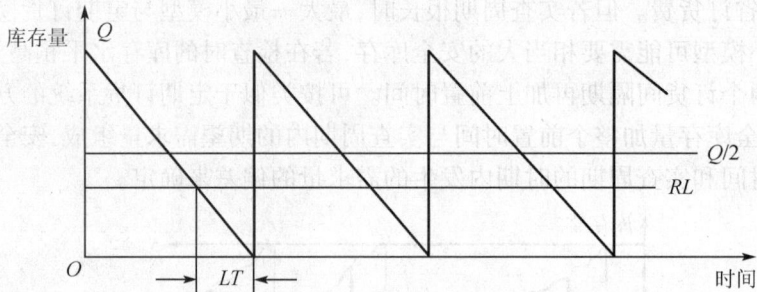

图 7-13　经济订货批量假设下的库存量变化

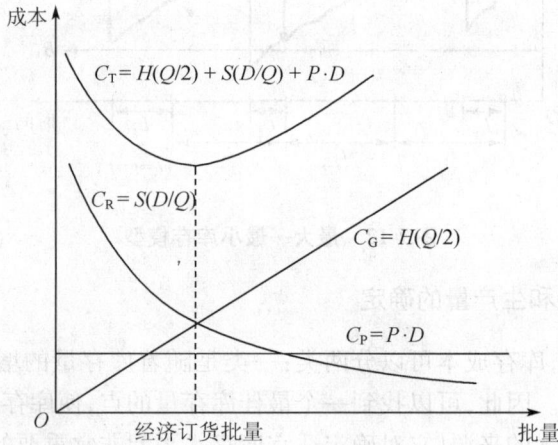

图 7-14　经济订货批量模型

在 EOQ 模型的假设条件下，式（7-1）中 C_S 为零，C_P 与订货批量大小无关，为常量，因此，

$$C_T = C_H + C_R + C_P = H(Q/2) + S(D/Q) + P \cdot D \tag{7-2}$$

式（7-2）中，S 为一次订货费或调整准备成本；H 为单位维持库存成本，$H = P \cdot h$，P 为单价，h 为单位库存维持费率；D 为年需求量（需求率表示为 d）。

年维持库存成本 C_H 随订货批量 Q 增加而增加，是 Q 的线性函数；年订货成本 C_R 与 Q 的变化成反比，随 Q 增加而下降。年采购成本 C_P 为常数，总成本 C_T 曲线为 C_H 曲线与 C_R 曲线的叠加。C_T 曲线最低点对应的订货批量就是最佳订货批量，如图 7-14 所示。

为了求出经济订货批量,将式(7-2)对 Q 求导,并令一阶导数为零,可得:

$$Q^* = EOQ = \sqrt{2DS/H} \tag{7-3}$$

式(7-3)中,Q^* 为最佳订货批量或称经济订货批量。

订货点 RL 可按式(7-4)计算:

$$RL = d \cdot LT \tag{7-4}$$

在最佳订货批量下,不包括采购成本的总费用为:

$$总费用 = C_H + C_R = S(D/Q^*) + H(Q^*/2) = \sqrt{2DSH} \tag{7-5}$$

从式(7-3)可以看出,经济订货批量随单位订货成本 S 增加而增加,随单位维持库存成本 H 增加而减少。因此,价格昂贵的物品订货批量小,难采购的物品一次订货批量要大一些。这些都与人们的常识一致。

2. 经济生产批量模型

EOQ 模型适用于对外订货物品的经济订货量的确定。对企业自身能生产的物品而言,需要确定经济生产量(Economic Production Quantity,EPQ)。EOQ 和 EPQ 之间有以下两方面的差异:

(1)EOQ 模型的补充率为无限大,即入库是瞬间完成的。而 EPQ 模型的库存是逐渐增加的。如图 7-15 所示。

(2)在 EPQ 模型中,用生产准备成本来替代 EOQ 模型中的订货成本(与订货成本一样,生产准备成本也是固定值)。

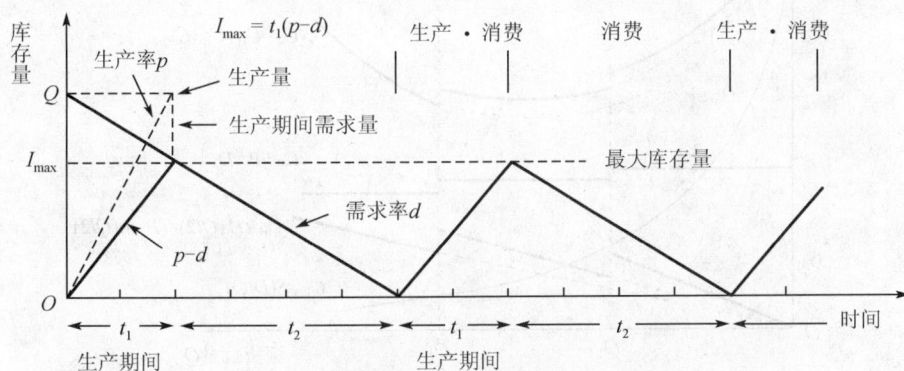

图 7-15 经济生产批量模型假设下的库存量变化

所以,EPQ 的假设条件除与 EOQ 模型第(7)条假设不一样以外,其余都可认为相同。

在图 7-15 中,生产率 p 是日生产量,需求率 d 是日消耗量,所以日库存量为 $(p-d)$。那么,t_1 生产期间内库存为 $t_1(p-d)$,也就是 t_1 时间内的最大库存量 I_{max},此时,平均库存量 $Q/2 = [t_1(p-d)]/2$。

这里 t_1 可以用生产量 Q 和生产率 p 表示,即 $t_1 = Q/p$。

这样,平均库存量为:$[Q(1-d/p)]/2$。此时,库存维持成本为:$C_H = H[(1-d/p)Q/2]$。

而年生产准备成本,与 EOQ 模型相同,等于 $S(D/Q)$。所以,年库存总成本为:

$$C_T = C_H + C_R + C_P = H[(1-d/p)Q/2] + S(D/Q) + P \cdot D \tag{7-6}$$

将式(7-6)与式(7-2)比较,可以得出经济生产批量(Q_p^*)为:

$$Q_p^* = EPQ = \sqrt{2DS/[H(1-d/p)]} \tag{7-7}$$

此时，EPQ 模型中的生产周期 $T_P = t_1 + t_2$ 取决于经济生产量 Q_p^* 和需求率 d，即 $T_P = Q_p^*/d$；而生产时间 t_1 取决于经济生产量和生产率 p，即 $t_1 = Q_p^*/p$。

EPQ 模型也是确定性模型，所以，在需求率和生产率不确定时，不太适用。

另外，d 和 p 越接近 Q_p^* 就会越大，当两者完全相等时，需要连续生产。同时，若 p 大于 d 很多，EPQ 和 EOQ 就会趋向一致。

3. 价格折扣对经济订货批量的影响

前述的 EOQ 模型是在假设采购价一定的情况下，求出来的经济订货批量。但在现实中，大部分情况都存在由大量采购带来的价格折扣。当存在价格折扣的时候，经济订货批量是发生变化的。

当存在价格折扣时，年采购成本 $P \cdot D$ 是随订货批量大小而发生变化的，所以，此时年总成本为：

$$C_T = C_H + C_R + C_P = H_i(Q/2) + S(D/Q) + P_i \cdot D$$
$$= (P_i \cdot h)(Q/2) + S(D/Q) + P_i \cdot D \qquad (7\text{-}8)$$

即 P_i 随不同价格折扣等级 i 发生变化。

因为存在价格折扣，所以采购成本线随不同价格呈现阶梯形（如图 7-16 所示），而且库存维持成本也会随成本变化而呈现阶梯形，所以，导致库存总成本曲线的不连续性。

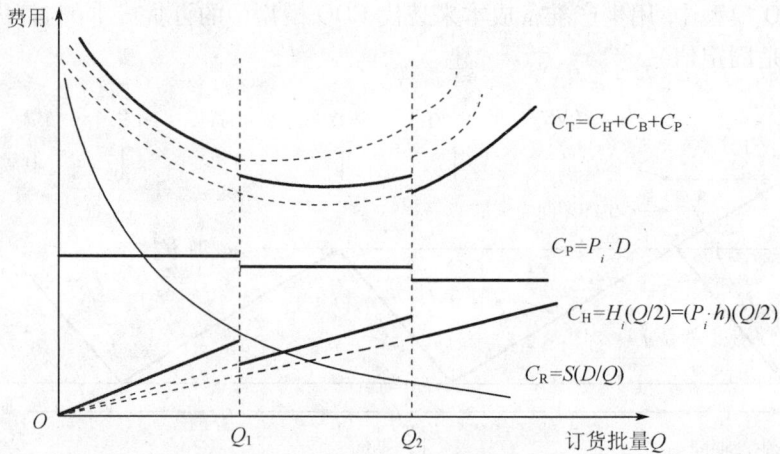

图 7-16　存在价格折扣时，库存成本变化示意图

因此，当存在价格折扣时，不能直接应用前述的经济订货批量计算公式，确定经济订货批量的过程如下：

（1）在提供的采购单价中，选择最低价格，并确定与之相对应的 EOQ。

（2）如果求出的 EOQ 值无法满足价格折扣条件，那么，选择第二低的价格，并确定与之相对应的 EOQ。

（3）若求出的 EOQ 值满足价格折扣条件，那么，计算与之相对应的年库存总成本，然后，将其值与更低一层采购单价所覆盖的最低订货量相对应的库存总成本相比较。

（4）比较结果，选择库存总成本最低的方案作为最佳经济订货批量。

（四）订货点和安全库存的确定

EOQ 和 EPQ 模型是需求率和订货提前期都固定的确定型模型,此时,不需要安全库存。但这只是一种理想情况。在现实中,需求率和订货提前期都是随机变量。为了应对需求率和订货提前期的变化,一般采取的措施就是调整订货点和设置安全库存。如图 7-17 所示。

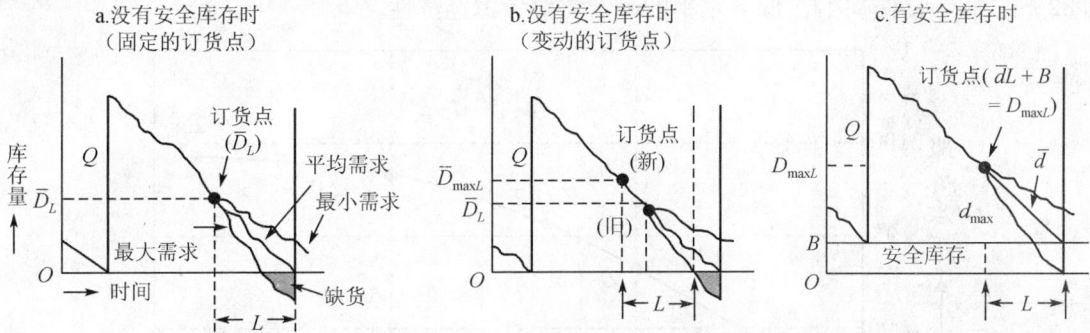

图 7-17 订货点模型（订货提前期固定,需求变化情况）

这就涉及何时订货,安全库存应设为多少的问题。显然,需要从缺货引起的损失和库存维持费及订货费用之和最小为目标来确定订货点和安全库存水平。

1. 订货点的确定

从时间角度,订货点（Ordering Point, OP）就是订货时间,而从库存水平来看,订货点也就是"订货提前期内的需求量"。因此,订货点取决于需求率（d）和订货提前期（Lead Time, L）,并存在以下四种情况:

（1）需求率和订货提前期都固定的情况;

（2）需求率变动,而订货提前期固定的情况;

（3）需求率不变,但订货提前期变动的情况;

（4）需求率和订货提前期都变化的情况。

下面对前两种情况下的订货点确定方法做一下介绍。

（1）需求率和订货提前期都固定情况下的订货点:

订货点 = 提前期内的需求量 = 需求率 × 提前期

$$OP = D_L = d \times L \qquad (7\text{-}9)$$

（2）需求率变动,而订货提前期固定情况下的订货点

此时,订货点由提前期内的最大需求量（$D_{\max L}$）来表示,即表示为:

订货点 = 提前期内最大需求量 = 最大需求率 × 提前期

$$OP = D_{\max L} = d_{\max} \times L \qquad (7\text{-}10)$$

其中,提前期内最大需求量可以看成提前期内平均需求量（$\overline{D}_L$）和以防最大需求的安全库存（B）之和。所以,

$$OP = D_{\max L} = \overline{D}_L + B \qquad (7\text{-}11)$$

其中,需求率服从正态分布时,一般用下式确定安全库存:

安全库存（B）= 安全系数（Z）× 提前期内需求量的标准偏差（σ_L）

其中,Z 反映服务水平。

于是，得出最基本的订货点确定公式为：

$$OP = \overline{D}_L + B = \overline{D}_L + Z \cdot \sigma_L \qquad (7\text{-}12)$$

2. 服务水平的确定

一般情况下，安全库存的确定都以服务水平作为基准。但服务水平和库存水平不成线性关系（如图7-18所示）。如果服务水平由95%提高到99%，即提高4%的服务水平大约需要增加32%的库存水平。因此，服务水平的确定需要考虑经济性。

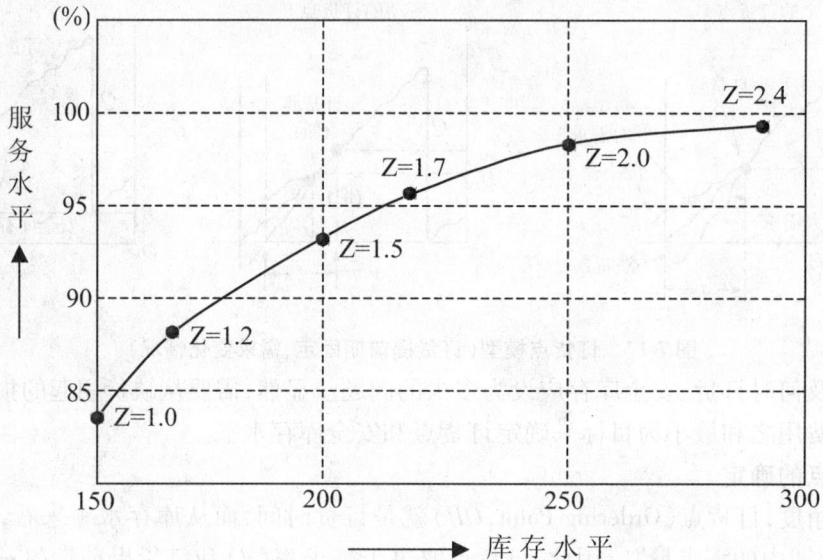

图7-18 服务水平与库存水平之间的关系

确定服务水平可以采用前述的边际分析法。假设在增减一个单位的安全库存量时，库存维持费的边际费用 C_H 为固定值。当订货提前期内需求量大于订货点的库存水平时，就会发生缺货，而此缺货概率用 P_r 表示，那么，各订货周期内缺货损失费为 $(P_r \cdot C_S)$。而年缺货损失费就为：$(P_r \cdot C_S) \times (D/Q)$。

如果订货点的库存水平高，那么相应的安全库存就会增加，年库存维持费也会增加，相反，缺货损失费就会减少。假设通过增减安全库存量，使得年缺货损失费等于边际库存维持费 C_H，那么，

$$C_H = (P_r \cdot C_S) \times (D/Q) \quad 即（边际库存维持费 = 边际缺货损失费） \qquad (7\text{-}13)$$

从式(7-13)中，导出缺货概率 P_r 的计算公式：

$$P_r = (C_H/C_S) \times (Q/D) \qquad (7\text{-}14)$$

$$服务水平 = 1 - P_r = 1 - (C_H/C_S) \times (Q/D)$$

3. 安全库存量的确定

安全库存是为了应对需求率和订货提前期的变化而设的。所以，在以下情况下，可以考虑设置安全库存：

(1)缺货造成的损失比安全库存维持费高时；

(2)安全库存维持费是小额时；

(3)需求不确定，而且变动大的时候；

（4）缺货危险逐渐增加的时候。

安全库存量的确定问题，可以分以下三种情况来考虑：

（1）需求率变动，而订货提前期固定的情况；

（2）需求率一定，而订货提前期变化的情况；

（3）需求率和订货提前期都变化的情况。

这里，对前两种情况做一下简单介绍：

（1）需求率变动，而订货提前期固定的情况：

如果需求量概率分布已知，那么，根据服务水平就可以确定经济安全库存量。但品种比较多时，很难知道所有品种的需求分布。这时，在实际工作中，一般用理论分布（正态分布、泊松分布、负指数分布等）来代替。

此时，确定安全库存的程序如下：

①确定能反映提前期内需求模式的概率分布（正态分布、泊松分布、负指数分布）；

②确定服务水平；

③根据服务水平，确定最大需求量 D_{max}［参考式（7-11）和式（7-12）］；

④计算订货提前期内必要的安全库存。

（2）需求率一定，订货提前期变化的情况：

订货提前期分布比较正常时，按正态分布处理。当需求率一定，订货提前期变化时，提前期内的平均需求（$\bar{D}_L$）等于平均提前期内的需求（$d \cdot \bar{L}$）即 $\bar{D}_L = d \cdot \bar{L}$，提前期内需求的标准偏差为 $\sigma_L = d \cdot \sigma_l$（其中，$\sigma_l$ 为提前期的标准偏差）。

那么，需求率一定，订货提前期变化情况下的安全库存水平和订货点的确定公式为：

$$安全库存：B = Z \cdot d \cdot \sigma_l$$

$$订货点：OP = d \cdot \bar{L} + Z \cdot d \cdot \sigma_l \tag{7-15}$$

（五）单周期随机需求库存模型的 1 次订货量确定方法

EOQ 和 EPQ 都适用于多周期需求物品的库存模型。但是，像报纸、水果等一些物品的需求往往都是一次性需求，这些一次性需求物品的库存模型就称为单周期需求库存模型。

单周期需求库存模型一般适用于以下物品：

（1）易变质的物品。主要包括：水果、鲜奶、蔬菜、海鲜等。

（2）使用期受限的物品。主要包括：报纸、杂志、罐头等。

（3）流行性、季节性物品。主要包括：时尚服装、圣诞礼物等。

（4）限时性服务。主要包括：列车及航空座席预约、休假日宾馆预约等。

以上物品或服务一般都是短期内一次性订购（或生产）。如果订购量（或生产量）少于需求量，那么将会造成机会损失（缺货损失费）；相反，若订购量（或生产量）大于需求量，将会造成库存过剩损失。

于是，就存在确定适宜订货量（或生产量）的问题，即缺货损失费（Shortage Cost，C_S）和库存过剩费（Excess Cost，C_E）之间的平衡问题。

这样，单周期库存模型的目标就成为找出缺货损失费和库存过剩损失费之和为最低时的经济订货量（或生产量）。

对单周期需求库存问题可以采用边际分析法、期望损失最小法、期望利润最大法等来解决。以下主要介绍一下边际分析法。

从增加一个单位的库存所带来的单位边际利润(Marginal Profit, MP)应大于或等于由此引起的单位边际损失(Marginal Loss, ML)的角度来看,边际分析法中存在:

$$边际利润(MP) \geqslant 边际损失(ML)$$

当考虑销售概率 p 时,增加一个单位库存带来的边际利润的期望值是 $p \cdot MP$,而因未能销售带来的边际损失的期望值是 $(1-p)ML$。

因为,

$$p \cdot MP \geqslant (1-p) \cdot ML$$

所以,

$$p \geqslant [ML/(ML+MP)] \tag{7-16}$$

这就是说,直到所追加的单位物品的销售概率 p 满足式(7-16)的条件为止,一直增加订货量。

如果将前述的单位缺货损失费(C_S)当作边际利润;将单位库存过剩费(C_E)当作边际损失的话,式(7-16)可以作为确定适宜缺货率的模型:

$$缺货率 = C_E/(C_E+C_S)$$

相应的服务水平为(1 - 缺货率):

$$服务水平 = C_S/(C_S+C_E)$$

二、企业库存推动式运作

根据前述定义,推动式库存运作是以协调生产批量、经济采购量或最小订货量为主要目的,综合考虑渠道中所有仓库,根据每个存储点的需求预测、可用空间或其他因素,被动分配补货量的一种运作模式。这种模式适用于生产或采购数量超过库存短期需求量的情况。如果由于缺少仓储空间或其他原因,产品无法储存在生产地点,那么就需要将其分拨到存储地点,以期获得一定的成本节约。为此,需要讨论以下问题:在每一个存储点需要保持多少库存? 一批生产或采购应分配到各个存储点的库存是多少? 超过需求的供给量在各存储点之间怎样分摊?

将产品推向各存储点的方法涉及以下几个步骤:

(1)通过预测或其他手段确定从现在到下一次生产或采购期间的需求量;

(2)确定每个存储点现有的库存量;

(3)设定每个存储点库存的现货供应水平;

(4)计算总需求,即,预测值加上为防备预测中的不确定性而额外准备的库存量;

(5)确定净需求,即,总需求与所持库存量之差;

(6)在平均需求速率(及预测需求)的基础上,将超过总净需求的部分分配到各存储点;

(7)用净需求加上分摊的超量部分得到需分配到每个存储点的货物总量。

三、企业库存的联合运作

实际中的库存管理常常涉及在众多存储点储存数百种产品,这些产品又来自多个工厂。

工厂和存储点之间的运输涉及各种各样的运输方式。尽管可以将库存管理问题看成是多个单一产品、单一存储点的问题,但也可以用一种总体的方法集中考虑几个重要的经济问题,如以整车方式运输,或以经济批量生产,此时,就可以采用联合运作模式。比如,某个制造商可能生产上百类上千品种的产品,并销售到全国各地,而产品储存在数十个仓库内,但并非每个仓库都储存所有产品。该制造商的运作方法是,每月对仓库中的产品进行一次预测,每月核查一次库存水平,随后汇总每种产品最高库存量和所持库存量之间的差额。如果累计差额超过或等于整车运量,就向供货工厂订货,尽管这种方法对每种产品的管理并不精确,但获得了主要的成本节约。当然,实际操作中还需要借助一些辅助性措施加以调节,比如,为了避免某种产品在订单中的订购量过少,产品的需要量应超过其最高库存量的10%等。

库存遍布供应链的各个环节。这些库存很少是相互独立的。也就是说,供应零售店的仓库库存是零售店库存的后援。以此类推,工厂库存是仓库库存的后援。如果在基层仓库持有大量库存,那么为了维持同样的总产品现货供应能力,供应链的下一层所需要的库存就会少一些。这样,管理整个供应链的库存而非各自独立的存储点库存就显得非常重要。于是,提出了联合库存运作模式。

联合库存运作是为了解决供应链体系中的"牛鞭效应",提高供应链的同步化程度而提出的。联合库存运作也是一种风险分担的库存运作模式。

联合库存运作的思想可以从分销中心的联合库存功能谈起。传统的分销模式是每个销售商直接向工厂订货,每个销售商都有自己的库存,而采用分销中心之后的销售方式是,各个销售商只需要少量的库存,大量的库存由地区分销中心储备,也就是各个销售商把其库存的一部分交给地区分销中心负责,从而减轻了各个销售商的库存压力。分销中心就起到了联合库存运作的作用,它既是一个商品联合库存中心,同时也是需求信息的交流与传递枢纽。

互联网及物联网技术的高度发展,必将使联合库存运作得以普遍推广。

第四节 企业运输和配送

运输和配送是企业物流活动的重要环节。运输是用设备和工具,将物品从一地点向另一地点运送的物流活动。其中包括集货、分配、搬运、中转、装入、卸下、分散等一系列操作。配送是指"在经济合理区域范围内,根据用户要求,对物品进行拣选、加工、包装、分割、组配等作业,并按时送达指定地点的物流活动"。

运输和配送的概念有时难以准确区分。与运输相比,配送更直接面向并靠近用户,处于"二次运输""末端运输"的地位。运输和配送最大的区别在于运输关注的重点是距离,配送关注的重点是货物的交货。

企业运输的目标是实现合理运输。合理运输是指实现社会产销联系的过程中,选取运距短、运力省、运费低、速度快的最佳运输路径和运输方式所组织的货物运输。企业配送的目标是实现配送过程的经济、高效化。经济、高效化主要反映在货物的批量和配送时间。

企业运输和配送的主要内容包括:识别并预测运输和配送需求(参考第四章)、选择运输和配送服务种类(其中,选择运输服务种类可参考第五章第四节)、运输和配送的运作(主要包括:运输路径的选择、行车路线和时刻表的制定等)。本书主要介绍运输和配送的运作。

一、配送的主要形式与种类

从不同的角度,配送可分成不同的类型。

(一)按配送时间及数量分类

(1)共同配送。它是指企业按规定的时间间隔进行配送。这种方式时间固定,易于安排。

(2)定量配送。它是指企业按规定的批量在一个指定的时间范围内进行配送。这种方式数量固定,备货工作简单,又由于时间规定不严格,企业可以将不同用户的物品凑整车后配送,可以大大提高车辆利用率。

(3)定时定量配送。它是指企业按规定的时间和数量进行配送。这种配送的特殊性较强,有一定的难度。

(4)定时、定路线配送。它是指企业在规定的路线上制定到达时间,按运行表进行配送。采用这种方式有利于车辆的时间安排。

(5)及时配送。它是指企业完全按照客户安排的时间和数量进行配送。这种方式的实施需要充分掌握客户一日的需要量、需要地、物品种类等,是配送服务的较高形式。

(二)按配送组织者分类

1.企业内部配送

企业内部配送大体有三种情况:

(1)大型企业内部配送。大型企业由于原材料、零部件采购量大,为了控制成本,减少采购费用,有效地运用资金,由企业总部统一进货,统一存货,统一向各分厂或车间配送。

(2)企业在消费地建若干个配送中心,在配送中心集中的核心地区建物流基地,各生产工厂的产品先批量地运往物流基地,在物流基地经过大致分类后,再配送给周围的配送中心,然后再从配送中心配送至终端用户。

(3)连锁型企业内部配送。连锁企业统一进货、加工后,定点、定量地向各连锁商店配送。这种配送由于货物品种、规格、形状、包装、容器等基本一致并匹配,更容易做到有计划、低成本的配送。

2.企业之间的配送

企业对企业的配送一般有两种类型:一种类型是专业物流企业或第三方物流企业受生产企业的委托开展的配送,即将生产企业的产品或半成品配送给该生产企业指定的企业;另一种类型是生产企业的配套生产企业,按该生产企业的数量、品种、时间、地点等要求,将自己的产品供给该生产企业的各分厂或车间生产线的配送。

3.企业对消费者的配送

这种类型的配送大多是日用消费品向居民或个人的配送。如:向各居民户每日的纯净水和牛奶的配送以及报纸的配送到户等。

(三)共同配送的形式

共同配送主要指在一定区域内,为使物流合理化,由若干个定期需求的货主,共同要求某一个物流服务企业,利用同一个运输系统完成的配送。共同配送的目的是:①为了降低费用;②为了车辆满载,避免交叉、重复、迂回和空驶;③为了减少配送网点,节约设施费用支出;④为了减轻交通拥挤和废气公害,保护环境。共同配送的形式有以下几种:

1. 横向共同配送

它主要分为:①同产业间的共同配送。它是指处于相同产业的生产或经营企业,为了提高物流效率,通过配送中心或物流中心集中运输货物的一种方式。②异产业间的共同配送。它是指将不同产业企业生产经营的商品集中起来,通过配送中心或物流中心向顾客输送的一种形式。

2. 纵向共同配送

它是指供应链上不同节点的物流配送服务。从现代物流的观点来看,通过提高供应链全过程物流的效率,来实现供应链整体成本的下降是十分必要的。因此,在这一思想的指导下,企业与批发商之间就物流业务、管理尽可能达成共识,将管理中不合理的地方加以纠正,在双方不足的地方相互补充是提高经营效率的重要条件。

目前共同配送已在一些地方广泛推广。共同配送的总指导思想是,可以将共同的货物或商品集中在一起,一方面提高单位装载率,提高物流效率;另一方面,也有利于削减在途运行设施,缓解运输过程对社会所产生的外部不经济。

二、运输路线的选择

由于在整个物流成本中运输成本占 1/3 ~ 2/3,因而最大化地利用运输设备和人员,提高运作效率是我们关注的首要问题。货物运输在途时间的长短可以通过运输工具在一定时间内运送货物的次数和所有货物的总运输成本来反映。其中,最常见的决策问题就是,找到运输工具在公路网、铁路线、水运航道和航空线运行的最佳路线以尽可能地缩短运输时间或运输距离,从而使运输成本降低的同时客户服务也得到改善。

尽管路线选择问题种类繁多,但我们可以将其归为几个基本类型:

(1)起讫点不同的单一路径规划。确定两个不同起讫点之间的最佳路径。

(2)多个起讫点的路径规划。有多个货源地可以服务多个目的地,需要指定各目的地的供货地,同时要找到供货地与目的地之间的最佳路径。

(3)起点和终点相同的路径规划。这是起讫点不同问题的扩展形式,只是因为起点和终点相同,需要考虑往返问题。

每类型问题的解决模型可参考文献[28]。具体求解过程可通过计算机软件完成。

三、行车路线和时刻表的制定

行车路线和时刻表的制定问题是运输路径问题的扩展形式。但相比之下,需要更多地考虑实际的限制条件。比如:①在每个站点既要取一定量的货,又要送一定量的货;②使用多部车辆,每部车的载货重量和容积不同;③司机的总驾驶时间达到一定上限时,就必须休息(交通部门的安全限制);④每个站点每天只允许在特定的时间内取货和/或送货(称为时间窗口);⑤途中只有在送货后才能取货;⑥允许驾驶员每天在特定的时间休息和用餐等。

这些限制条件虽然增加了问题的复杂性,但是,运用制定合理路线和时刻表的原则或启发式求解法还是可以使该类问题得到比较好的解决。

(一)合理路线和时刻表的制定原则

(1)安排车辆负责相互距离最接近的站点的货物运输。车辆的行车路线围绕相互靠近的站点群进行计划,以使站点之间的行车时间最短。

(2)安排车辆各日途经的站点时,应注意使站点群更加紧凑。如果一周内各日服务的站点不同,就应该对一周内每天的路线和时刻表问题分别进行站点群划分。各日站点群的划分应避免重叠。这样可以使为所有站点提供服务所需的车辆数降至最低,同时使一周内车辆运行的时间和距离最少。

(3)从距仓库最远的站点开始设计路线。要设计出有效的路线,首先要划分出距仓库最远的站点周围的站点群,然后逐步找出仓库附近的站点群。一旦确定了最远的站点,就应该选定距该核心站点最近的一些站点形成站点群,并分派载货能力能满足该站点群需要的车辆。然后,从还没有分派车辆的其他站点中找出距仓库最远的站点,分派另一车辆。如此往复,直到所有的站点都分派有车辆。

(4)安排行车路线时避免各条线路之间交叉。时间窗口和送货之后才能取货的限制条件可能会造成线路交叉。

(5)尽可能使用最大的车辆进行运送,这样设计出的路线是最有效的。理想状况下,用一辆足够大的车辆运送所有站点的货物将使总的行车距离最短或时间最少。因此,在车辆可以实现较高利用率之时,应该首先安排车队中载重量最大的车辆。

(6)取货、送货应该混合安排,不应该在完成全部送货任务之后再取货。应该尽可能在送货过程中安排取货以减少线路交叉的次数(如果在完成所有送货任务之后再取货,就会出现线路交叉的情况)。线路交叉的程度取决于车辆的结构、取货数量和货物堆放对车辆装卸出口的影响程度。

(7)对过于遥远而无法归入群落的站点,可以采用其他配送方式。那些孤立于其他站点群的站点(特别是货运量较少的站点),为其提供服务所需的运送时间较长,运送费用较高。考虑到这些站点的偏僻程度和货运量,采用小型车辆进行服务可能更经济。此外,利用外租的运输服务也不啻为一个很好的选择。

(8)避免时间窗口过短。各站点的时间窗口过短会使得行车路线偏离理想模式。因为时间窗口的限制常常不是绝对的,所以如果某个站点或某些站点的时间窗口限制导致整个路线偏离期望的模式,就应该重新协议时间窗口的限制,最好放宽该限制。

可见,这些原则操作人员很容易掌握。借助这些原则,操作人员可以在现实生活当中的路线和时刻表制定问题中找到比较合理(尽管不一定是最优的)的解决办法。

(二)行车路线和时刻表的制定方法

随着限制条件的增加,寻找行车路线和时刻表最优解的工作变得越来越困难。时间窗口、载重量和容积各不相同的车辆、司机途中总驾驶时间的上限要求、不同地区对速度的不同要求、途中的障碍(湖泊、迂回的道路、山脉)、司机的休息时间等都是实际路线设计中需要考虑的因素。有许多方法可以解决这类复杂的问题,在此,我们主要介绍其中两种方法:一是扫描法(the Sweep Method);二是节约法(the Savings Method)。

1.扫描法

这是一种简单的方法,即使问题规模很大,也可以通过手工计算得出结果。如果利用计算机程序计算,能够很快求出结果,所需的计算机内存也不大。据研究结果表明,对于各类问题,该方法的平均误差率约为10%。在需要很快得出结果,且只要求结果是合理(而不是最优的)的情况下,该误差水平还是可以接受的。但该方法的缺陷与路线构成的方式有关,而且对诸如在途总运行时间和时间窗口等时间问题,该方法处理得也不好。

扫描法的处理过程为如下:

(1)在地图或方格图中确定所有站点(含仓库)的位置。

(2)从仓库开始,沿任意方向向外划一条直线。沿顺时针或逆时针方向旋转该直线直到与某站点相交。同时需要考虑,在某线路上增加该站点,是否会超过车辆的载货能力?如果没有,继续旋转直线,直到与下一个站点相交。再次计算累计货运量是否超过车辆的运载能力(先使用最大的车辆)。如果超过,就剔除最后的那个站点,并确定路线。随后,从不包含在上一条路线中的站点开始,继续旋转直线以寻找新路线。继续该过程直到所有的站点都被安排到路线中。

(3)排定各路线上每个站点的顺序使行车距离最短。

2.节约法

相比之下,节约法较复杂,但更准确且处理能力较强。节约法能够灵活处理许多现实中的约束条件,对站点数量不太多的问题能较快算出结果,且结果与最优解很接近。该方法能够处理有众多约束条件的实际问题,主要因为它可以同时确定路线和经过各站点的顺序。

节约法的目标是使所有车辆行驶的总里程最短,并进而为所有站点提供服务的车辆数最少。该方法的作业步骤如下:第一步,假设每一个站点都有一辆虚拟的车辆提供服务,随后返回仓库。这时的路线里程是最长的。第二步,将两个站点合并到同一条行车路线上,减少一辆运输车,相应地缩短路线里程。在决定哪些站点要合并到一条路线时,需要计算合并前后节约的运输距离。对每对站点都进行这样的计算,并选择将节约距离最多的一对站点合并在一起,除了将单个站点合并在一起外,还可以将某站点并入已经包含多个站点的路线上。假如由于某些约束条件(如路线太长,无法满足时间窗口的要求,或超过车辆的承载能力),节约距离最多的站点不能并入该路线,就要考虑节约距离次多的站点。重复该过程直到所有站点的路线设计都完成。

节约法强大的处理能力使得它能够包含实际应用中许多重要的约束条件。该方法可以在指定各路线途经站点的同时确定站点的先后顺序。因此,在将站点归入某条路线之前,应该预先考查加入新站点后路线的情况。此外,还要考虑一系列有关路线规划的问题,如行车时间是否超过允许的最长驾驶时间,是否满足司机休息时间的要求,是否有足够载运量的车辆装载所有的货物,各站点时间窗口的要求是否满足等等。不满足这些条件可能导致该站点不能并入这条路线或者说明该站点在新路线中的排列顺序不当。接着就要按照最大节约值原则选取下一个站点,重复考虑上述问题。因为扩展问题的难度较大,节约法不能保证将得到最优解,但能够获得合理解。

第五节　企业物流与供应链协调

协调商品与服务在供应链上各个实体机构之间的流动是供应链管理的一个主要课题。人们需要考虑的问题往往包括，决定要运输产品的数量、何时运输、如何运输以及从哪里获得这些产品等等。虽然这些计划决策发生在供应链中，但良好的管理要求其与公司内部其他部门的经营活动，尤其是生产运作活动进行充分协调。而且，采购作为计划过程中的重要环节，其决策也影响着物流渠道中商品或服务的流动。

一、供应链中的协调

在供应链中，营销、运作、采购和所有其他活动之间的充分协调是非常重要的。这些经营活动之间的相互关联常常使得针对单独一项活动进行优化的努力可能对其他的一项或几项活动造成损害。忽视这种悖反现象就会给公司运作带来负面影响。比如，某公司采购政策与生产计划的规定相互影响，致使公司的运输部门经理认为运力不足是造成供应环节调度不利的唯一原因。但在对生产计划、采购和运输中的各个因素进行了综合考虑、适当权衡后，该公司的物流供应水平得到了提高。

适时管理、快速反应和压缩时间等理念的普及已经将计划提升为供应链中的重要活动。企业除了以库存满足需求外，还可以通过对需求的合理计划来满足需求，这两者体现了满足物流渠道需求或需要的各种方案中的两种角度。本章前部分已对库存管理问题进行了论述，这节通过论述计划的制订过程来描述交叉职能协调和企业间相互协调的思想，以此在满足需求的同时，最大限度地降低供应链中所需的库存量以降低成本。

计划活动会发生在组织的不同层次，而每一层次的计划都会持续一定的时间。战略计划发生在组织的最高层次，它强调企业为将来多年以后才出现的需求做出计划。战术计划跨越相对较短的时期，计划期通常持续4个月到1年的时间。如果企业的提前期很长，该计划持续时间会比较长。战术计划主要对劳动力、库存、转包合同和物流等做决策。相对战略计划，战术计划一般更具体一些，但是会受到长期战略决策的制约，例如，负责战术计划的经理有可能调整总体库存或劳动力水平，但是会受到诸如设施规模和采用的流程类型等战略决策的限制。作业计划的时间跨度短则几个小时，长则几周。由于作业计划时间比较短，负责作业计划及其控制的经理通常没有或只有很少的选择余地来调整企业的产能水平。

这三种不同层次的计划的不同点在于时间跨度、所需计划的具体程度和各负责经理能够改变企业生产能力柔性的程度。战略计划的时间跨度最长，详尽的信息量最少，这使得负责战略计划的经理能最大限度地改变生产能力。作业计划则恰恰相反，该计划包含了企业每天甚至每一小时的活动，相对较短的时间跨度使得负责该计划的经理没有或很少有改变产能的选择余地。而战术计划则居于两者之间，起着将战略计划与作业计划联系起来的桥梁和协调作用。

企业综合计划作为在战术水平上计划和协调企业供应链的一个辅助性业务，确保企业所有职能部门的战术计划不仅要相互协调而且能够支持企业计划。企业综合计划的目标是使企业每个运作计划能够相互协调，并通过分配人员、生产能力、物料、时间和资金等关键资源，最有效地满足市场需求,从而获得利润。

二、企业综合计划的用途

企业综合计划(也称企业销售与运营计划)的目的在于帮助企业开发较好的战术计划,其主要作用在于:

(1)企业综合计划反映了组织如何使用其战术能力资源(包括劳动力、库存、轮班制以及转包合同的有效性等)来满足潜在顾客的需求。也就是,其计划过程需要将销售预测转化为各种资源需求。

(2)企业综合计划可以使供应链伙伴之间的各种需求和约束实现均衡。企业综合计划不仅要考虑顾客需求,而且要考虑所有供应商、生产设备以及能与之合作并提供产品或服务的物流服务提供者的能力。因此,制订的计划不但要具有可行性,而且要能够在成本、运输、质量和柔性方面实现均衡。

(3)企业综合计划作为一个协调机制为各种供应链伙伴提供服务。在供应链运作的最后阶段,为了实现计划,企业的各相关部门,如销售部门、生产部门和财务部门以及重要的供应商和物流服务提供商,应该就各自的义务达成共同协议。好的综合计划应当对每个利益相关者应该做什么,不应该做什么做出确切的规定。该共同协议允许各成员制定更加详尽的决策,并相信其工作会与其他成员的工作保持一致。

(4)企业综合计划能以所有当事人都能够理解的术语来对企业计划做出解释。财务部门通常从现金流、财务比率和其他的获利指标等角度来考虑企业活动。营销部门则将注意力集中于销售水平和市场细分方面,而供应链运作则更倾向于关注与生产的某一产品或提供的某种服务相关联的企业活动。物流部门关注库存、运输、配送以及适时性等物流活动。企业综合计划能以一种所有合作伙伴都易于理解的形式对最终计划进行详细阐明,而且这种形式很容易应用于各方的具体计划工作。

总之,通过供应链各环节之间的持续协调和均衡,企业综合计划的落脚点就是将顾客需求预测值全部转化为各相关职能部门的能力资源需求计划,而这些能力资源需求计划统称为企业综合计划。

三、企业综合计划的制订步骤与方法

制订企业综合计划的过程主要包括以下几个步骤:

1. 销售预测
针对企业所提供的产品或服务,分析其需求特征,选择预测方法和模型,预测销售计划期内产品或服务的需求量,是制订综合计划的首要一步也是主要依据。

2. 计划参数的确定
计划参数即指将销售预测值转化为资源需求时,作为转换基数的数值,主要通过分析或历史数据为基础来确定。比如,单位产品或服务所需工时、单位产品或服务所需成本、每月正常生产能力、每月可允许的最高生产能力、每人每月工作时数等等。企业可以根据所提供的产品或服务以及计划要求确定出一系列计划参数以备用。

3. 将销售预测值转化为资源需求

供应链各环节相关职能部门以及合作伙伴,依据销售预测值和计划参数,计算出各自资源需求。比如,所需工人数、所需设备用时、所需库存量、所需现金量等(如表7-4所示)。

表7-4 将销售预测值转化为资源需求的过程

月份	销售预测值/台数	所需工时 (每台需20 h工时)	所需工人数 (每人每月工作160 h)
1	800	16 000	100
2	820	16 400	102.5
3	840	16 800	105
4	910	18 200	113.75
5	910	18 200	113.75
6	880	17 600	110

4. 综合计划制订的基本策略

综合计划制订的基本策略一般有三类:其一是均衡生产策略,即通过维持一定规模的库存来应对市场需求的变动,如图7-19所示。该策略最适用于生产能力不能改变或改变成本非常高,而库存维持成本相对较低的环境。其二是追逐需求策略,即通过加班、裁减作业人员、转包、外包、推迟交付等生产能力的调整来匹配需求,如图7-20所示。该策略最适用于库存维持成本非常高,或者无法持有库存,以及改变生产能力的成本相对较低的环境。其三是界于两种极端情况之间的整合策略。整合策略能够同时改变生产和库存水平,以追求计划的最有效。

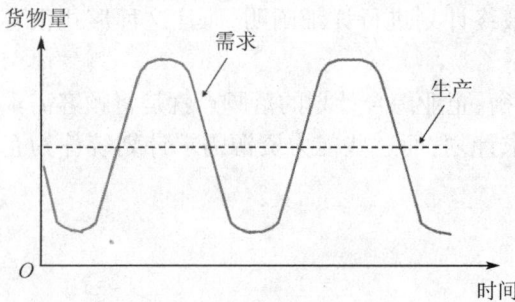

图7-19 均衡生产策略

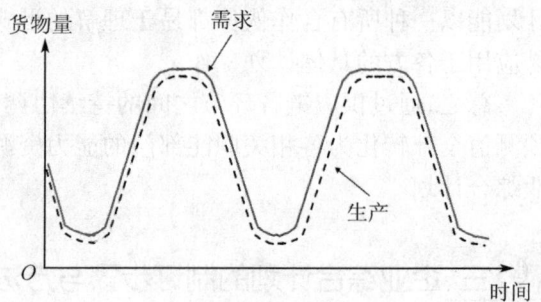

图7-20 追逐需求策略

5. 确定综合计划

供应链各环节综合计划的确定过程是一个互相作用的过程。在确定一项计划前,为了使所有当事人都能接受,需要对计划进行多次修改。详细的调整通常意味着决策制定者需要进行多方面的权衡(如图7-21所示)。比如,库存与顾客服务之间的权衡问题。假设在重新考虑了一项计划后,财务部门打算进一步降低库存水平以减少成本,而营销部门可能更多地关注这一举措对顾客服务的潜在影响。这时,所有当事人都必须寻求成本和顾客服务这两大竞争目标的均衡并就此达成一致协议;另如,生产部门希望营销部门能够使用价格和促销策略减弱需求的高峰和低谷,此时需要考虑定价和促销活动的成本能否被生产和库存成本的降低所抵消;还有,节假日的物流瓶颈能否满足营销部门的计划所需等等。

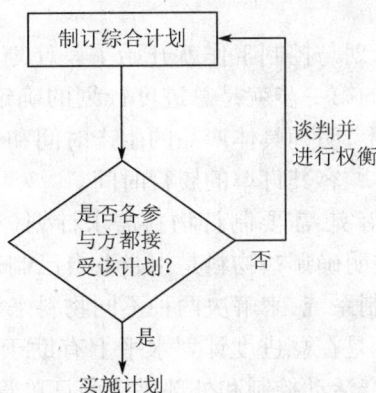

图 7-21 综合计划的调整过程

总之,在确定企业综合计划的过程中,负责经理不仅要考虑计划成本,而且必须要考虑计划的其他方面。比如,计划会对供应链伙伴(包括关键供应商和运输服务提供商)产生什么影响? 企业的现金流如何? 供应链伙伴和企业自身是否拥有某一数量的计划库存所需要的空间? 该计划是否会带来劳动力的重大变化? 如果会的话,会对工人满意度和生产率产生什么样的影响? 人力资源部门能否应对这一问题? 计划的柔性,即当环境发生变化时,计划修订的难易程度如何? 等等。

综上所述,作为一种在供应链协调中起最重要作用的工具,企业综合计划过程是一个非常复杂的系统工程。其过程一般历经三个阶段方能见效。

1. 基础建设阶段

在这一阶段,企业必须构建成功实施综合计划所需要的管理支持系统和基础设施,包括对所有的参与者进行培训,使其了解综合计划的利益所在,准确识别计划所提供的产品系列或服务系列,以及为了提供精确的计划参数而构建信息系统等。如果企业无法借助有效的信息系统保证信息的质量和获取时机,那么,企业综合计划自然发挥不了应有的作用。

2. 过程的整合与高效精简

如果基于信息系统的企业综合计划成为企业正常计划活动的一部分,那么,经理们就开始适应对计划进行常规升级,而且使用计划来引导重大的需求和资源决策,使企业综合计划成为交叉职能间协调的焦点。同时,经理们也在进一步寻求改善企业综合计划过程的途径,继而发生过程的重构和精简活动。

3. 获得竞争优势

通过对企业综合计划过程的不断完善和优化,不仅使企业需求计划过程得以很好的整合,而且可以将企业综合计划数据库网络化,一方面便于获取其数据的同时,另一方面也能提高经理们实施假设分析的能力。在假设分析中,可以对销售预测值或计划参数等进行变动,来观察综合计划会如何做出反应。其结果能够开发制订出更有效的企业综合计划。

四、供应链中的协同计划与控制

企业综合计划确定之后,计划与控制工作就开始了。计划与控制被视为战术水平与执行水平的业务活动。计划与控制的第一步就是总进度计划的确定,也就是在对综合计划所确定的总资源进行具体分配的基础上,明确具体产品的生产时间和生产数量,同时将生产和具体客户订单联系起来,并明确地告诉顾客其订单的履行时间。

为使总进度计划得以有效落实,需要制订物料需求计划(MRP),即把最终产品的总进度计划转化为具体的物料需求,并明确哪些物料是由企业自己制造,哪些物料是从外部供应商处获取。这就需要两种不同的控制系统,来解决两种不同物料来源问题。

还有,分销需求计划(DRP)是在总进度计划水平上有助于协同供应链成员,准时制(JIT)和看板系统则是在企业内部生产活动控制和外部供应商订单管理水平上帮助企业协同供应链伙伴。

(一)总进度计划的产生

总进度计划是贯穿于生产产出以及确保产出与实际顾客订单相匹配的一个具体计划过程。其计划表中提供的信息主要包括:预测需求量、预定订单量、预计期末库存、主生产计划以及可签约量等。

其中,预测需求量即指在总进度计划中,企业对某一时期内需求的最佳估计量;预定订单量即指在总进度计划中已经确定的需求量;主生产计划(MPS)即指每周伊始可以制造完成并用于销售的产品数量。主生产计划将推动如物料需求计划在内的更为详细的计划活动的开展;预计期末库存即指每周周末对库存地点存货数量的保守估计;可签约量即指在总进度计划中,表明在已向顾客做出承诺的前提下,每周可以用于销售的产品数量。其制定过程如表7-5所示。

表 7-5　总进度计划制订过程

起初库存　　64	6月				7月			
	1 周	2 周	3 周	4 周	5 周	6 周	7 周	8 周
预测需求量	30	30	30	30	40	40	40	40
预定订单量	33	20	10	4	2			
MPS 前净库存	31	1	−29	11	−29	1	−39	−9
MPS			70		70		70	70
预计期末库存	31	1	41	11	41	1	31	61
可签约量	11		56		68		70	70

总之,借助总进度计划信息,销售人员可以知道哪些产品已经承诺于顾客,哪些产品可以履行订单;生产经理可以及时获悉订单对库存水平的影响;仓库管理者可以知道库存量对仓库

容积的需求等。

（二）物料需求计划的制订

物料需求计划,通常称为 MRP,是指通过将主生产计划转化为主生产计划项目所需要的实际零部件和构成要素的计划订单。MRP 方法应用于库存管理时,其逻辑与前述的独立需求库存管理方法完全不同。这是因为 MRP 用于管理相关需求库存,或者说是需求水平与另一项目的生产有直接关系的库存项目。MRP 制定过程如下:

1. 掌握产品生产时间和生产量

根据 MPS 掌握最终产品在每一个具体时间段内的生产数量。这里的最终产品是指对于企业来说最终完成、要出厂的完成品,它要具体到产品的品种、型号;这里的具体时间段,通常是以周为单位,在有些情况下,也可以是日、旬、月。MPS 详细规定生产什么、什么时段应该产出(如表 7-6 所示),它独立于需求计划。在 MRP 中,主生产计划被假定为已知的,根据客户合同和市场预测,考虑需求波动的概率来确定。MPS 把综合计划中的产品系列具体化,使之成为展开物料需求计划的主要依据,起到了从综合计划向具体计划过渡的作用。

表 7-6　主生产计划(MPS)举例

产品名称　　　月　　　　套　　　周	4 月				5 月				6 月			
	13	14	15	16	17	18	19	20	21	22	23	24
方桌(X)	170				160				180			
沙发		300				250				280		
立柜			200				300					270

2. 产品分析

为了掌握生产产品所需材料的种类及其数量,首先需要进行产品结构分析(如图 7-22 所示),并根据产品结构分析图拿出物料清单(如表 7-7 所示)。

表 7-7　物料清单(例)　　　　　产品名称:方桌 产品编号:0001

层次	产品编号	产品名称	单位	需求量
0	0001	［方桌(X)］	件	
1	1001	桌面	件	1
1	1002	桌腿	件	4
1	1003	螺钉(胶,油漆)	套	1
1	1001	(桌面)	件	
2	2001	面	件	1
2	2002	框	件	4
1	1002	(桌腿)	件	
2	2003	方木 2	m³	0.2
2	2001	(面)	件	
3	3001	板材	件	1
2	2002	(框)	件	
3	3002	方木 1	m³	0.2

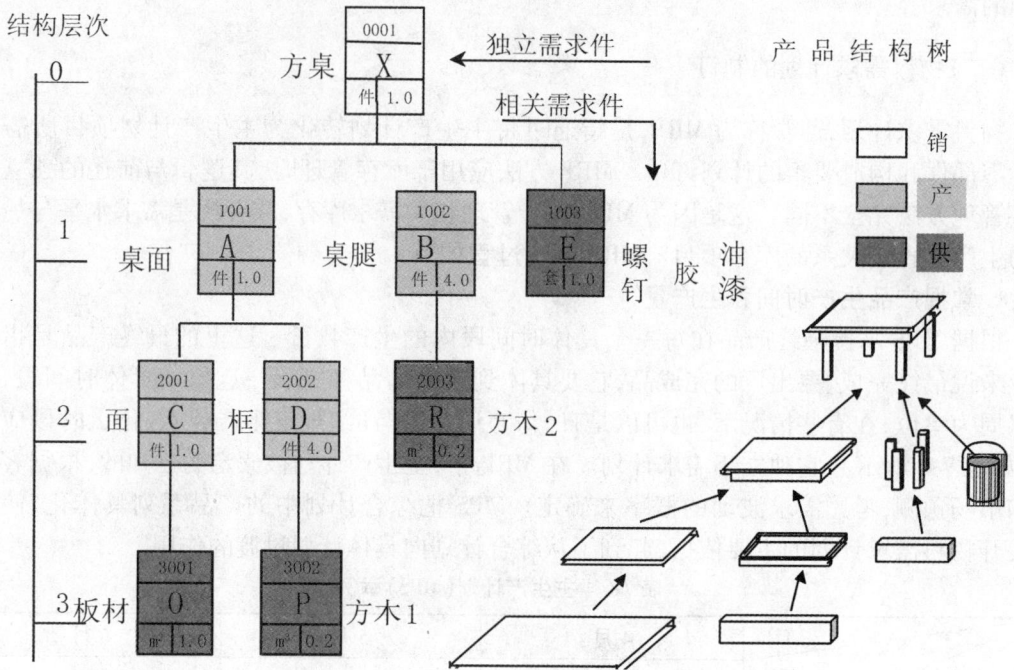

图 7-22　产品结构分析图（举例）

3. 掌握各种物料的库存状况、预计到货量以及提前期

通过库存文件掌握相关资料，如表 7-8 所示。

表 7-8　各种物料库存状况及其提前期　　　　时间：××××年 2 月末

物料编号	物料名称	现库存量	提前期
0001	方桌（X）	20	1 周
1001	桌面	0	1
1002	桌腿	15	3
1003	螺钉（胶，油漆）	0	2
2001	面	20	3
2002	框	0	1
2003	方木 2	6	2
3001	板材	5	3
3002	方木 1	0	3

4. 制作 MRP 计划表

根据上述资料，通过运行 MRP 系统计算出 MRP 计划表（如表 7-9 所示）。

MRP 计划表中，各项目的计算要领为如下：

（1）确定总需求量。首先，根据 MPS 确定产品总需求量。然后，陆续计算出构成其产品的相关物料（包括原材料、零部件等）的总需求量。其过程就是，每个物料都根据上一层次物料的订货量为基准来计算。

表 7-9 MRP 计划表制作过程（举例）

	3月					4月				
	8	9	10	11	12	13	14	15	16	17
产品名：方桌 编号：0001 LT=1 周										
总需要量						170				160
预计到货量						20				0
现库存量(20)						20	10	10	10	10
净需要量					LT=1	130	20+20+140-170=10			150
计划入库量						(140)				(150)
发出订货量					140			150		
品名：桌面 编号：1001 LT=1 周					140×1					
总需要量					140			150		
预计到货量					0			0		
现库存量(0)					0			0		
净需要量					140			150		
计划入库量					(140)			(150)		
发出订货量				140	LT=1		150			
品名：面 编号：2001 LT=3 周					140×1					
总需要量					140			150		
预计到货量					10			0		
现库存量(20)					20			0		
净需要量					110			150		
计划入库量		LT=3			110			(150)		
发出订货量	110				150					

（2）确认预计到货量。它是指已发出的订货或开始生产的元件的预计到货或预计完成的数量。

（3）确认现库存量。它是指相应时间的当前库存量。

（4）确定净需要量。

净需要量 = 总需要量 − 预计到货量 − 现库存量

（5）确定计划入库量。计划入库量不仅受净需要量的影响，而且还受订货或生产方式的影响。因为不同方式下的订货或生产批量是不同的。

（6）确定计划订货量和订货时间。一般情况下，计划订货量都与计划入库量一致。但考虑经济订货批量(EOQ)时,计划订货量就会是经济订货批量。订货时间是以上一层次物料的生产日期或交货日期为基准减去提前期后的日期。

3. 分销需求计划

分销需求计划(DRP)即指根据需求点(顾客或仓库等)的计划订单确定总进度计划表中预测需求量的一种与 MRP 相似的分时段计划方法。分销需求计划是供应链各成员在总进度计划水平上互相协同计划工作的一种方法。分销需求计划产生的计划订货量可以被输入总进度计划过程。在没有应用分销需求计划之前,企业总进度计划中的预测需求量通常是建立在对以往历史数据或经验进行推测的基础之上,然而,分销需求计划则是根据供应链下游伙伴的需求直接计算得来的。也就是说,分销需求计划使用物料需求计划模式的逻辑将精确的需求信息应用于总进度计划。

比如,某公司通过两个区域分销中心销售 A 产品。这两个分销中心直接向零售商供货。每个分销中心每周都要进行独立的需求预测,获得库存数据,确定订货提前期和最小的订货数量。根据这些信息,这两个分销中心可以估计出何时应向工厂下订单。如表 7-10 和表 7-11 所示。

表 7-10　分销中心 1 的分销需求计划　　　　　　　　　　单位:件

提前期:2 周 最小订货量:120	11 月				12 月				1 月			
	45 周	46 周	47 周	48 周	49 周	50 周	51 周	52 周	1 周	2 周	3 周	4 周
总需求量	60	60	60	60	75	75	75	75	90	90	120	120
预期入库量		120										
计划期末库存量 75	15	75	15	75	0	45	90	15	45	75	75	75
净需求量	0	0	0	45	0	75	30	0	75	45	45	45
计划入库量	0	0	0	120	0	120	120	0	120	120	120	120
计划订货量	0	120	0	120	120	0	120	120	120	120	0	0

表 7-11　分销中心 2 的分销需求计划　　　　　　　　　　单位:件

提前期:1 周 最小订货量:100	11 月				12 月				1 月			
	45 周	46 周	47 周	48 周	49 周	50 周	51 周	52 周	1 周	2 周	3 周	4 周
总需求量	80	80	85	85	90	90	95	95	100	100	105	105
预期入库量	100											
计划期末库存量 25	45	65	80	95	5	15	20	25	25	25	20	15
净需求量	0	35	20	5	0	85	80	75	75	75	80	85
计划入库量	0	100	100	100	0	100	100	100	100	100	100	100
计划订货量	100	100	100	0	100	100	100	100	100	100	100	0

表 7-10 和表 7-11 分销需求计划的制订过程与物料需求计划的制订过程基本相同。表中

总需求相当于每周每个分销中心预期运送到零售处的 A 产品数量,接着按物料需求计划逻辑计算出净需求,预期入库量和计划订货量。最终,当分销中心每周的总计划订货数量转变为工厂总进度计划的需求量时,这两家分销中心与工厂之间的各项活动就会同步化。分销需求计划的意义在于其能够迅速地将供应链的下游需求转化为上游的生产决策。如表7-12 所示。

表 7-12　工厂总进度计划　　　　　　　　　　单位:件

提前期:1 周 最小订货量:230	11 月				12 月				1 月			
	45 周	46 周	47 周	48 周	49 周	50 周	51 周	52 周	1 周	2 周	3 周	4 周
需求量	100	220	100	120	220	100	220	220	220	220	100	0
预期入库量	100											
计划期末库存量 37	37	47	177	57	67	197	107	117	127	137	37	
净需求量		183	53		163	33	23	113	103	93		
主生产计划 MPS	0	230	230		230	230	230	230	230	230		
生产计划指令(物料需求依据)		230		230	230	230	230	230	230			

4. 准时制和看板系统

准时制(JIT)是一种基于计划消除所有浪费并持续提高生产率的生产哲学。从广义上说,它应用于各种形式的制造业和服务业。

虽然说 MRP 的基本思想是,围绕物料转化组织制造资源,实现按需要准时生产。但 MRP 毕竟是一个计划系统,也就是推动式系统(如图 7-23 所示),这时的物流和信息流是分离的。能否进行准时生产,并不能由 MRP 系统本身来决定。因为任何计划都不可能把未来的情况计划得十分周到,很多意想不到的事情会在计划的执行过程中出现,迫使管理人员要么修改计划,要么采取进一步的行动,保证计划的实现。而且,零部件和产品的生产提前期也难以做到十分精确。将提前期以周为计划单位,本身就是很大误差。所以靠推进式系统,即使是 MRP 这样比较完善的计划方法实行的推动式系统,也难以真正做到准时生产。

相反,JIT 的基本思想是采用拉式生产方式。拉动式生产方式就是从市场需求出发,由市场需求信息牵动产品装配,再由产品装配牵动零件加工。每道工序、每个车间和每个生产阶段都按照当时的需要向前一道工序、上游车间和生产阶段提出要求,发出工作指令,上游工序、车间和生产阶段完全按这些指令进行生产。这时,物流和信息流是完全结合在一起的。

那么,在实际生产过程中,究竟如何实现这种真正的准时化生产?这正是 JIT 生产系统的本质所在。看板信息系统为 JIT 生产能够真正实现按需生产提供了基本保障。

看板信息系统是丰田公司为了实现 JIT 生产"按时按量提供所需物品"这个基本目的而开发出来的现场信息沟通系统。也就是,为了实现前后工序、相关生产线以及协作企业之间信息交流的可靠性和一致性,以追求最少库存或在制品为目的,而采用的目视化看板信息传达方法。看板信息系统是"丰田生产方式"实现 JIT 生产的最关键要素。

通过看板信息系统,实现三个目的:一是实现生产和原材料供货之间信息传达渠道的一致化,避免因情报误传产生的缺货或剩货;二是根据顾客(后工序)需求量(生产量)来调整看板

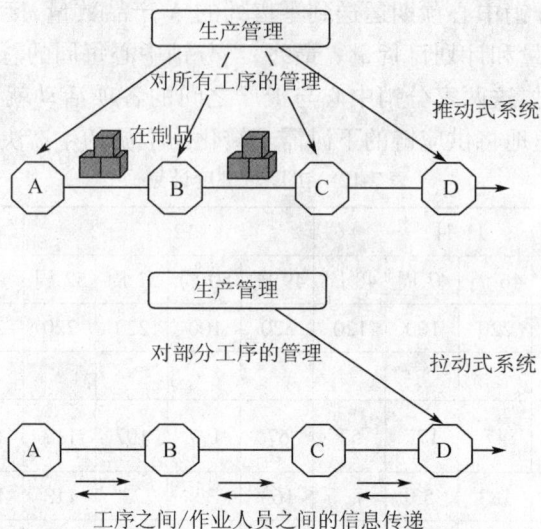

图 7-23　推动式系统和拉动式系统的比较

的发放数,防止不必要的在制品或库存;三是实物与信息的一体化,便于目视管理,并通过对不必要物流的有效控制,确保定量定位实物管理的有效性。

那么,如何实现看板系统的上述目的,在此,以"取货看板"和"生产指示看板"的流动过程为例,介绍一下看板的功能。如图 7-24 所示。

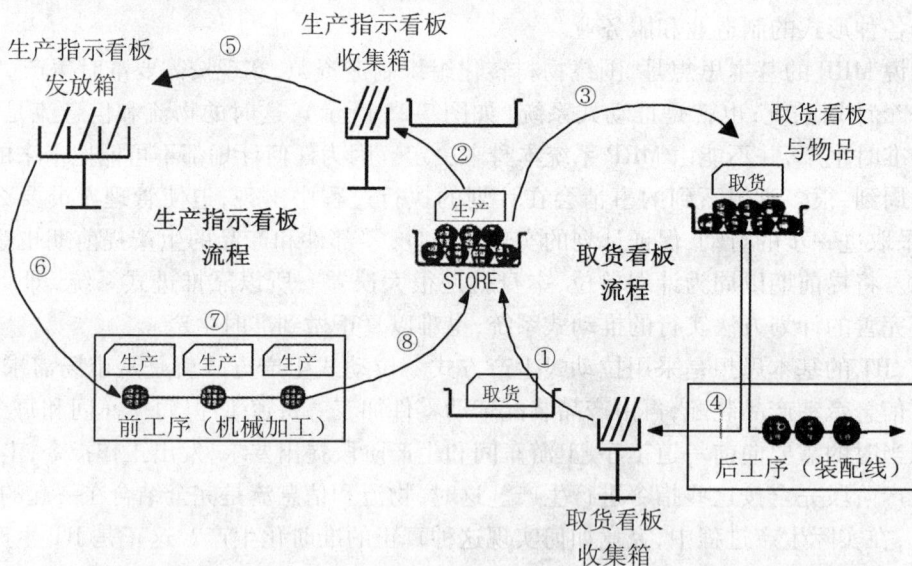

图 7-24　看板流程图

与看板信息系统的三个目的相对应,看板有三个功能:一是作业指示,起信息传递的作用。从图 7-24 中可以看出,先发生后工序"取货看板"的流动,然后再发生前工序"生产指示看板"的流动,即后工序按需求量大小,到前工序取货,而前工序按后工序取走量大小补充生产。这就是说,由后工序取货保证了"按时按量生产",由前工序补充生产保证了中间在制品的最少化。这种由后至前的信息连锁反应,可靠地实现了信息流和物流的同步化。当然,这必须要以

"自动化"、生产均衡化、小批生产、设备布置以及多能工制度等要素的相互配套才能实现。二是实物管理。看板和实物的一体化,便于对现场实物的目视管理。三是改善功能。根据看板的发放数和运转情况,准确把握现场实际状况,发现问题点并及时提出改进措施。

当然,看板信息系统并不是 JIT 生产方式的全部,它只是 JIT 生产系统所采用的一种信息系统类型,而且这种信息系统也只有在遵循以下原则的情况下,方能发挥其应有的作用。

(1)不良品不转入后工序;

(2)由需要方即后工序去取货;

(3)后工序取走多少,前工序生产多少;

(4)生产的均衡化;

(5)通过看板只能对计划进行微调整;

(6)工序的安定化和合理化。

总之,MRP 和 JIT 是两个截然不同的生产理念,比较两者发现各有各的特点(如表 7-13 所示)。在实际生产系统中,两个系统并不排斥。JIT 系统适合于控制现场的物料流动,而 MRP 系统对物料的流动和控制更加有效。而且,即使是在现场,就比较复杂的物料流和需求变化比较大的作业而言,也更适合于应用 MRP 系统。

表 7-13 MRP 和 JIT 的比较表

比较内容		JIT	MRP
管理系统		取决于需求(订货)的 PULL 系统	根据计划进行的 PUSH 系统
管理目标		以彻底消除浪费为手段的成本降低	计划与控制(按时确保必要的量)
管理工具		目视管理(例:看板系统)	计算机处理
生产系统		以生产循环期为中心	以 MPS 为中心
生产计划		需要比较稳定的 MPS	可变的 MPS
实施计划	生产计划	生产看板	作业传票,作业指令
	原材料计划	接收(外协)看板	订货单
计划优先顺序		以均衡生产为前提的各品种的日计划	以 MPS 为前提的所需品种的日计划
控制优先顺序		看板的到达顺序	作业排序
原材料需求判断		看板	物料需求计划(MRP)
订货(生产)批量		以减少准备切换费用为中心的小批量	经济订货量(生产量)
库存水平		最少的库存	到货之前所需的库存
与共应商的关系		长期合作伙伴	以经济采购为主的短期合作
质量控制		追求 100% 良品	认可一些不良
适用领导		重复性生产	非重复性生产(不受业种限制)

当然,如何融合两个系统,如何使两个系统在运作过程中互为补充,充分发挥各自的优点,这仍然是一个非常值得研究的一个实践性课题。

另外,值得关注的是,看板系统的思想可以用于实现供应链在生产活动控制和供应商订单管理水平方面的同步化。换句话说,看板可以用于连接供应链伙伴和企业内部生产部门。而且,也可以考虑将顾客需求视为看板系统的拉动因素,该拉动因素把供应链的所有成员联系在一起。供应链末端的拉力促使物料或产品沿着供应链自上而下移动,在移动过程中伴随着产品的生产活动。要使看板系统更好地发挥作用,在供应链上必须有一个稳定而又持续的物料需求拉力,也就是必须保证需求速率相对稳定,同时也尽可能少地发生中断现象。

五、供应链协调中的企业物流

如何有效配合企业综合计划来运作企业物流,以追求供应链绩效最优是企业物流管理的主要任务。然而,物流活动是一种服务,服务不能提前"制造",也不能储存于仓库之中,物流设施出现空置或员工的时间没有得到利用,一旦发生就会永远消失。因此,在任何时候,物流服务能力都必须与该期的需求紧密匹配,于是出现了物流服务需求与能力之间的动态平衡问题。如果物流服务需求始终处于稳定状态,那么,也就不会存在需求与能力之间的平衡问题,物流系统的运作过程也将非常容易。但是,由于物流活动的特殊性,物流服务需求的变化非常迅速,这给物流活动需求与能力之间的动态平衡带来了很大的难度。因此,如何实现物流服务过程中需求与能力之间的动态平衡,以促进供应量协调的同时,提高自身绩效已成为物流界的主要研究课题。

物流服务计划的焦点是服务产出率和雇佣水平的确定。服务产出率是指单位时间内提供的服务量,而雇佣水平反映的是服务规模和雇用方式。比如,通过外包或雇用临时工等方式扩大服务规模。另外,服务计划还需要考虑的事项是如何通过调整作业计划来应对需求变化等。

物流服务需求与能力之间的动态平衡问题主要发生在短期物流日程管理上。物流日程管理的主要目标是实现物流需求和能力的一致性,即尽可能高效利用现有物流服务能力来最大限度地满足物流需求。显然,物流需求与能力之间的平衡问题是日程管理的关注点。

图7-25反映的是需求的周期性变化与服务能力之间的关系。其中,实线表示的是最大可用能力,虚线表示的是适宜可用能力。当需求超过最大可用能力时,可能会造成丧失顾客的机会损失;当需求超过适宜可用能力时,虽然没发生丧失顾客的机会损失,但容易造成服务质量不高;当需求低于适宜可用能力时,会造成资源浪费;而只有需求与适宜可用能力相符时,需求和能力才能实现完全平衡。为了实现需求与适宜可用能力之间的平衡,主要采取的方式有"需求管理"和"能力管理"。通过对需求的管理来实现需求和能力之间的平衡,就是所谓的"需求管理";而通过对能力的管理来实现需求和能力之间的平衡,就是所谓的"能力管理"。见图7-26。

1. 需求管理

需求管理的目标是尽可能通过控制服务需求来满足适宜的服务能力。其管理方法主要有以下几种:

(1)可控需求的分类管理。这是指将需求划分为固定需求和随机需求,对固定需求可通过稳定的服务能力来实现对需求的完全满足,而对随机需求就用剩下的能力来满足随机性需求。

(2)预约制度的开发和活用。预约制度是为了更准确地预测一定期间内的服务需求而采用的一种方法。

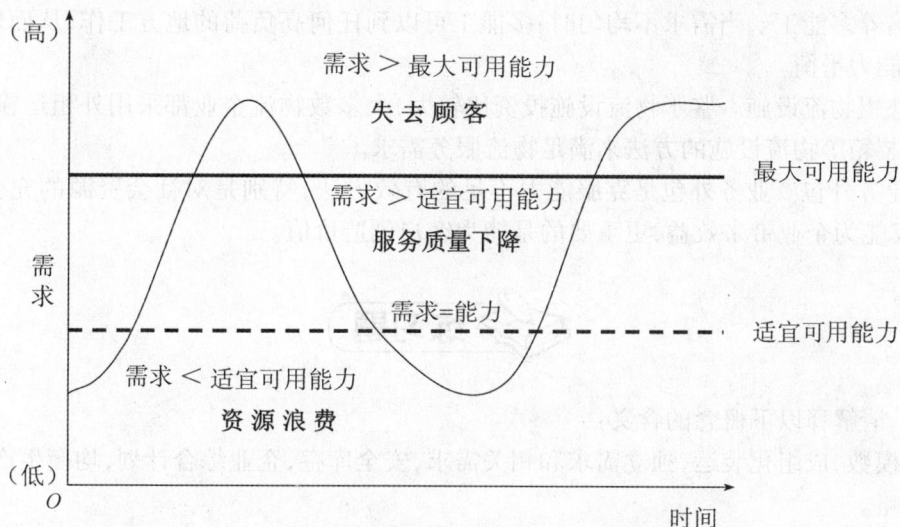

图 7-25 需求与能力之间的关系

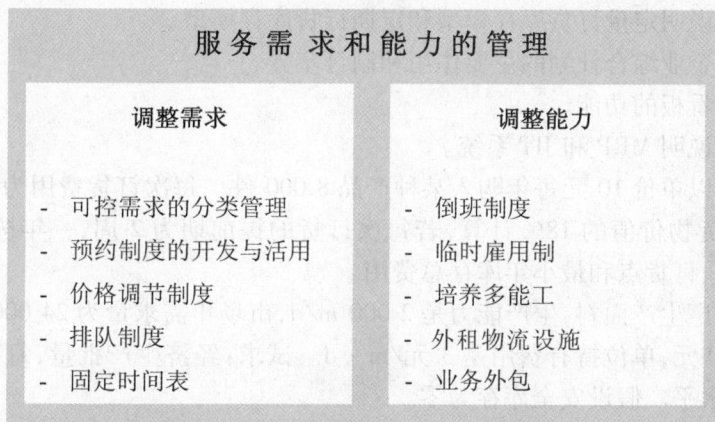

服务需求和能力的管理	
调整需求	**调整能力**
- 可控需求的分类管理	- 倒班制度
- 预约制度的开发与活用	- 临时雇用制
- 价格调节制度	- 培养多能工
- 排队制度	- 外租物流设施
- 固定时间表	- 业务外包

图 7-26 需求与能力之间的平衡方法

（3）价格调节制度。价格调节制度是指通过调节需求高峰和低峰期间的服务价格来控制需求均衡性的一种方法。

（4）排队制度。有效利用排队论,可以调节服务需求的均衡性。

（5）使用固定时间表。像航班、铁路、汽车等服务业,一般都采用固定时间表来满足顾客的需要,使顾客按固定时间表行动,这样,既可以满足绝大多数顾客的需求,又可以减少服务能力的浪费。

2. 能力管理

能力管理的目标是尽可能通过调节服务能力来满足需求的变动。其方法主要有以下几种:

（1）倒班制度。根据服务需求安排班次,特别是受设施能力限制的服务。而且,根据需求的高低峰,可以在不同的班次或时间段安排数量不同的服务人员来满足需求。

（2）临时雇用制。雇用临时工可以临时满足高峰(突发)需求,也可以在需求低谷时降低人工成本。

（3）培养多能工。当需求不均匀时,多能工可以到任何高负荷的地方工作,从而较容易地做到负荷能力平衡。

（4）外租物流设施。鉴于物流设施投资比较大,大多数物流企业都采用外租运输车辆、仓库以及集装箱等物流设施的方法来满足物流服务需求。

（5）业务外包。业务外包是克服能力不足的有效方法,特别是对社会资源的充分整合和利用,不仅能为企业带来效益,更重要的是能为客户创造价值。

练习题

7.1 请解释以下概念的含义:

物流模数,成组化装运,独立需求和相关需求,安全库存,企业综合计划,均衡生产策略,追逐需求策略。

7.2 请简述仓储系统功能及企业仓储系统四种基本方案的适用性。

7.3 请简述企业库存运作的两种基本模式。

7.4 请比较说明定量订货库存模型和定期订货库存模型。

7.5 请简述企业综合计划的主要作用和制订步骤。

7.6 请简述看板的功能。

7.7 请比较说明 MRP 和 JIT 系统。

7.8 某公司以单价 10 元每年购入某种产品 8 000 件。每次订货费用为 30 元,单位持有库存费按所库存货物价值的 18% 计算,若每次订货的提前期为 2 周,一年按 52 周计算。试求:经济订货批量、订货点和最小年库存总费用。

7.9 某纺织厂生产面料,生产能力是 2 000 m/d,市场年需求量为 24 000 m,每批生产的调整准备费为 280 元,单位持有费用是 3 元/m·d。试求:经济生产批量、每次开工持续生产天数和最高库存水平。假设安全库存为零。

7.10 某公司每年需要某种商品 4 000 件,订货费为 18 元/次,该商品的年库存持有成本为单价的 18%,供应商提供的价格优惠条件如表 1 所示,试根据题设条件,做出最优订货批量决策。

表 1

订货量/件	单位价格/元	订货量/件	单位价格/元
$1 \leqslant Q < 999$	0.90	$2\ 000 \leqslant Q$	0.82
$1\ 000 \leqslant Q < 1\ 999$	0.85		

7.11 终端产品 Z 的需求量如表 2 所示。一个 Z 由 1 个 A 和 4 个 C 构成,而一个 A 又是由 2 个 C 和 4 个 B 构成。Z、A、B、C 各自的提前期(LT)分别为:0、1、5、2。试制定零件 C 的订货计划。零件 C 采用随时订货。安全库存为零。

表2　　　　　　　　　　　　　　　　　单位:件

周	1	2	3	4	5	6	7	8
需求			30		75			95

7.12　某地区有两个分销中心 A 和 B,其各自的订货提前期、安全库存、订货批量以及所在地区未来的需求预测如表 3 和表 4 所示。若 A 和 B 分销中心每周的总计划订货数量转变为工厂总进度计划的需求量,而且工厂产品现有库存量为 110,产品生产的最小生产量为 500,提前期为 1 周,安全库存为 100。试完成两个分销中心的分销需求计划和工厂的总进度计划。

表3

提前期1周、安全库存50 订货批量100		周　　　次						
		1	2	3	4	5	6	7	8
预计需求		40	40	40	50	60	70	70	70
现有数	60								

表4

提前期2周、安全库存50 订货批量120		周　　　次						
		1	2	3	4	5	6	7	8
预计需求		60	60	60	60	65	65	65	65
现有数	65								

7.13　案例分析题

7.13.1　某大型石油公司为 50 个加油站提供补货的配送服务,这些加油站需要某一等级或多个等级的燃油。公司利用特别设计的带隔断的油罐车负责配送,不同油罐车的设计不同,可用来转运不同数量、不同等级的燃油。当地配送中心的调度员每天都会接到本服务区内加油站的订单,但订货量和订货地点总在变化。

请思考运作思路,并说明涉及的相关方法。

7.13.2　C 公司是一家生产某国际知名品牌饮料的合资企业,主要产品包括碳酸饮料以及非碳酸的水、果汁和茶饮料。公司一年前成立了一个项目小组来组织瓶装厂的物流活动,小组在年终结算时发现尽管公司的销量比以前年度增长了 9%,但公司的利润率却下降了 4%,经过分析是由以下因素导致的:

(1)市场竞争激烈,价格向下调整;

(2)经销商和下游客户对公司的服务提出了更高的要求;

(3)仓库存在大量过期产成品的同时还存在缺货情况。

为了提高竞争力,项目组对公司供应链系统做了深入的调研分析,发现存在以下问题:

(1)生产方面:由于生产线上品种变化速度太快,转换速度慢,跟不上生产节奏,大大降低了生产线的利用率。

（2）运输与配送方面：在长途运输方面，自有运力不足，运能较低；市内配送路线的不合理安排造成了运输效率的下降；在市内配送方面，自有车辆和外租车辆的不合理分配，造成运力不足；各个销售中心间车辆分布的不合理造成了车辆利用率的下降。

（3）库存方面：没有运用合理的预测方法，造成库存水平的不确定性，更无法确定安全库存，造成了不必要的浪费以及利润损失；没有形成统一合理的库存数据管理系统，出库入库账目混乱，出现缺货现象；没有确定合理的客户服务水平，造成生产销售方面的脱节。

（4）客户服务方面：送货不够及时、产品送达时的破损状况、销售人员对产品情况了解不全面，造成了客户的极大不满；现有订单处理系统过于烦琐，造成大量的迂回作业，降低了工作效率。

请利用所学知识，分析解决问题的思路和方法。

第八章 企业物流运作业务流程

引导案例

图 8-1 是企业供应链下游物流运作的一部分。请思考一下物流运作方案与流程。

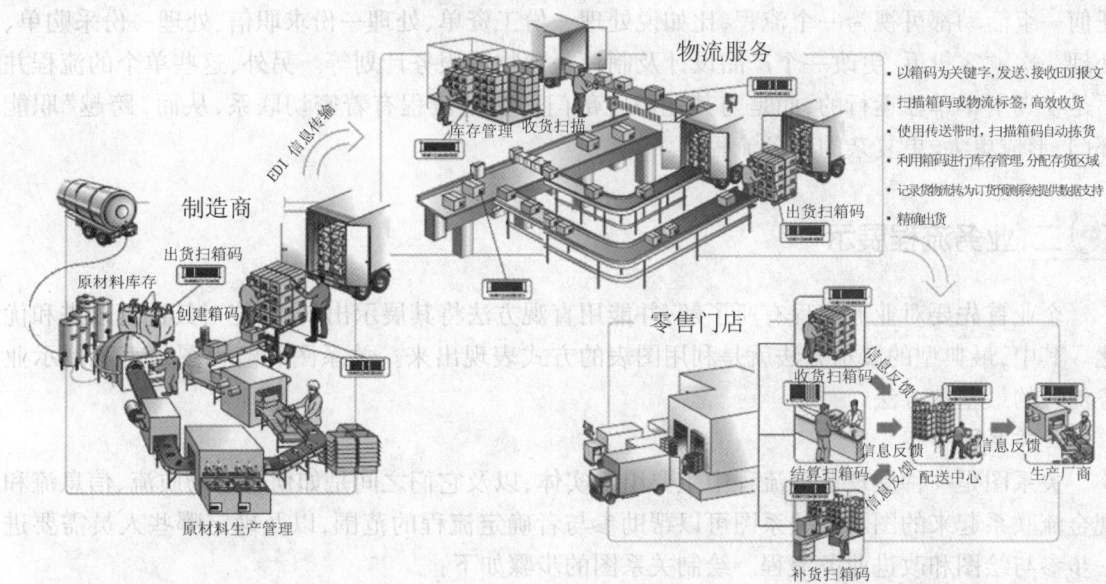

• 以箱码为关键字,发送、接收EDI报文
• 扫描箱码或物流标签,高效收货
• 使用传送带时,扫描箱码自动拣货
• 利用箱码进行仓库存管理,分配存货区域
• 记录货物流转为订货预测系统提供数据支持
• 精确出货

图 8-1 企业供应链下游

理解业务流程及其再造的概念,掌握业务流程展示方法,了解企业物流运作模式及其业务流程是本章的主要目的。

通过本章的学习,学员能够了解、掌握:

★ 业务流程及其再造的概念
★ 业务流程展示方法
★ 业务流程再造促进方法
★ 企业物流运作模式及其业务流程

第一节　业务流程及其展示

一、业务流程的概念

业务流程(Business Process)是指一组跨职能部门的、与其他流程或业务流程相辅相成的任务或活动的逻辑序列。一个运营系统实质上是由无数个业务流程构成的。好的流程必然会带来好的运营效果,继而能提高运营系统绩效,并根据流程绩效来决定是否需要对流程进行再造(Re-engineering)。

企业管理者的基本角色的实质是管理企业业务流程,包括管理与业务流程相关的人员。任何一组活动都可视为一个流程,比如说处理一份工资单、处理一份求职信、处理一份采购单、处理一次顾客投诉、更改一个产品设计及制订一项物流服务计划等。另外,这些单个的流程并不是在真空中单独运行的,而是与其他职能部门的其他流程有着密切联系,从而"跨越"职能部门,形成更大、更复杂的业务流程。

二、业务流程展示

企业首先要对业务流程有所了解,并能用直观方法将其展示出来,才能对其进行改进和优化。其中,最典型的展示方法就是利用图表的方式表现出来。关系图和流程图是直观展示业务流程的最基本方法。

1. 关系图

关系图是一种展现业务流程中主要组织实体,以及它们之间是如何通过物质流、信息流和现金流联系起来的图示。关系图可以帮助参与者确定流程的范围,以及确定哪些人员需要进一步参与绘图和改进业务流程。绘制关系图的步骤如下:

(1)在一张白板或白纸上画出方框,方框内所示的是潜在的参与者(职能机构、部门和个人等);

(2)用标有流程类型(信息、物质或现金)及流动方向的箭头将各方框连接起来,不同样式的箭头可以表示不同类型的流程;

(3)完成第二步后,把没有任何箭头指向和指出的方框去掉。如有需要,可以相应地添加其他参与者的方框;

(4)修订并重新整理出关系图,以便能更好地展现各种流程参与者之间关系的全貌。

关系图的作用在于识别参与者之间流程的类型。关系图是展示业务流程的重要一步,但是在很多情况下,我们还需要对组成流程的各种活动进行详细了解,也就是需要绘制流程图。

2. 流程图

流程图是确定组成流程中信息流、实体流,和/或现金流的特殊活动的详细图示。流程图能让管理人员全面了解流程的工作情况。

专家已经开发出了一系列的绘图符号,用来表示一个流程的不同方面,图8-2所示的是一些较为常用的符号。

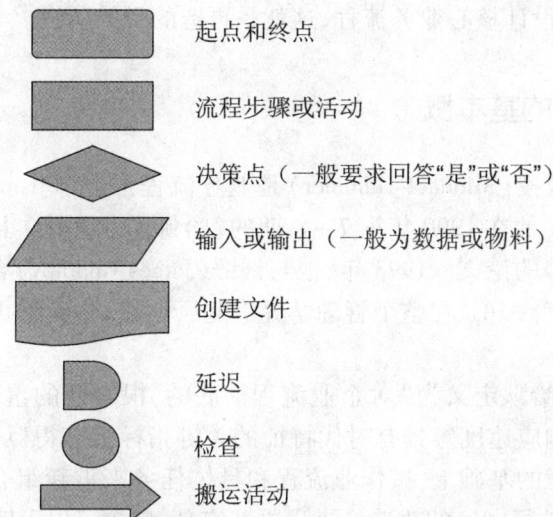

起点和终点

流程步骤或活动

决策点（一般要求回答"是"或"否"）

输入或输出（一般为数据或物料）

创建文件

延迟

检查

搬运活动

图8-2　常用的流程图标识

因为需要细节信息，所以绘图时要有意识地关注重点，否则流程图会变得过分或偏离正轨。关注重点的有用规则包括：

（1）识别处于焦点的实体。这些实体可能包括顾客、订单、原材料等。绘图工作的重点是与这些实体在流程中的运动相关的活动与流动。

（2）明确范围、起点和终点。明确研究对象的范围、起点和终点是绘制流程图的基本前提。比如以执行一个顾客订单为例，起点是顾客下订单的时点还是制造商接到订单的时点？同样，终点是订单完工离开工厂的时点还是订单送到顾客手里的时点？制造商需要将重点放在和订单相关的信息和物资流上，而不是现金流上。

（3）确保流程图简练。大多数人在第一次开发流程图的时候，往往在上面堆砌过多的细节。他们开发的流程图过于复杂，常常将一个主要活动分解成几个更细的活动，而这些活动并不能帮助我们深入了解其他信息，有的流程图中包括了处理所有能想到的甚至极少发生的事件的逻辑分支。要避免这种问题并没有简单现成规则可循，只能检查一下加入的细节对理解流程是否重要，这些复杂的细节是否值得添加。

第二节　业务流程再造

多年以来，企业的组织和架构都是在追求效率最大化和控制企业成长规模之间进行权衡的。然而，随着全球化经济的出现以及世界各个角落愈发激烈的市场竞争，如今关乎企业成功的竞争优势要素已经从效率转变为创新、速度、服务及质量。

为了提高工作效率，工作设计通常是按照劳动分工原则，把工作划分成一系列由相对独立的不同职能部门的人员承担的不同部分。然而，这种分工方式虽然提高了每个职能部门的每个人员工作的效率，但也有其先天不足之处。由于每个职能部门的每个人员只需要关心自己的那一部分工作，从而导致了每个职能部门的每个人员缺乏对整个工作流程的责任感。这些常规的业务流程的结构被划分成了很多不同部分，因此，业务流程本身就缺乏整合性来保证其总体竞争优势，例如兼顾质量和服务。这种整合性竞争优势要素的转变迫使管理者们重新考虑企业运营方式,并重新设计核心业务流程,这就是再造的目的所在。

一、业务流程再造的基本概念

美国管理专家哈默教授(Michael Hammer)是业务流程再造(Business Process Reengineering,BPR)理论的创始人。他在1990年第7~8期的《哈佛商业评论》上发表了题为《再造:不是自动化,而是重新开始》的论文。1993年,他与钱辟(James Champy)合作,合著出版了《再造公司——企业革命的宣言》一书,在整个管理学界引起巨大震动,流程再造革命的浪潮迅速遍及全世界。

所谓业务流程再造,哈默定义为"对企业流程彻底的、根本性的重新思考和重新设计,从而在成本、质量、服务和响应速度等具有时代特征的关键指标上获得巨大的改善"。这种定义强调在打破原有职能分工的基础上,按作业流程和具体任务来重新组合。流程再造主要利用"信息技术"对业务过程进行彻底的改造。流程再造定义,包含了以下四个重要的组成部分:

(1)重视对客户的服务。虽然"顾客就是上帝"一直是企业奉行不变的口号,但在实际工作中,它的意义仅仅局限于营销人员中间,企业内实行的一直是一种中央集权的官僚主义运行机制和考核、监控手段,员工完成本职工作,向来以达到上级满意为标准,而从不管此项工作是否真正为顾客所需,是否能够使顾客满意,更不在意其工作内容与工作效率对于顾客是否具有现实意义。许多工作最终形成了一种为企业内部循环而设置的项目,既没有价值又加重企业负担。而流程再造以创造对顾客有价值的输出为目的,真正将努力提高客户服务质量和客户服务满意程度作为追求的目标。

(2)围绕过程进行组织流程再造的核心思想。由于受亚当·斯密的"劳动分工"的影响,许多企业把注意力放在构成过程的一个个孤立的任务上,虽然这些任务很重要,但它们并不直接与客户相关,只有整个过程的最终结果才对客户有意义,因此,企业应该围绕过程而不是围绕任务进行活动。

(3)对企业结构进行重组,将职能化的等级制度打破,按作业流程和具体任务来重新组合,围绕某项具体任务形成完成该任务所需的各类职能人员的跨功能团队或工作小组。

(4)运用计算机、网络通信和专家系统等信息技术,加快信息传递,为业务人员提供及时、准确的信息,为企业规划提供决策支持。

业务流程再造的本质主要反映在:

(1)流程再造的驱动力:实现企业目标是企业流程再造的驱动力。

(2)流程再造的目标:取得性能与绩效的显著改善。流程再造强调从整体着眼,改造的目的在于提高总体效能。有时候,一个局部的改造可以提高局部的效能,但对总体并无重大的提高,这样并不是理想的改造。实践证明,由整体流程改造所产生的绩效改善远远优于仅考虑局部作业效率的提高。

(3)流程再造的核心:流程再造是并行的,打破了传统工序的观念,从跨越职能部门的角度、从企业整体大目标的角度重新审视传统的企业过程,跨越不同职能与部门界限,进行管理和作业过程重整。

(4)流程再造的技术支持:由于整合作业过程会使工作复杂度增加,许多成功的企业都巧妙地运用信息技术来提高员工的作业与决策能力。

总之,业务流程再造的促进目的如图 8-3 所示。

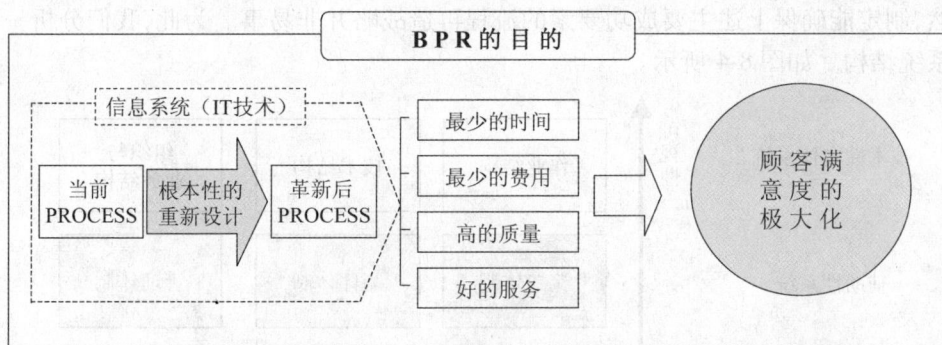

图 8-3 业务流程再造促进目的

二、流程再造战略及其促进方法

一个成功的 BPR 项目必须与企业总体战略结合起来实施。换言之,BPR 是企业的战略决策问题,而非战术决策问题,也是战略业务单元的战略决策问题。因此,一个成功的 BPR 项目首先需要确保以下主要成功要素的战略:

1. 再造环境的愿景

战略愿景应展示出包括可测量并能实施的再造过程和结果在内的总框架,以表明再造总方向。

2. 再造方法论

方法论应能覆盖因流程再造而受影响的组织内所有层面,而且,要求明确的定义,并通过具体的实施计划,确保再造过程的顺利完成。

3. 包括最高管理者在内的所有阶层人员的共同参与

当问题和解决措施之间出现难以决策的局面时,最高管理者往往将问题推向下层人员,这将对解决措施的落实带来很大不利。只有在最高管理者亲临问题并采取措施的情况下,再造工程才能真正得到落实。而且,相关专家也必须要参与决策。

4. 赋有柔性的临时性组织

BPR 项目决不能引起永久性组织的产生。项目组只是临时性的,项目完成后成员要重新回到各自岗位。

5. 持续改进

在 BPR 初期彻底的根本性的大变化之后,仍需要致力于框架内的持续改进。

6. 团队理念与教育

跨职能的团队理念的形成是 BPR 成功的关键。

7. 系统思考方法

系统概念的出现,使已被支离破碎的世界整合为一体,使越演越烈的"自我意识"观转化为"系统思考"观成为可能。即系统研究的是如何将拆成的片片段段和分割开的个体拼凑成一个整体,以求"一窥全貌",使人类认知"我们都受到细微且息息相关的行动所牵连,彼此影响着,这种影响往往要经年累月才完全展现出来"的道理。这种系统思考方法也是 BPR 项目成功的关键。

当然,制定能确保上述主要成功要素的流程再造战略并非易事。为此,我们分析一下一般组织的系统结构。如图8-4所示。

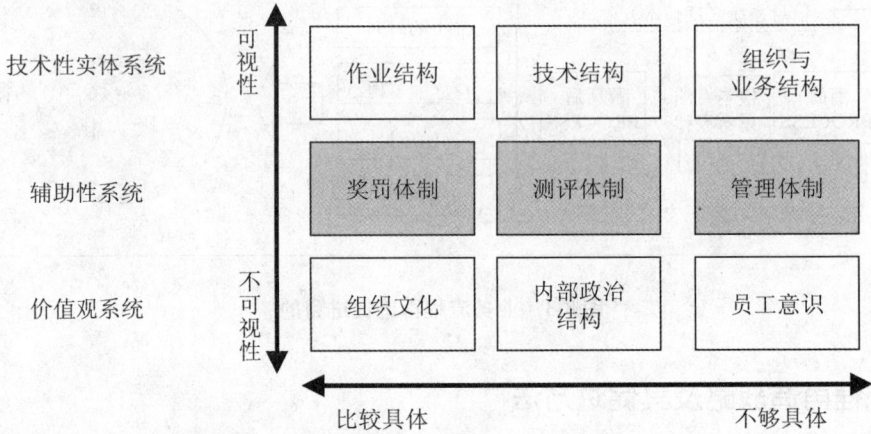

图8-4　一般组织的系统结构模型

其中,技术性实体系统主要包括:作业结构、技术结构、组织与业务结构。相比之下,这些内容的可视化程度比较高。价值观系统主要包括:组织文化、内部政治体制、员工意识。相比之下,这些内容的可视化程度较低。辅助性系统主要包括:奖罚体制、测评体制、管理体制。这些内容的可视化程度介于中间。

BPR促进战略必须要充分考虑上述各系统的作用以及相互之间的关系,特别是辅助性系统。而且,BPR促进战略应采用双重促进方法,即初期根本性变化和长期渐进性持续改进的有效结合。如图8-5所示。

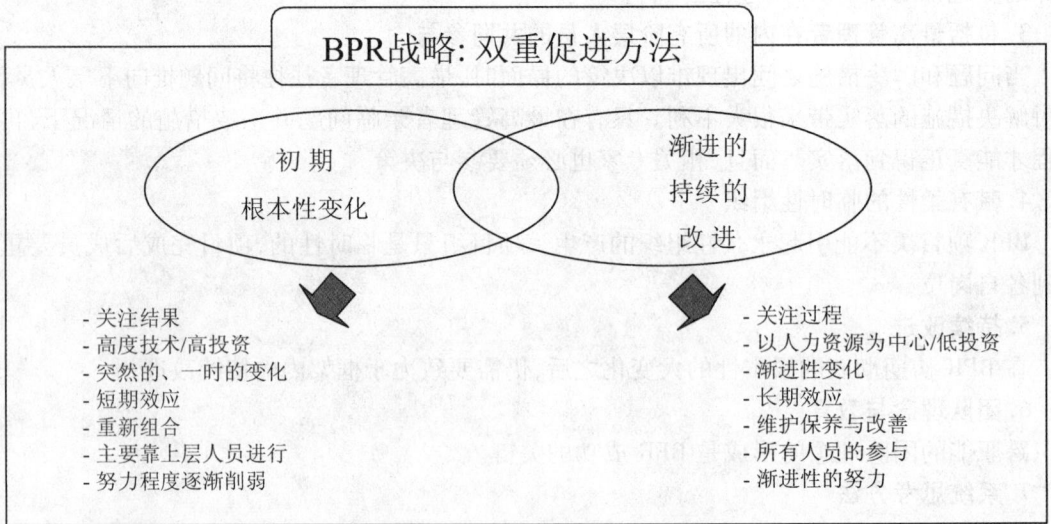

图8-5　BPR 战略:双重促进方法

上述双重促进方法的一般促进程序如图8-6所示。

也就是说,首先,通过广泛的调查研究,收集第一线资料和信息,并在详细了解和分析现状

步骤 1	基础性 资料的收集	过程: 调查研究 结果: 确定评价可能的项目
步骤 2	实施业务 流程再造	过程: 流程再造 结果: 改进的业务
步骤 3	持续改进 及制度化	过程: 标准化与培训 结果: 制度化的业务

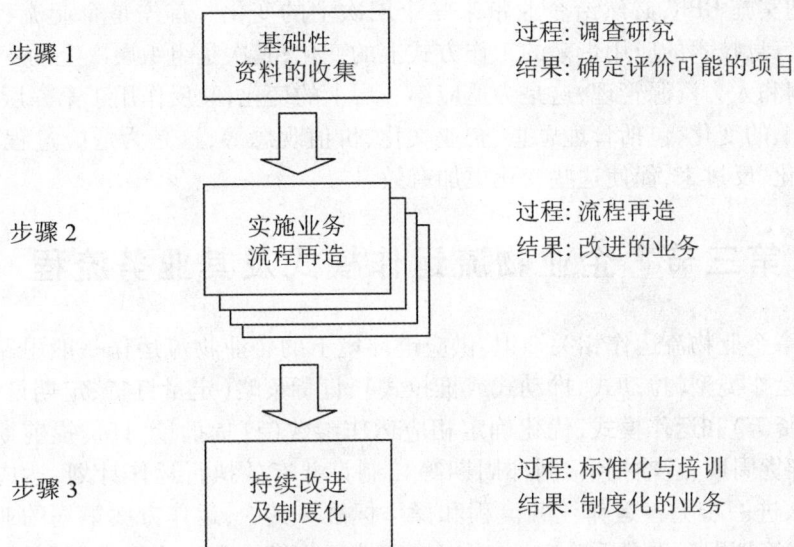

图 8-6　BPR 的一般促进程序

的基础上,排出问题的先后顺序,从而确定测评可能的项目。其次,借助流程再造多种方法,实施初期彻底的根本性的重组再造。最后,在再造环境框架内,持续改进,并实现标准化、制度化,以保证业务质量和效率。

如果将步骤 2 流程再造过程进一步展开,可以再细分为如表 8-1 所示的具体过程。

表 8-1　BPR 的具体促进内容

过程	内容	具体促进内容
1	流程再造准备	—有关 BPR 的基础培训 —BPR 环境变化适宜性教育
2	设立 B P R 促进组织	—组建促进组织 —Insider: 由多个职能部门选拔组建促进组织 —Outsider: 其他促进组织外的部门长或职员
3	列出核心过程	—展示原有过程 —明确改进理由 —借助案例,展示流程
4	识别并明确流程	—识别前后顺序 —依据三个基准(阻碍、重要度、可能性)的评价 —明确前后顺序
5	明确愿景	—明确变化目的及对象 —包括可操作、可测量的目标
6	领会流程	—站在顾客立场上,领会流程 —通过现场体验,领会原有流程
7	流程再造	—创新意识
8	流程运营	—对变化的抵抗,观察问题点 —持续的流程改进

总之,成功实施 BPR,必然给企业带来三个层次上的变化。首先是企业流程及其运营方式的变化和由信息技术的应用带来的工作方式上的变化;其次是组织层次上的变化,包括组织结构、运行机制和人力资源管理,这是为适应第一层上的变化,又反作用于第一层;最后是企业管理理念层次上的变化,包括管理思想、企业文化、价值观念等,这是为适应过程、组织层上变化而发生的变化,反过来,促使这些变化更加有效。

第三节　企业物流运作模式及其业务流程

根据第七章企业物流运作相关知识,供应链环境下的企业物流运作一般思路是通过不断优化选择物流运作类型(拉动式、推动式或推拉式)、订货策略(定量订货、定期订货、最大最小订货或随时订货等)和运作模式,优化确定相应运作参数(订货批量、订货提前期、安全库存、最大库存量、订货周期、运输批量、循环周期等),制订并有效执行运作计划,达成既定物流服务目标的同时,进一步完善运作业务流程和操作标准。其中,运作方案策划的业务流程如图8-7 所示。方案策划即运作参数确定后,可以按所选运作模式和物流需求计划,制订物流执行计划并进行物流操作。

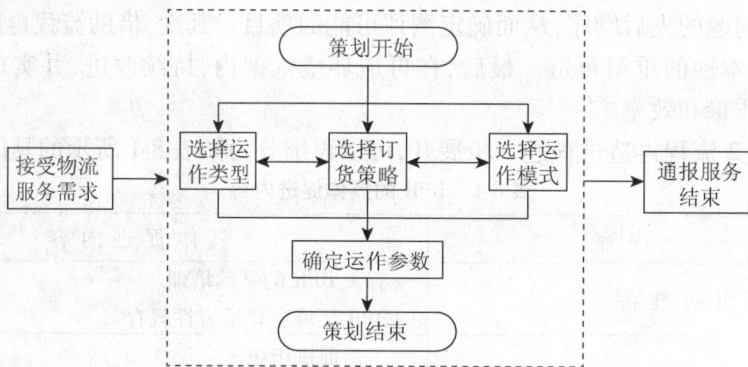

图8-7　企业物流运作方案策划业务流程图

在企业经营活动中,不同企业有着不同形式的物流运作模式,并设置相应的部门来管理企业物流业务活动。根据企业的实际情况选择和确定合理的物流运作模式,建立高效和充满活力的物流部门是企业物流工作走向成功的第一步。

每个企业在物流活动方面都需要具备两个能力,即利用社会物流的能力和组织自身物流的能力。这就需要相应的管理体制来加以运作,企业主要的物流管理体制有以下几种模式。

一、物流联合模式

物流联合模式是指当企业进行某个物流活动时,所涉及的部门均委派专人组建对该物流活动全过程起领导作用的管理机构。同时,主要责任承担部门的人员担任该机构的主管。管理机构是一种临时性机构,该项物流工作完成后即可解散。

在这种物流运作模式中,物流管理机构所承担的任务是全权处理所指派的物流过程领导工作。该机构对所有协作部门负责,参加者具有双重身份,既是该机构工作人员之一,又是原部门委派的代表,要起到在物流过程与本部门管理之间的协调作用。

二、物流专业模式

物流专业模式是企业最常用的物流模式。在这种模式中,企业成立专门的物流部门,管理企业的各项物流活动,为企业的整体经济效益的实现服务。它在企业中直接向总经理负责,具有独立开展业务和管理的权利,是公司中的主要部门之一。

这种物流运作模式下的物流部门与生产、销售、计划、财务等部门一样均属于企业的单个专业职能部门,部门的调整全部由企业的最高经营层决策。

三、物流分散模式

大型企业的各个组成部分,即事业部或子公司一般都有各自的物流部门来进行自己经营中的实际物流工作,这些物流部门和各自所属主体的经营活动密不可分。因此,它们不可能脱离自己的主体而独自组成物流机构,从而使企业的物流分散在各个组成部分之中,企业对此能实行分散管理。

在这种物流运作模式下,物流功能可以和该领域其他经营活动密切结合,有利于该领域的统一开拓发展,但缺点是各领域物流功能有重复和浪费,难以发挥物流总体效益。

四、物流子公司模式

物流子公司模式是大型企业在总公司之下将物流部门从专门的职能部门中分离出来,成立单独的物流子公司。这个子公司是企业集团中的一员,不但在本企业集团中承担物流责任,而且还可以和集团外其他企业建立紧密或松散的关系,接受其他企业的物流委托,进行物流经营服务活动。

物流子公司的成立使其成为一个自负盈亏、自我核算的独立经营实体,这样有利于其内部进行有效的物流费用管理,控制物流成本水平。另外,成立物流子公司后,为了自己的经营利益,物流子公司会努力实现物流的合理化和现代化,提升物流工作的效率,以适应生存和竞争的要求。最后,物流子公司具有对外承接各种物流服务的功能,这帮助总公司拓展了经营领域,实现了多角度化经营,利于公司整体的发展。从相互关系上看,物流子公司和其他企业子公司的关系可以是一般联合形式,也可以是相互持股关系,总公司之间还可以是控股关系。

无论采用上述运作模式中的哪一种,其物流服务都采用或是自营,或是外包,或是合作的运作模式。当然,很少有企业能进行完全自营的物流运作。企业自营或外包物流运作的业务流程如图8-8和图8-9所示。

显然,自营物流运作的关键在于物流执行计划的制订,而外包物流运作的关键在于选择物流服务商,并对物流过程进行监控。

综上所述,业务流程图既可以用于业务流程的改进和优化,也可以为相关部门和人员展示业务流程,并明确业务关系。

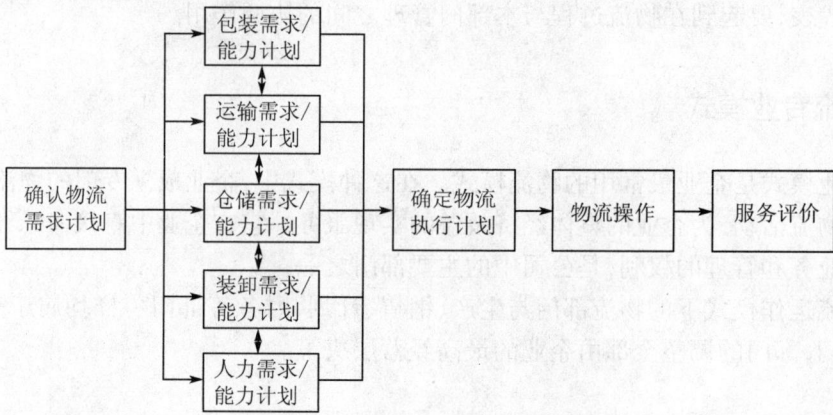

图 8-8　企业自营物流运作业务流程

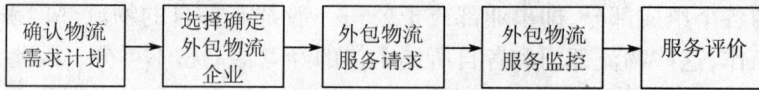

图 8-9　企业外包物流运作业务流程

练习题

8.1　请解释业务流程及其再造的含义。

8.2　请简述企业物流运作的一般思路。

8.3　请简述常用的企业物流运作模式及其业务流程。

管理篇

第九章　企业物流过程管理与服务商管理

引导案例

某公司主要生产和销售即食食品和便利食品,其中,即食食品占到了该公司总销售额的60%。该公司的客户主要是美国的连锁店,该公司还在加拿大和欧洲各有一个生产销售部门,销售网遍布全球多个国家。食品行业竞争激烈,该公司面临着不断降低成本的压力。

从物流的角度来说,该公司的产品主要分为两类:冷冻食品和脱水食品。这两种不同类型的产品要求采用不同的物流方案。

脱水食品:该公司在北美有15家生产脱水食品的工厂。该公司依靠七个区域性分销中心(由外部企业管理)和多个运输商负责分销业务。为了降低仓储和运输成本,经理们最近提议采用外包策略。在运输方面,合同运输商的数目从25个增加到30个,就可以降低15%的成本。但是,由于运输商业务处理能力的下降,该公司的业务对它们来说不那么具有吸引力了。最终,经理们必须提高一些关键运输商的支付价格。

冷冻食品:该公司冷冻食品的管理更加困难。该公司依靠35~40个有食品冷冻能力的运输商处理冷冻食品业务,并同其他制造商共用6个分销中心。专门处理冷冻食品的企业为该公司和其他公司经营这些分销中心。

请思考一下如何管理这些物流过程及物流服务商?

理解过程管理的含义,了解企业各物流过程的管理要点,掌握物流服务商管理的基本思路是本章的主要目的。

通过本章的学习,学员能够了解、掌握:

★ 传统职能管理与过程管理的区别

★ 企业供应、生产、销售及逆向等物流过程管理要点

★ 企业物流服务商及其资源池的含义

★ 企业物流服务商选择与管理

第一节　企业物流的过程管理

利用"过程方法"研究企业物流管理是本书的关注点。本书对物流系统结构的划分也充分体现了"流程/功能子系统"(关注过程)在企业物流系统中的核心地位。

实际上,注重过程有助于避免以有关职能和活动为基础的组织缺乏远见。另外,注重过程很容易把物流组织真正推向综合物流和综合供应链管理。正像物流服务部门有助于提高物流的地位和作用一样,注重物流过程能大大促进物流活动的整合和协调。而且,今天的信息技术

已经超越了时间和空间的限制,为企业各种事物处理流程的重新设计和实现提供了良好的支持,为过程的彻底改善提供了可能。

"过程方法"的核心在于把关注的焦点由过程的某一职能扩展到整个跨职能的过程,并以信息技术作为整合各过程的有力手段,最终取得整个过程绩效的巨大改善。传统职能管理与过程管理的区别如表 9-1 所示。

表 9-1 传统职能管理与过程管理的区别

内　容	职 能 管 理	过 程 管 理
关注重点	内部体系	过程及其输出
问题产生的原因	员工	过程
对员工的态度	成本	资源
员工对工作的态度	做自己的工作	知道对过程的贡献
衡量对象	个人	过程
改进对象	人	过程
上级对下级的态度	控制	激励
企业文化	不信任任何人	所有人都休戚相关
发现问题后的态度	谁犯了错	是什么使得错误发生
工作目的	为老板工作	为顾客工作

企业物流的过程管理是指为实现企业物流系统的总目标(优质服务、快速及时、低成本、节约空间、规模适当、最低库存等),对供应、生产、销售等一体化物流过程进行统一计划、组织、协调和控制的活动。过程管理的核心在于识别许多相互关联和相互作用的过程,并以一体化过程总目标为评价依据,对各过程实施的管理活动。

但是,由于还没有一种有效的、一体化的管理模式可以从整体的角度解决企业物流服务的过程管理问题,所以常常需要将复杂的过程分解成若干过程。实际上,这就意味着分别解决供应、生产、销售等过程的管理问题,再利用递推的方法将某一过程的输出用作另一过程的输入。最后,再通过整合各过程,以达到一体化过程管理的目的。现代信息技术是整合各过程,实现一体化管理的重要支柱。

依企业性质、产品特点不同,企业物流过程千差万别,在此,我们以第五章介绍的典型的企业物流过程为例,介绍一下各物流环节过程管理的思路和关注点。

一、供应物流的过程管理及其关注点

典型的企业供应物流过程包括:采购运输、仓储与库存管理、组织企业内配送。为了实施过程管理,首先,需要明确管理目标,其次,围绕目标,制订运输、库存和配送计划,最后,落实、控制并评价各相关过程,以确保目标的实现。这就是过程管理的主要思路。

供应物流过程的最终目的是满足企业生产经营的需要,而为了实现这个目的,需要管理的主要指标应包括:供应提前期、库存天数、供应物流成本、产品完好率、及时供应率、快速响应水平等。与此相对应,各过程的管理目标值主要包括:采购运输过程的运输时间、运输成本和运输质量;库存过程的库存天数、库存成本和库存质量;配送过程的及时供应率、快速反应率、配送准确率等等。

供应物流作业计划的制订主要依据的是企业供应计划、需要管理的目标值以及物流资源能力等。其中,企业供应计划是连接供应和生产物流过程的纽带。

就我国现阶段而言,由于采购运输一般都由供应商负责,而在采用拉动式生产方式的企业里,配送工作又主要采用取货制,可以纳入生产物流范围,所以,供应物流过程管理的关注点应该放在仓储与库存管理上。

二、生产物流的过程管理及其关注点

生产物流过程的特殊性决定了生产物流的研究离不开生产设施的布置类型。不同的设施布置类型要求不同的生产物流管理方法。比如,对工艺布置的生产单位而言,生产物流单位管理的关注点应放在解决降低运输次数和减少在制品库存之间的悖反问题;对产品布置的生产单位而言,生产物流单位管理的关注点应放在如何按产品生产节奏适时配送所需零部件;对混合方式布置的生产单位而言,生产物流过程管理的关注点应放在如何实现混合配送;对定位布置的生产单位而言,生产物流过程管理的关注点应放在配送顺序的合理确定等等。

总之,生产物流过程管理的指导思想是"生产过程中的物流活动是不增值的浪费"理念。这要求生产物流过程管理的关注点应放在如何降低过剩生产、如何降低运输浪费、如何降低等待的浪费、如何降低库存浪费等等,以实现最大限度地缩短生产提前期的目的。

生产物流作业计划的制订主要依据的是物料需求计划(MRP)、JIT系统中的取料看板、需要管理的目标值以及生产物流资源能力。

三、销售物流的过程管理及其关注点

典型的销售物流过程主要包括:产成品的包装、产成品的储存、装卸搬运和发送运输。

销售物流过程的最终目的是用最低的物流成本最大限度地满足物流客户服务。物流客户服务是指受物流因素影响的客户服务。在客户服务属性中,受物流因素影响的客户服务属性很多,其中,比较常见的有订单履行率、送货频率、库存信息的可得率、订货时的预计发运时间和预计送达时间等等。

为了实现销售物流过程的最终目的,首先需要解决的是物流成本和物流客户服务水平之间的平衡(参见第三章内容),并确定最优物流服务水平,然后,以所确定的物流服务水平和需要管理的目标值为依据,通过制订物流作业计划来落实物流服务。

在实际的销售物流过程中,比起成本,客户往往更关注的是快速响应水平,即发出订单与收到货物之间的时间。因此,销售物流过程管理的关注点应放在订货周期及配送时间的缩短上。

四、逆向物流的过程管理及其关注点

典型的逆向物流过程主要包括:物品收集、检测与分类、再加工、重新配送和运输等。

逆向物流过程管理的最终目的是有效回收和处理废弃物资和召回产品。逆向物流是对货物、服务及相关信息从消费地到起源地的有效流动和储存。而物品的消费地往往是非常分散的,这给物品收集工作带来了较大的难度。所以,逆向物流过程管理的关注点应放在物品收集过程的管理上。

关于逆向物流的过程管理可参考文献[5]。

第二节　物流服务商及其资源池

全球经济一体化环境下,跨国生产企业的竞争力,早已由其主营业务转变为以其为主体的整个供应链运作能力来衡量。一个精益、敏捷的供应链无疑会让企业在激烈的市场竞争中脱颖而出,特别是,高效的物流系统促使产品能快速准确的到达客户手中,不仅会赢得客户青睐,也为公司的资金回收和成本控制提供了发展方向。因此,物流系统的管理已成为跨国生产企业提高竞争力及效益的最关注焦点。

然而,就与多个国家有业务往来的生产企业而言,业务得以迅速拓展并遍布全球的同时,其物流支撑网络也随之迅速扩张,一方面不断有新的物流需求产生,也不断有新的物流服务商加入其物流体系。为了应对这种快速变化的物流需求,一种基于物流服务商管理的生产企业物流管理模式应运而生。

一、物流服务商及其职能

物流服务商这一概念源于供应链管理,一个供应链基本包括原材料供应商、产品制造商、物流服务商、分销商和零售商五个部分。当制造企业间的竞争从单一的主营业务竞争变成供应链之间的较量时,物流服务商作为供应链中一个不可或缺的角色被大家所认识。物流服务活动表现形式有三个:物质表现为企业之间的物质资源的转移(包括时间空间和形态的转移);价值表现为物流过程是一个价值增值过程,是一个能创造时间价值和空间价值的过程;信息表现为物流过程是一个信息采集、传递与加工过程。

物流服务商便是提供上述物流服务的公司,包括但不限于提供跨国境运输、仓储、清关、内陆派送等各类服务的供应商,可以是提供打包服务的第三方或第四方物流供应商,也可以是提供单项服务的物流供应商。

由物流需求的多变性、物流功能的多样性以及物流业务分布的广泛性所带来的对物流服务商需求的多变、多样和广泛,不仅造成对物流服务商的管理难度,而且也反映出对物流服务商的管理水平、对物流系统效益所带来的巨大影响。因此,通过有效管理物流服务商来保障物流支撑网络便成为生产企业尤其是大型跨国生产企业管理物流系统的关注点。

二、物流服务商资源池的建立与更新

物流服务商资源池即指能提供物流服务并具备一定资格与条件的物流服务商集合体，其表现形式为数据池。资源池构建的目的在于为物流服务商选择提供资源储备。

1. 资源池的构建

企业可以根据长短期物流需求计划，基于物流服务商应具备的资格与条件，搜寻潜在的物流服务商，并对潜在物流服务商从 T(technology：营业资格、公司实力、员工素质、IT 系统、管理经验等)、Q(quality：服务态度、各项 KPI 达成情况、改进落实等)、R(response：运能到位速度、异常时间协调速度及解决能力等)、D(delivery：交付能力，即网络覆盖范围、承运资源控制力度及中转的衔接能力等)、C(cost：供应商财务状况、价格、增值服务、能够提供的优惠条件、财务结算周期等)、E(environment：公司办公环境、操作场地、库房安全等周边环境条件等)、S(social responsibility：公益事业投入度、社会荣誉、业界排名等)等方面进行审核认证，筛选出合格服务商，并按服务功能、服务区段、服务质量等级以及标准化水平等加以分类而构成资源池。

企业也可以充分利用第三方认证结果(比如，A 级物流企业评估结果等)来构建物流服务商资源池，以减少审核认证工作量及其支出。

2. A 级物流企业综合评估

《物流企业分类与评估指标》(GB/T 19680—2013)是于 2005 年 3 月 23 日初次发布，并于 2013 年 12 月修订发布的国家标准。标准规定了物流企业的分类原则、物流企业类型与评估指标，适用于物流企业的界定、分类与评估，也适用于物流企业的规范与管理。标准自初次颁布实施以来，通过中国物流与采购联合会的 A 级物流企业综合评估工作得到了全面贯彻实施。伴随着 A 级物流企业评估工作的持续有序推进，对物流产业和物流企业健康发展的指导作用日益显著，正在成为社会各界了解和评判一个物流企业的重要依据。

本标准修订的基本原则主要是依据现阶段物流企业发展的现状和未来发展趋势，结合当前物流行业的发展环境，以及社会、经济发展对物流企业提出的新要求，以物流企业的客观实际为基础，在继续保持现行国家标准的大框架和大类别的基础上，在细节及具体操作流程上以微调为总原则、导向为辅地进行调整和补充解释说明。

该标准将物流企业分为三类：运输型物流企业、仓储型物流企业和综合服务型物流企业。其中，运输型物流企业是以从事货物运输业务为主，企业自有一定数量的运输设备，具备网络化信息服务功能，可以提供门到门运输、门到站运输、站到门运输、站到站运输服务和其他物流服务的企业；仓储型物流企业是以从事仓储业务为主，企业自有一定规模的仓储设施、设备，具备网络化信息服务功能，能为客户提供配送服务以及商品经销、流通加工等其他服务的企业；综合服务型物流企业是从事多种物流服务业务，可以为客户提供运输、货运代理、仓储、配送等多种物流服务，企业自有或租用必要的运输设备、仓储设施及设备，具有一定运营范围的货物集散、分拨网络，具备网络化信息服务功能，并配置专门的机构和人员，建立完备的客户服务体系，能及时、有效地提供客户服务，而且，根据客户的需求，为客户制定整合物流资源的运作方案，为客户提供契约性的综合物流服务的企业。

该标准分别为各类物流企业建立评估指标的同时，明确了各级别(5A、4A、3A、2A、1A，其中 5A 为最高级)物流企业在相应评估指标上应达到的区间范围。

截至 2015 年年末,中国物流与采购联合会已向社会陆续通告了二十批 3 625 家 A 级物流企业,A 级物流企业评估工作进入稳健发展阶段,而且,越来越多代表我国物流业发展水平和发展方向的优质物流企业进入了 A 级物流企业行列。

3.资源池的更新

随市场、服务需求以及服务商状况变化,资源池也需要不断更新。根据市场预测以及企业供应链计划和物流需求计划的要求,应不断搜寻潜在的物流服务商,并对资源池内物流服务商进行动态跟踪管理,定期更新资源池内物流服务商构成以及相应数据。

第三节 企业物流服务商的选择与管理

📢 一、物流服务商选择

企业根据供应链物流服务需求,明确不同物流项目服务标准,并在资源池内备选物流服务商中选择与服务标准相适宜的物流服务商。其中,选择方法因企业而异。比如,可以采用综合评估、电子竞价(要求服务商在规定时间内实现多次竞争报价,在匿名条件下与其他对手竞争,最终由需求方授权给资质、技术能力和报价最优的服务商的一种新型方式)、竞争性招标、价格比较和成本构成分析等多种方法。对运输资源丰富的区域,资源池内备选服务商较多时,主要采用竞争性评估与电子竞价相结合的方法选择物流服务商;对于运输资源一般的区域,主要采用竞争性招标和价格比较相结合的方法;而对于运输资源匮乏的区域,主要采用成本构成分析的方法来选择物流服务商。

📢 二、对物流服务商的质量管理

确保物流交付质量,提高客户满意度是对物流服务商实施质量管理的主要目的。物流服务商的质量管理应充分体现"过程管理"方法,需要包括三个环节:一是针对不同物流功能分别制定出标准作业流程(包括订/放舱流程、报/清关流程、拖车流程、收发货流程、盘点流程等);二是指导物流服务商落实标准作业流程(包括培训及现场指导等);三是服务质量等级评定。

其中,服务质量等级评定可以月度、季度和年度三个时间跨度来进行,而且可以分为不同等级(比如,A、B、C、D、E 等)。服务等级的判定由货物运输发生异常的次数和处理所有异常的累计天数等指标衡量。不同物流等级在衡量指标上都赋予了一定标准。只有在发生异常的次数和异常处理的最高累计天数同时满足一定衡量标准时才可获得相应的等级。例如当某物流服务商某月发生了 3 次运输异常,且三个异常的处理天数分别为 4 天、8 天、9 天,异常累计处理天数为 4 +8 +9 =21 天,则根据服务等级判定准则[即 3≤6(D 等级标准)且 21≤30(D 等级标准)]判定该物流服务商该月的服务等级为 D。

而季度的物流服务商等级判定是根据本季度三个月的服务等级来判定,比如,A、B、C、D、E 分别计 10、8、6、4、2 分,而三个月的平均分位于哪个服务等级对应的分数段,该区间段最小值对应的服务等级就代表了该季度的服务等级。如某物流服务商在该季度的三个月服务等级分别是 A、B、D,则该季度的得分为$(10+8+4)/3=7.3$,位于 6~8 区间,则该季度该物流服务商的服务等级为 C。年度服务等级评判准则与季度相同。

物流服务商的服务等级要被计入物流服务商资源池中,季度的服务等级被判定为最低等级(比如 E 级)的将直接淘汰,并从资源池中启用备选物流服务商。物流服务商的服务等级记录也将直接影响其参与下一个年度物流标的竞争中,即把物流服务等级视为一个重要的指标进行考核。对于物流服务等级高的,也能给予适当的成本让步。

三、对物流服务商的绩效管理

对物流服务商的绩效管理是企业选择物流服务商的重要因素。企业可以根据自身物流运作特点,通过组织专家组,采用德尔菲法等适宜评价方法,确定出适合于本企业的物流服务商关键绩效指标。比如,可以包括但不仅限于:一级指标可以为物流成本、交付效率和交付能力等;二级指标为年度招标降价率、收发货物准确率、订舱及时响应率、货物无损耗运输率、及时到货率、运输订单满足率、运输加急到货率、跟踪信息准确率等(如图 9-1 所示)。而且,通过建立基于层次分析法的关键绩效指标(KPI)分值计算模型,为每家物流服务商定期进行 KPI 分值绩效考核。

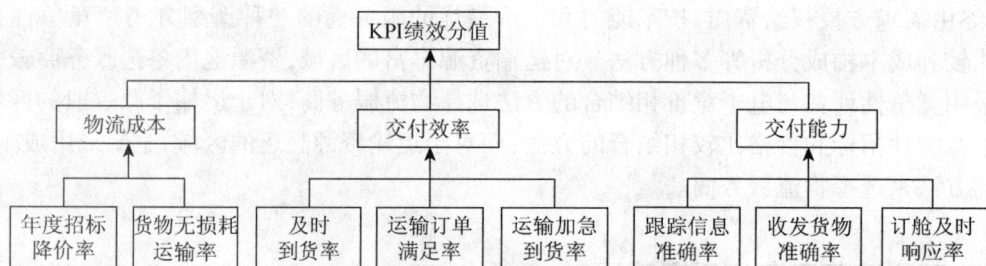

图 9-1　物流服务商关键绩效指标体系

而且,针对物流服务商遇到的特殊事件,也可以制定相应的 KPI 分值加减规则,以计入 KPI 分值考核。KPI 分值绩效考核是选择物流服务商的关键因素。

练习题

9.1　请简述传统职能管理和过程管理之间的区别。

9.2　试分析企业供应物流、生产物流、销售物流以及逆向物流等过程管理的关注点。

9.3　试分析物流服务商的主要职能以及物流服务商资源池的作用。

9.4　请简述国家标准《物流企业分类与评估指标》(GB/T 19680—2013)的主要内容。

9.5　物流服务商管理的主要内容有哪些?

第十章　企业物流资源管理

引导案例

A 生产企业物流是由企业自营物流子公司来运作的。其物流项目主要包括两部分:一部分为在企业厂内的装箱、堆存、倒箱、落空箱、提重箱及厂内甩挂倒短运输等集装箱操作;另一部分为工厂至港口的集装箱运输,涉及的机械有牵引车、托盘、正面吊以及运输集卡。

该项目的现场操作组负责正面吊和甩挂运输,并负责统筹管理整个项目。现场操作中心的正面吊操作成本不高,而且其收费相对合理,因此是项目盈利的重要产品。但是项目运营中三台正面吊由于服役时间都超过十年,经常会出现故障,因此维修花费了大量的时间与费用,甚至在操作组内有两名成员是常驻在现场负责维修场内机械,这两个人负责作业中心的维修作业,每月的维修费用接近 3 万元。

正面吊是项目部的核心机械,集卡到场的落空箱和压重箱操作都需要正面吊,甩挂运输的集装箱操作也需要正面吊处理,这样就造成了正面吊的繁忙。

项目部现有三台正面吊常驻现场进行操作,但是实际上经常会有一台机械是坏的,非常耽误生产效率。

该公司拟重新购买一台新的正面吊,这样可以提高项目部正面吊的实际作业时间,减少集卡在厂内的等待时间,提高甩挂运输中牵引车的使用效率,节约集卡和牵引车的实际运输时间。

请思考一下该公司应如何管理正面吊以及物流设施,购买新的正面吊之前,应做哪些工作?

物流资源主要包括物流设施和人力资源,本章主要研究物流设施资源的管理。了解企业常用物流设施及其特点,掌握企业物流设施维护管理的主要内容和方法,确保物流资源始终处于稳定完好状态是本章的主要研究目的。

通过本章的学习,学员能够了解、掌握:

★ 企业常用物流设施及其特点

★ 企业设备维修管理系统

★ 设备维修决策涉及的主要内容

★ 设备维修体制的发展过程及其相关概念

★ 设备零件的磨损规律和设备故障曲线

★ 设备维修管理的定量化方法

★ 设备更新和改造时机

第一节　企业物流技术装备及其配置

企业物流设施是影响物流系统能力的最重要因素。企业物流设施,系指相应的物品的收发设施、输送设施、搬运设施、举升设施、流通加工设施可使用面积及信息处理设施。现代物流设施与设备,既是技术密集型的生产资料,也是资金密集型的社会财富。建设一个现代化的物流系统需要在物流设施与设备上投入巨大资金。

一、现代物流的技术特点

本书所讨论的物流技术是指在物流系统中,各种物流设施和设备所采用的技术手段和方法,不包括信息技术和方法。根据物流系统采用的设备来看,物流技术的发展大致经历如下五个阶段。

1. 第一代——人工物流

特点是物流作业主要依靠人工推、拉、扛、举及简单的工具来完成。虽然这种工具效率低下,但是几乎在所有物流系统中依然存在人工作业方式。

2. 第二代——机械物流

特点是在物流作业中,广泛采用各种机械设备,作业速度大大提高。机械化设备能举起、移动、放下更重的货物,货物也可以堆得更高,在相同面积的情况下利用了更多的空间。

3. 第三代——自动化物流

特点是在物流系统中采用自动存储系统(AS/RS),自动导引车及搬运机器人、物流检测系统等。由于采用自动输送系统和自动搬运系统,加快了物流速度,大大提高了物流效率。

4. 第四代——集成物流

特点是各个自动化物流设备在中央控制下协同工作,中央控制通常由主计算机来实现。集成物流系统是在自动化物流系统的基础上进一步将物流系统的信息集成起来,使得从物流计划、物流调度及物流输送各过程的信息,通过计算机网络相互沟通。这种系统不仅使物流系统各个单元达到协调,而且使物流与进货、销售、生产协调起来。

5. 第五代——智能物流

特点是根据客户需求,自动生成物料和人力需求计划,并且查看库存数据和购货单,规划并完成物流作业。如果库存不足,无法满足要求,就推荐修改物流计划,购进货物或补充生产。这种系统将人工智能集成到物流系统。

二、企业物流设施的种类及其作用

物流设施与设备是物流系统中贯穿于物流全过程,深入各作业细节的、复杂的技术支撑要素。它种类繁多,形式多样,主要有以下两大类。

1. 物流基础性设施

(1)物流网络结构中的枢纽点。全国或区域铁路枢纽、公路枢纽、航空枢纽港、水路枢纽港,国家战略物流储备基地,辐射全国经济区域的物流基地等。例如大连,将建成东北亚物流集散中心,担负企业物流的集散与分发功能。

(2)物流网络结构中的线。铁路、公路、航道、输送管道等。这是企业物流的动脉。没有这些设施,货物无法流动。

(3)物流基础信息平台。其任务是为企业的物流信息系统提供基础信息服务(交通状况信息、交通组织与管理信息、城市商务及经济地理信息等),承担不同企业间的信息交换枢纽支持,提供政府行业管理决策支持等。这类设施一般具有公共设施性质,它的主要特点是由政府投资建设,战略地位高,辐射范围大。企业物流有三方面的内容:物流、信息流和资金流。信息流是企业物流能够得以高效发挥作用的必要手段。

2. 物流功能性设施

(1)以存放货物为主要职能的节点。如储备仓库、营业仓库、中转仓库、货栈等,货物在这种节点上停滞时间较长。

(2)以组织物资在系统中运动为主要职能的节点。如流通仓库、流通中心、配送中心物流、流通加工点等。

(3)物流系统中的载体。它包括货运车辆、货运列车、货机、货运船舶、起重设备、运输设备、搬运设备及流通加工设备等,是提供物流功能性服务的基本手段。

三、企业物流的技术装备

(一)收发设施与设备

物流工程中的收发设施与设备指物流中转、存储过程中到货、出货所用的设施与设备,主要包括收发站台设施与设备和计重计量设备。

1. 收发站台设施与设备

收发站台设施与设备主要是指用于货运车站、仓库、物流中心及港口码头各种箱包类货物装卸、转运、分拣等设施与设备。这类设施与设备包括库房、库门、牵引车、箱包转运车、站台登车桥、站台拖车、地面登车桥、叉车、液压升降台等。

2. 计重计量设备

计重计量设备主要是对起重、运输、装卸、包装、配送及生产过程中的物料进行计量的装置。计重计量设备要求有四个主要特性,即准确性、灵敏性、稳定性、不变性。装卸时能自动呈现出物料数量的装置,目前有静态计量和动态计量两种。其中动态计量可用于流水作业计量方式。

(二)输送设备

输送设备是在一定的线路上连续不断地沿同一方向输送物料的物料搬运设备。装卸过程中无须停车,因此生产率很高。皮带类型的输送机械常称为传送带,其他类型则称为连续输送机。输送机械以完成水平物品运输功能,兼有一定垂直运输作业能力,工作对象为小型件及散状物品居多。输送机械输送能力大,运距长,结构简单,此外,还可在输送过程中同时完成若干工艺操作。输送机械可进行水平、倾斜和垂直输送,也可组成空间输送线路,输送线路一般是固定的。物料输送是装卸搬运的主要组成部分,在物流各阶段(环节、功能)的前后和同一阶段的不同活动之间,都必须进行输送作业。

连续输送设备可以根据其装载的物料类型(散装或单元化)进行分类,也可以根据其所处的位置或其最大载重量进行分类。常见的类型有斜槽输送机、带输送机、轮式输送机、辊子输送机和链条式输送机等。图 10-1 所示为一种链条式输送机。

图 10-1　链条式输送机

(三)搬运设备

搬运是对物料、产品、零件、介质或其他物品进行搬动、运输或改变其位置。搬运设备是进行搬运作业的物质基础,它的技术水平是搬运作业现代化的重要标志之一。物料搬运设备是物流中心和生产物流系统的重要装备,在生产与作业场地,物料搬运设备起着人与工位、工位与工位、加工与存储、加工与装配之间的衔接作用,具有物料的暂存和缓冲功能。通过对搬运设备的合理运用,使各工序之间的衔接更加紧密,提高生产效率,它是生产中必不可少的调节手段。搬运设备主要包括:手推车、托盘搬运车(又可分为手动托盘搬运车、机械托盘搬运车、载货汽车)、自动引导车。自动堆垛机和集装箱跨车等。如图 10-2 所示为专用托盘搬运车的一种,如图 10-3 所示为通用托盘搬运车的一种。

图 10-2　专用托盘搬运车

图 10-3　通用托盘搬运车

(四)起重设施与设备

起重机械是一种以间歇作业方式对物品进行起升、下降和水平移动的搬运设备。起重机械以完成货物垂直升降作业为主要功能,兼有一定水平运输作业能力,工作对象主要为笨重大件物品。起重机械至少具有完成物品上、下升降功能的起升机构。根据起升机构的活动范围不同,起重机械分为简单起重机械、通用起重机械和特种起重机械(如巷道式堆垛起重机)。

图 10-4 所示属于通用起重机械的一种前移式叉车。

图 10-4 前移式叉车

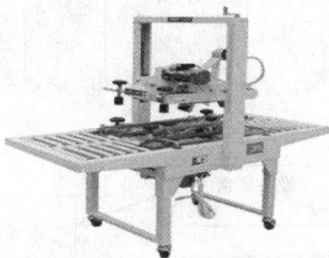

图 10-5 包装封箱机

（五）流通加工设备

流通加工设备是指商品在进入流通环节前的包装、粘贴标识等设备。一般说来,包装分为两类:商业包装和工业包装。由于目的不同,所使用设施也不同,有手动包装设施和自动包装设备。一般说来,桶装或罐装的物品多为自动包装。如图 10-5 所示为一种包装封箱机。

四、选择与配置物流设施要考虑的因素

物流设施大致分为五大类,而每一类的特点和使用条件都是不同的。所以,选择和配置不同类型的设施需要考虑的因素也会不同。各类设备需要考虑的主要因素分别为如下:

（1）收发设备:物品特性,出入库量,搬运设备的能力,工作场所特性等。

（2）输送设备:产品特性,出入库量,包装方式及物品的中心和工作场所特性等。

（3）搬运设备:物品特性,作业流程,存储空间和自动化水平等。

（4）起重与运输设备:物品的特性,包装方式,工作场所环境,物流量等。

（5）流通加工设备:物品特性,包装场所的特性,包装工作量,包装的特性要求等。

第二节 企业物流设备维修管理及其主要内容

在企业物流系统运作与管理阶段,设备维修管理是物流设施资源管理的主要工作。

随着物流设施机械化和自动化程度的提高,设施的可靠性问题越来越受到人们的关注。而维修管理是确保设施可靠性的重要手段。

英国标准 3811 号给"维修"(Maintenance)的定义是:"各种技术行动与相关的管理行动相配合,其目的是使一个物件保持或恢复达到能履行它所规定功能的状态。"

设备维修管理是指为了用最低的维修总费用(事后修理费用、预防维修费用和由设备故障造成的机会损失费等)实现设施系统效用的最大化而进行的对设备维修工作的计划、组织、协调和控制的活动。如图 10-6 所示。

其中,效用(Availability)可通过可靠性(Reliability)和维修性(Maintainability)来衡量。当可靠性用平均故障间隔(Mean Time Between Failure,MTBF)表示,而维修性用平均修理时间(Mean Time to Repair,MTTR)表示时,设施系统的效用可表示为:

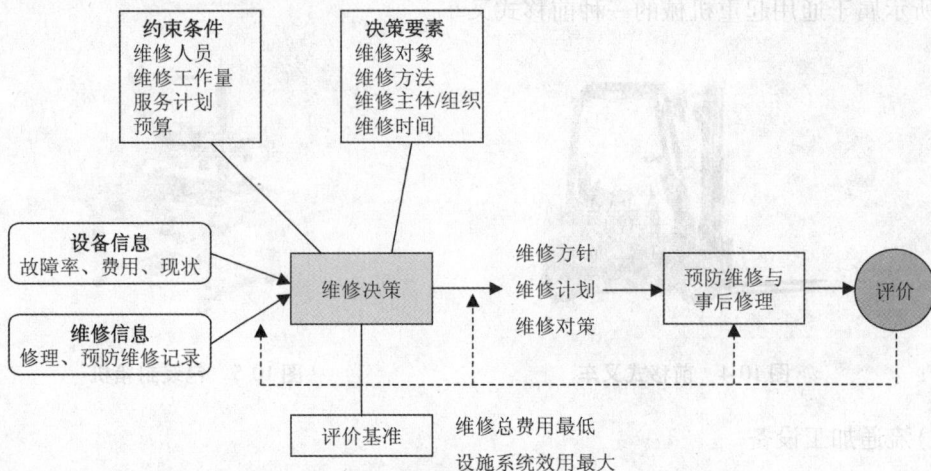

图 10-6　设备维修管理系统

效用 = 可靠性/(可靠性 + 维修性) = MTBF/(MTBF + MTTR)

比如,某一设备的平均故障间隔 MTBF 为 1 000 h,平均修理时间 MTTR 为 96 h,则其效用为[1 000/(1 000 + 96)] ≈ 91%。通过改善维修方法,将 MTTR 减少了一半(MTTR = 48 h),此时的设备效用为[1 000/(1 000 + 48)] ≈ 95%。

其中,设备维修决策涉及的主要内容包括:

(1)预测维修工作量。维修工作量是制订维修计划的最基本资料。为了预测维修工作量,首先需要估计出设备的故障特征(参考第十章第四节)。估计设备故障特征常采用的方法是统计概率理论和模拟模型法。

(2)根据维修工作量,确定适宜量的维修人员和设施。维修人员和设施量的多少与待维修的设施等待时间有关。过多的维修人员和设施会带来浪费,但过少的维修人员和设施将会延长待维修设施的等待时间。因此,从经济角度决定维修人员和设施的量是非常重要的一个问题。确定维修人员和设施数量常采用的方式是排队论和模拟模型法。

(3)确定采取集中维修制还是分散维修制。集中维修是指把所有维修力量集中起来组成专门的设备维修部门,负责整个企业的设备维修工作。集中维修方式的优点是有利于提高维修技术水平,有利于集中力量完成复杂、技术难度大的维修任务;其缺点是容易出现生产与维修脱节,不能及时处理出现故障的设备等。分散维修就是由企业的各个下层部门分别设立维修小组,每一个小组负责本部门的设备维修工作。分散维修的优点是把各部门的生产与维修统一起来,维修工作的时间安排比较灵活;其缺点是分散了维修力量,难以处理技术难度大的维修任务,另外也容易造成维修人员冗余。

(4)是否采用预防维修制度。预防维修(Preventive Maintenance,PM)制度的采用必须立足于追求维修总费用最低化和设施系统效用最大化的目标。实施预防维修制度首先需要制定预防维修方针。预防维修方针一般包括:

①预防维修只限制在事前能预测其故障的设施上。一般情况下,对故障时间分布比较集中的设施类采用预防维修制。因为,此类设施大致都在平均使用时间附近发生故障,所以,故障发生时间比较容易预测。

②预防维修时间应小于事后修理时间。如果总的预防维修时间大于或等于事后修理时

间,那么预防维修的必要性就不存在了。当然,在节假日(不影响正常使用的时间段)实施的预防维修除外。

③预防维修相关费用必须小于故障平均损失额。与发生故障造成的平均损失额比较,预防维修相关费用(包括预防维护费用和故障修理费用)更少时方采用预防维修制度。如图10-7所示。

④预防维修必须在最经济的水平上实施。预防维修活动必须在由故障引起的损失和预防维护费用之和最低的水平上实施。如图 10-8 所示。

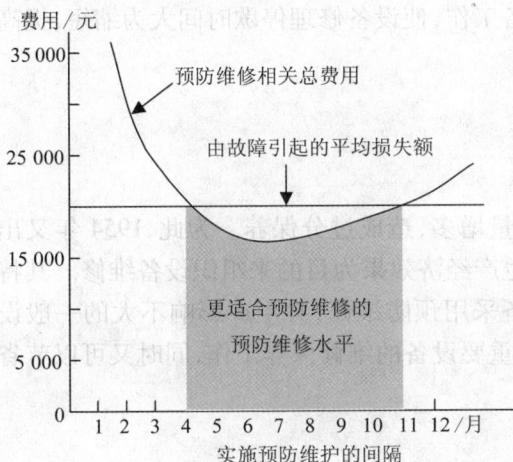

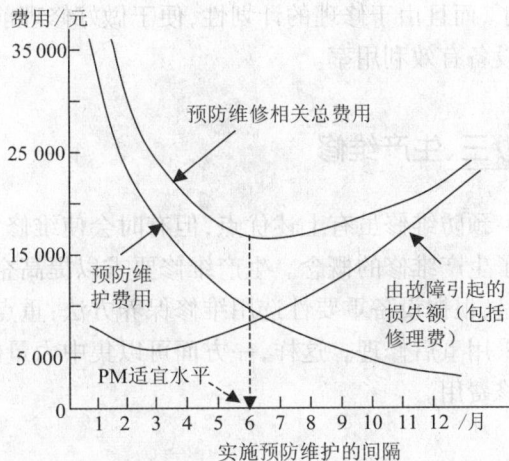

图 10-7　不同 PM 间隔的预防维修相关费用　　　图 10-8　最佳预防维修水平的确定

(5)为了缩短工期和节约费用,是否需要对维修工作进行日程控制。这里常采用的方法是网络计划技术(PERT·CPM)。

(6)对维修工作能否进行作业管理。这里常采用的方法是工作抽样法(Work Sampling)。

(7)如何管理维修人员。涉及企业人事制度和工资制度。

(8)维修管理中是否采用定量分析方法(参考第十章第五节)。

第三节　设备维修体制的发展过程

设备维修体制的发展过程经历了事后修理、预防维修、生产维修、维修预防和设备综合管理等五个阶段。

一、事后修理

事后修理是指设备发生故障后,再进行修理。这种修理法出于事先不知道故障在什么时候发生,缺乏修理前准备,因而,修理停歇时间较长。此外,因为修理是无计划的,常常打乱生产计划,影响交货期。事后修理是比较原始的设备维修制度。目前,除在小型、不重要的设备中采用外,已被其他设备维修制度所代替。

二、预防维修

第二次世界大战时期,军工生产很忙,但是设备故障经常破坏生产。为了加强设备维修,减少设备停工修理时间,出现了设备预防维修的制度。这种制度要求设备维修以预防为主,在设备使用过程中做好维护保养工作,加强日常检查和定期检查,根据零件磨损规律和检查结果,在设备发生故障之前有计划地进行修理。由于加强了日常维护保养工作,设备有效寿命延长了,而且由于修理的计划性,便于做好修理前准备工作,使设备修理停歇时间大为缩短,提高了设备有效利用率。

三、生产维修

预防维修虽有上述优点,但有时会使维修工作量增多,造成过分保养。为此,1954年又出现了生产维修的概念。生产维修要求以提高企业生产经济效果为目的来组织设备维修。其特点是,根据设备重要性选用维修保养方法:重点设备采用预防维修,对生产影响不大的一般设备采用事后修理。这样,一方面可以集中力量做好重要设备的维修保养工作,同时又可以节省维修费用。

四、维修预防

人们在设备的维修工作中发现,虽然设备的维护、保养、修理工作进行的好坏对设备的故障率和有效利用率有很大影响,但是设备本身的质量对设备的使用和修理往往有着决定性的作用。设备的先天不足常常是使修理工作难以进行的主要方面。因此,于1960年出现了维修预防的设想。这是指在设备的设计、制造阶段就考虑维修问题,提高设备的可靠性和易修性,以便在以后的使用中,最大可能地减少或不发生设备故障,一旦故障发生,也能使维修工作顺利地进行。维修预防是设备维修体制方面的一个重大突破。

五、设备综合管理

在设备维修预防的基础上,从行为科学、系统理论的观点出发,于20世纪70年代初,又形成了设备综合管理的概念。设备综合管理是一门以设备一生为研究对象,以提高设备综合效率,使其寿命周期费用最经济为目的的综合性管理科学。

设备综合管理是对设备实行全面管理的一种重要方式。它1970年首创于英国,继而流传于欧洲各国。这是设备管理方面的一次革命。日本在引进、学习的过程中,结合生产维修的实践经验,创造了全面生产维修制(Total Productive Maintenance, TPM),它是日本式的设备综合管理。

另外,随着计算机技术在企业中应用的发展,又出现了基于状态维修(Condition-Based Maintenace)和智能维修(Intelligent Maintenance)等新方法。

第四节 设备故障特征

如果事前能准确地预测出设备故障,设备维修工作就能实现理想状态。但是,就不同设备而言,其故障特征和故障率是有很大差异的,这对准确预测设备故障带来很大难度。尽管如此,预测设备故障特征及故障率仍然是维修管理工作不可缺少的重要环节。

一、设备零件的磨损规律

各种设备都是由零件组合而成的。一个零件丧失了机能,就会影响设备的正常工作,如果关键零件出了问题,则可能导致整台设备出现故障。因此,了解和掌握零件的磨损规律,有助于事先做好修复和更换工作,做到防患于未然,保证设备的正常运转。

设备零件的磨损规律如图 10-9 所示。

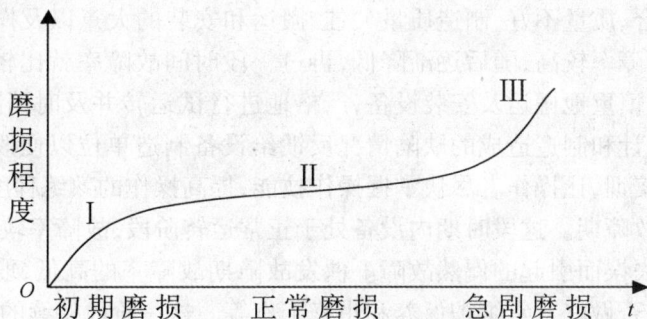

图 10-9 零件磨损示意图

零件从投入使用到磨损报废一般可分为三个阶段:初期磨损期、正常磨损期、急剧磨损期。

1. 初期磨损

在此期间,零件的表面宏观几何和微观几何都要发生明显变化,磨损速度很快。这一阶段对设备来说没有什么危害,而是设备进入正常运转的必经阶段,有时这一阶段又叫"跑合""磨合"。例如,一辆刚买回来的自行车不一定轻便好骑,而骑了一段时间之后就感到很轻便了,这是因为自行车上有相对运动的零件经过磨合后处于一种良好的配合状态。初期磨损期一般很短。

2. 正常磨损

经跑合磨损后,设备各个部分进入了正常工作状态,这时候只要工作条件比较稳定,零件的磨损是比较缓慢的。这一阶段的长短代表着一个零件的寿命周期长短。为了延长零件的使用寿命,这一时期要加强设备日常保养工作,及时清扫和润滑。

3. 急剧磨损

零件是有一定寿命的。经过一定时间以后,零件由于疲劳、腐蚀、氧化等原因,正常磨损关系被破坏了,这时候的磨损速度非常快,很短时间内就可以使零件丧失应有的精度或强度。如果没有及时更换,就可能导致整台设备不能正常工作,甚至出现重大事故,导致设备报废。因此,在实际工作中是不容许零件进入急剧磨损期的。

二、设备故障曲线

根据设备故障发生的基本规律,人们归纳出了设备故障曲线,如图 10-10 所示。

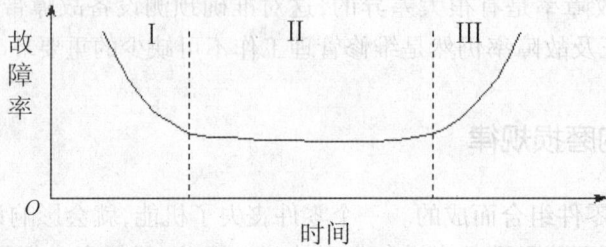

图 10-10　设备故障曲线

第 I 段为初期故障时期。这段时期的故障主要是由于设计上的原因、操作上的不习惯、新装配的零件没有跑合、质量不好、制造质量欠佳、搬运和安装的大意以及操作者不适应等原因而引起的,开始时故障率较高,随后逐渐降低,再过一段时间故障率就比较稳定了。减少这段时期故障的措施是:慎重地搬运及安装设备,严格地进行试运转并及时消除缺陷;细致地研究操作方法;将由于设计和制造造成的缺陷情况反馈给设备制造单位以便改进。这一时期的工作主要是抓好岗位培训,让操作者尽快掌握操作技能,提高操作的熟练程度。

第 II 段称偶发故障期。这段时期内设备处于正常运转阶段,故障率较低,一般情况下是由于维护不好和操作失误而引起的偶然故障。偶发故障期故障率的高低,取决于是否使用可靠性高的设备,以及是否做好日常维护保养和小修工作等。这一阶段持续的时间较长,主要管理工作是抓好日常维护和保养工作,掌握机器性能,定期维修。

第 III 段为耗损故障期。这时设备经过很长时间的使用,某些零件开始老化,故障率逐渐上升,而后加剧。这说明设备已处于不正常状态,必须停机检修,更换已损坏的零件,恢复设备原有性能。设备故障率重新增加的时期称为耗损故障期。做好设备的预防性修理和进行改革性维修,可以降低设备的故障率,延长设备的有效寿命。

把设备故障分成三个不同的阶段,有助于对设备管理起到指导作用。管理人员可以根据设备故障在不同时期的特点和规律,采取不同的措施。

第五节　设备维修管理的定量化方法

一、预防维修与事后修理之间的决策

预防维修和事后修理之间的决策一般都是通过比较相关费用来进行的。下面通过一个例子来说明。

【例1】有一拥有50辆搬运设施的物流中心。当这些设施发生故障时,故障损失额(包括修理费用)是平均3 500元/台。为了预防发生故障实施预防维修的平均费用是1 000元/台。过去5年这些设施的故障资料如表10-1所示。

表 10-1 设施的故障特征

PM/修理后运转时间/月	故障概率	累计概率	PM/修理后运转时间/月	故障概率	累计概率
1	0.05	0.05	7	0.08	0.31
2	0.02	0.07	8	0.11	0.42
3	0.03	0.10	9	0.13	0.55
4	0.04	0.14	10	0.14	0.69
5	0.04	0.18	11	0.15	0.84
6	0.05	0.23	12	0.16	1.00

问:(1)此时,是采用预防维修还是事后维修?

(2)预防维修水平应定为多少才最经济?

解:

1. 计算事后修理相关费用

通过式(10-1),算出发生故障的平均时间(T_e):

$$T_e = \sum T_n(p_n) \tag{10-1}$$

式中:T_e——发生故障的平均时间间隔;p_n——发生故障的概率;T_n——修理或维修后运转时间。

根据表 10-1 所示的数据,得出平均故障时间间隔 T_e:

$$T_e = 1 \times 0.05 + 2 \times 0.02 + 3 \times 0.03 + \cdots + 12 \times 0.16 = 8.42(月)$$

因为,平均每 8.42 个月发生一次故障,对 50 辆设施而言,因故障造成的月损失额为:

$(50 \times 3\,500)/8.42 = 20\,784(元)$。这将是预防维修和事后修理之间决策的依据。若预防维修相关费用之和大于此数,即 $TC > 20\,784$ 元,那么就选择事后修理;相反,就选择预防维修。

2. 计算预防维修相关费用

按不同预防维修水平(预防维修实施间隔),计算预防维修相关费用。

(1)每月实施 1 次预防维修,50 辆设施中发生故障的次数为:

$$B_1 = N \times p_1 \tag{10-2}$$
$$= 50 \times 0.05 = 2.5(次)$$

因故障引起的月损失额为:$2.5 \times 3\,500 = 8\,750(元)$。而月预防维修费用为:$50 \times 1\,000 = 50\,000(元)$。

故,总的月预防维修相关费用为:$8\,750 + 50\,000 = 58\,750(元)$。

(2)每 2 个月实施 1 次预防维修,此时,发生故障的次数为:

$$B_2 = N(p_1 + p_2) + (N \times p_1)p_1 = N(p_1 + p_2) + B_1 p_1 \tag{10-3}$$
$$= 50(0.05 + 0.02) + (50 \times 0.05) \times 0.05 = 3.63(次)$$

此时,月故障损失额为 $(3.63 \times 3\,500)/2 = 6\,352.5(元)$。而月预防维修费用为:$(50 \times 1\,000/2) = 25\,000(元)$。

故,总的月预防维修相关费用为:$6\,352.5 + 25\,000 = 31\,352.5(元)$。

(3)每 n 个月实施 1 次预防维修,此时,发生故障的次数为:

$$B_n = N(p_1 + p_2 + p_3 + \cdots + p_n) + B_1 p_{n-1} + B_2 p_{n-2} + \cdots + B_{N-1} p_1 \tag{10-4}$$

根据式(10-4)陆续求出 $B_3, B_4, B_5, \cdots, B_{12}$,如表 10-2 所示。

表 10-2 预防维修相关费用

预防维修实施间隔/月	(各间隔)故障发生次数	(月)平均故障次数	(月)故障损失额/元	(月)预防维修费用/元	(月)相关费用总和/元
1	2.50	2.50	8 750	50 000	58 750
2	3.63	1.82	6 352.5	25 000	31 352.5
3	5.23	1.74	6 101.7	16 665	22 766.7
4	7.44	1.86	6 510	12 500	19 010
5	9.68	1.94	6 776	10 000	16 776
6	12.54	2.09	7 315	8 335	15 650
7	17.03	2.43	8 515	7 165	15 680
8	23.28	2.91	10 185	6 250	16 435
9	30.90	3.43	12 016.7	5 555	17 571.7
10	39.44	3.94	13 804	5 000	18 804
11	48.93	4.45	15 568.6	4 545	20 113.6
12	59.62	4.97	17 389.2	4 165	21 554.2

接着,求出相应时间间隔的故障损失额和预防维修费用,并从中确定预防维修相关费用总和为最低的预防维修间隔时间。

图 10-7 和图 10-8 就是通过本例数据画出来的。通过图 10-7 可看出当预防维修间隔为 4~11 个月时,选择预防维修制更有利,而且通过图 10-8 和表 10-1 可看出最经济的预防维修间隔为 6 个月。

二、个别更换与集体更换之间的决策

构成设施的很多组件是无法事前识别出其变质、劣化以及磨损情况的。但是,也有一些组件,比如,汽车轮胎等,是可以通过肉眼确认其磨损状态的。

于是,对大部分电子电器产品和机械产品的使用过程进行观察的结果,发现有些组件的更换采用的是发生故障后的个别更换制,而还有一些组件的更换采用的是发生故障之前集体更换制。集体更换制属于定期进行的预防维修制。

如何进行个别更换与集体更换之间的决策,在此,通过一个例子说明。

【例 2】有一库房使用 1 000 个日光灯(40 W)。日光灯发生异常时,更换新日光灯所需日光灯费用和人工费之和为 3.3 元/单位。但是,对 1 000 个日光灯集中更换时,需要的费用是 1 元/单位。表 10-3 所示的是对日光灯寿命调查的概率分布。试做出个别更换和集中更换之间的决策。

表 10-3 日光灯的故障概率

寿命	1 个月	2 个月	3 个月	4 个月	5 个月
故障概率	0.05	0.15	0.20	0.30	0.30

1. 个别更换时的更换费用

根据式(10-1),求出日光灯的平均寿命 T_e:

$$T_e = \sum T_n(p_n) = 1 \times 0.05 + 2 \times 0.15 + 3 \times 0.20 + 4 \times 0.30 + 5 \times 0.30 = 3.65(月)$$

也就是,平均每 3.65 个月 1 000 个日光灯的寿命就到期,这样平均月更换费用为(1 000 × 3.3)/3.65 = 904.1(元)。

2. 集体更换相关费用

(1)每月实施集体更换时。尽管每月对 1 000 个日光灯进行更换,在 1 000 个中也有 5% 的日光灯发生故障,此时,用式(10-2)计算故障个数得出:$B_1 = 1\,000 \times 0.05 = 50$(个)。

此时,月故障损失额为:$50 \times 3.3 = 165$(元)。

月集体更换费为:$1\,000 \times 1 = 1\,000$(元)

集体更换相关费用总和为:1 165(元)。

(2)每 2 个月实施集体更换时。此时,用式(10-3)计算故障个数得出:

$$B_2 = N(p_1 + p_2) + B_1 p_1$$
$$= 1\,000(0.05 + 0.15) + (50 \times 0.05) = 202(个)$$

此时,2 个月期间故障损失额为:$202 \times 3.3 = 666.6$(元)。

2 个月期间集体更换费为:$1\,000 \times 1 = 1\,000$(元)

2 个月期间集体更换相关费用总和为:1 666.6(元)。

同样方法,求出相隔 3 个月、4 个月、5 个月进行集体更换时发生的相关费用。如表 10-4 所示。

表 10-4 日光灯的维修相关费用比较表

集体更换周期	(寿命)(概率)	故障概率及故障个数					累计	相关费用			
		1个月 0.05	2个月 0.15	3个月 0.20	4个月 0.30	5个月 0.30	1.00	故障损失 3.3 元/件	集体更换费	总费用	月平均费用
每隔 1 个月		50					50	165	1 000	1 165	1 165
2 个月		50	152				202	666.6	1 000	1 666.6	833.3
3 个月		50	152	215			417	1 376.1	1 000	2376.1	792
4 个月		50	152	215	344		761	2 511.3	1 000	3511.3	877.8
5 个月		50	152	215	344	395	1 156	38 14.8	1 000	4 814.8	963

根据表 10-4 所示的数据,最经济的更换间隔是 3 个月。其值与个别更换平均月更换费用 904.1 元比较也是最优的。

第六节　设备更新与改造

一、设备寿命

设备更新是指用经济上更合理或技术上更先进的新设备替代落后、不能继续使用的设备，它是对设备的有形磨损和无形磨损的全面补偿。

设备的寿命是指设备从投入生产开始，经过有形磨损和无形磨损，直至在物质上、技术上或经济上不能或者不宜继续使用，必须更新为止所经历的时间。从不同角度看设备寿命有四方面的含义：

（1）物质寿命，又称物理寿命、自然寿命。它是指设备以全新状态投入运行开始，直至因有形磨损而基本丧失原有技术性能，不能继续使用为止所经历的时间。设备的物质寿命可以通过有计划的维护保养、检查修理来延长。

（2）技术寿命。它是指由于科学技术的迅速发展，在设备使用过程中出现了技术上更先进、经济上更合理的新型设备，而使现有设备在物质寿命尚未结束之前就被淘汰。从开始使用到因技术落后而被淘汰为止所经历的时间，就是设备的技术寿命。设备的技术寿命可以通过设备的技术改造来延长。

（3）经济寿命。它是指因为在设备的物质寿命后期，由于设备的磨损老化，必须支出高额的使用费用来维持设备的寿命，这时若设备再继续使用，从经济上看不合算。这种由使用费用的高低决定的设备使用寿命，称为经济寿命。经济寿命的长短取决于使用费用的增长速度。

（4）折旧寿命。它是指将一次性的设备原始投资逐年分摊入经常性的会计成本，直至收回全部投资为止所经历的时间。

二、设备更新改造时机

设备更新时机不仅取决于设备自身的磨损，也取决于相关技术的发展，还取决于经济上的考虑。因此设备更新时机的确定应从这三个因素去分析评价。以下是两种从经济角度确定更新时机的方法。

1. 追踪测算法

这种方法是通过追踪测算每次大修的实际费用和当时的设备残值并与新设备价值进行比较来确定更新周期。其思路是将测算出的一次大修费用与设备残值相加，得出的数值等于或超过新设备价值时，便可认为设备的更新时间到了，即可做出更新决策。测算公式如下：

$$Q + L \geq K \tag{10-5}$$

式中：Q 为一次大修理费用；L 为设备残值；K 为新设备价值。

2. 经济寿命法

这种方法是指通过计算设备的经济寿命来确定设备更新期。设备经济寿命计算的依据是设备的年运行费用。设备的年运行费用由两部分组成：一部分是设备的一次购置费均摊到使用期限内每年的费用即平均折旧费；另一部分是设备的年均使用费用，包括营运费用和维修费用。随着设备使用年限 T 的增长，年均投资费用逐渐减少，而年平均使用费用 Q 则因设备使用年限的增长、设备低劣化程度增加而增长。设备年运行费用曲线如图 10-11 所示。从图中可以看到，年运行费用 C 随着设备投入使用后逐年下降，到 T_e 年费用最低，超过 T_e 年之后，年运行费用又逐年上升。

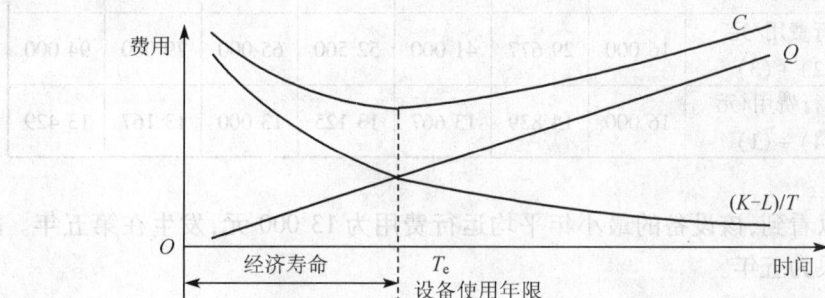

图 10-11 设备年运行费用构成及其变化

计算设备经济寿命有两种方法，一种是公式法，一种是列表法。

(1)公式法：公式法假定设备使用费用每年匀速递增，即设备低劣化值为固定值 λ，假设设备折旧按直线折旧法(平均折旧法)计算，设备残值为 L。这时年平均总运行费用为

$$C = (K - L)/T + \frac{\lambda}{2}T \tag{10-6}$$

则年平均运行费用最低的设备使用年限(经济寿命)的公式如下：

$$T_e = \sqrt{\frac{2(K - L)}{\lambda}} \tag{10-7}$$

年低劣化值 λ 可以根据历史资料或其他相关资料测算得出。

(2)列表法：列表法是通过列表计算每年的年平均使用总费用，其中年平均运行费用最低的那一年就是设备最佳更新周期。列表法一般用于年使用费用以每年不等额增加或设备不采用平均折旧法的设备经济寿命的计算。

【例3】企业购入新设备一台，其原值为 30 000 元，同类设备使用情况的经济统计资料如表 10-5 所示。

表 10-5 设备使用情况的经济统计资料

年 份	1	2	3	4	5	6	7
残值/元	20 000	13 333	10 000	7 500	5 000	3 000	3 000
使用费/元	6 000	7 000	8 000	9 000	10 000	12 000	15 000

根据以上资料计算各年平均总费用如表 10-6 所示。

表 10-6   各年平均总费用

使用年限(1)	1	2	3	4	5	6	7
累计年使用费用/元(2)	6 000	13 000	21 000	30 000	40 000	52 000	67 000
累计年折旧费用/元(3)	10 000	16 677	20 000	22 500	25 000	27 000	27 000
年总运行费用/元 (4) = (2) + (3)	16 000	29 677	41 000	52 500	65 000	79 000	94 000
年平均运行费用/元 (5) = (4) ÷ (1)	16 000	14 839	13 667	13 125	13 000	13 167	13 429

通过列表可以看到,该设备的最小年平均运行费用为 13 000 元,发生在第五年。故该设备的最佳更新年限为五年。

三、设备维修的"度"

设备维修要遵守"适度"的基本原则。所谓适度,是指既要保证生产的正常进行,又要节省费用。这就要求根据设备的状况既要合理确定维修频度与时机,又要尽可能减少设备的过度维修,使设备维修后产生的效益不仅能弥补,而且大大高于因维修而产生的费用。

一般来说,过于频繁或过度维修,设备的运行保障系数就高,停机损失就会大幅度减少,但设备的维持费用会提高;反之,维修间隔过长或维修力度不足,虽然减少了设备的维持费用,然而可能因维护不足,一旦出现设备事故,就会使整个生产系统或装置停工,造成较大停机损失。因此企业应从停机损失与设备维持费用这两个方面综合分析,寻求一个最佳的,即两者费用之和最低的维修"度"。其间的关系类似于图 10-11 所示。

练习题

10.1　解释下列概念:
　　　　设备维修管理,事后修理,预防维修,生产维修,维修预防,设备综合管理。

10.2　设备维修决策主要涉及哪些内容?

10.3　设备零件磨损一般可分为哪几个阶段?

10.4　设备故障一般可分为哪几个阶段?

10.5　设备寿命可以从哪些角度衡量?

第十一章　企业物流成本管理与绩效测评

引导案例

乐事薯片公司的物流成本控制

一、公司背景

乐事薯片公司是底特律市的第五大薯片加工厂,该公司成立于 1922 年,在经历一次失败的全球战略以后,目前主要侧重于地区性经营。该公司现在主要为三种零售企业客户(食品杂货店、杂货店、大商店)提供一系列的薯片产品。其大部分产品售给它的 36 家食品杂货店(年总值 40 000 销售单位,超过公司总销售量的 50%);它供应的杂货店有 39 家(年总值 18 000 销售单位,占公司总销售量的 27%);它供应的大商店只有一家(Buy 4 Less 公司,有三个分店,年总值 22 000 销售单位,占公司总销售量的 22%)。所有的分销过程都是直接的仓储到仓储,送货人员要处理所有的过期货物和搬运工作。

最近,乐事薯片公司对 Buy 4 Less 公司的销售量有所上升,虽然有这样的潜在利润前景,但是该公司同样也面临一些棘手的问题。

二、存在问题

温德尔是该公司物流部门的物流成本分析师,物流部门总经理哈罗德转交给他一封来自大商店 Buy 4 Less 公司的来信,来信抱怨该公司的运作绩效问题。主要抱怨的问题有:①频繁的缺货;②客户服务响应性差;③产品价格太高。Buy 4 Less 公司提出,如果乐事薯片公司要继续与其合作,那么必须在以下方面做出改进:

(1)每周提供 4 次直接仓储交货(以前为 3 次)以减少缺货服务;

(2)建立一套自动订货处理系统(价值 10 000 美元)以提高客户服务响应性;

(3)降低产品价格(5%)。

哈罗德要求温德尔做一个详细的按客户类型分类的利润分析。这是温德尔和乐事薯片公司以前都没有碰到的问题。

请思考一下如何分析上述问题。

了解物流作业成本法基本原理,掌握企业物流成本构成与计算方法,理解企业物流绩效分析方法是本章的主要研究目的。

通过本章的学习,学员能够了解、掌握:

★ 企业物流成本构成与计算原则

★ 作业成本法的基本原理

★ 企业物流成本分析方法

★ 企业物流绩效管理层次

★ 企业物流绩效测评指标体系

★ 企业物流绩效测评体系构成

★ 企业物流运营总体效益评价原理

第一节 企业物流成本构成与计算

根据国家标准《物流术语》(GB/T 18354—2006)中的定义,企业物流成本是"企业物流活动中所消耗的物化劳动和活劳动的货币表现,包括货物在运输、储存、包装、装卸搬运、流通加工、物流信息、物流管理等过程中所耗费的人力、物理和财力的总和以及与存货有关的流动资金占用成本、存货风险成本和存货保险成本"。

传统上,物流成本在企业会计核算上并没有统一的科目,物流成本的计算被分解为各个独立的部分,制造企业习惯将物流费用计入产品成本,商业企业则把物流费用与商品流通费用混在一起。因此,无论是制造企业还是商业企业,都难以按照物流成本的内涵完整地核算出物流成本,也难以开展系统、科学的物流成本管理工作,同时由于企业缺乏可参考的物流成本水平,也无法做出科学有效的自营或外包物流的决策。

于是,国家标准《企业物流成本构成与计算》(GB/T 20523—2006)颁布,以求企业物流成本核算方面的统一。该标准是在借鉴日本《物流成本计算统一标准》的基础上,从物流成本项目、物流范围和物流支付形态三个维度展开构建编写思路,主要包括适用范围、物流成本内涵及计算对象、物流成本构成和物流成本计算四部分内容。其中,物流成本构成和物流成本计算是该标准的核心内容。

一、企业物流成本构成

该标准将企业物流成本构成分为企业物流成本项目构成、企业物流成本范围构成、企业物流成本支付形态构成等三种类型(如图11-1所示)。其中,企业物流成本项目构成又划分为物流功能成本(如表11-1所示)和存货相关成本(如表11-2所示);企业物流成本范围构成如表11-3所示;企业物流成本支付形态构成又划分为自营物流成本和委托物流成本如表11-4所示。

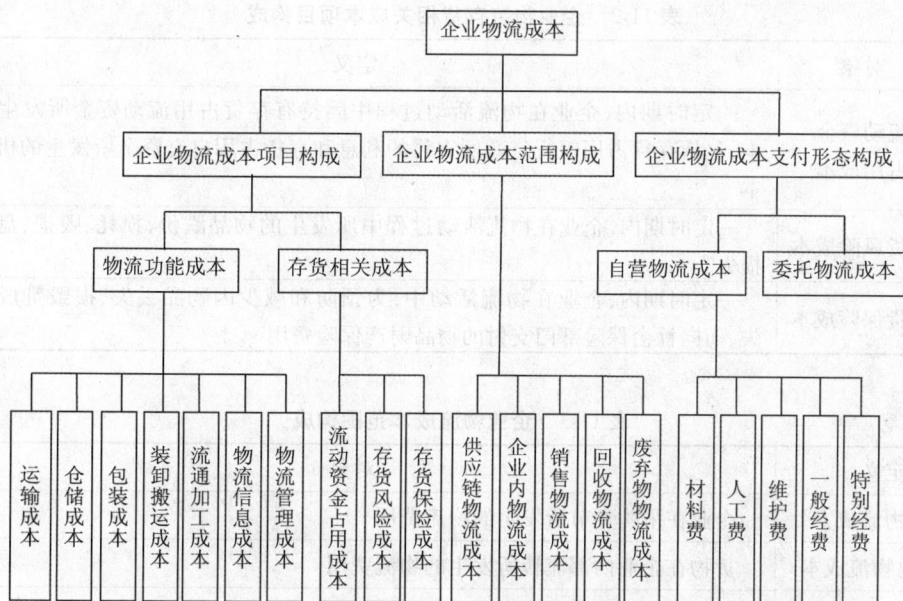

图 11-1 企业物流成本构成

表 11-1 企业物流功能成本项目构成

	对象	定义
企业物流功能成本	运输成本	一定时期内,企业为完成货物运输业务而发生的全部费用,包括运输业务人员费用,车辆(包括其他运输工具)的折旧费、维修保养费、燃料费、保险费、租赁费、养路费、过路过桥费、年检费,事故损失费,相关税金,业务费等
	仓储成本	一定时期内,企业为完成货物储存业务而发生的全部费用,包括仓储业务人员费用,仓储设施的折旧费、维修保养费、水电费,燃料与动力消耗费,相关税金、业务等
	包装成本	一定时期内,企业为完成货物包装业务而发生的全部费用,包括包装业务人员费用,包装材料消耗,包括设施折旧费、维修保养费、包装技术设计、实施费用,包括标记的设计、印刷费,相关税金,业务费等
	装卸搬运成本	一定时期内,企业为完成货物装卸搬运业务而发生的全部费用,包括装卸搬运业务人员费用,装卸搬运设施折旧费、维修保养费,燃料与动力消耗费,相关税金,业务费等
	流通加工成本	一定时期内,企业为完成货物流通加工业务而发生的全部费用,包括流通加工业务人员费用,流通加工材料消耗,加工设施折旧费、维修保养费,燃料与动力消耗,相关税金,业务费等
	物流信息成本	一定时期内,企业为完成物流信息的采及格、传输、处理等活动所发生的全部费用,包括物流信息人员费用,信息设施折旧费,信息系统开发摊销费,软硬件系统维护费,咨询费,通信费,业务费等
	物流管理成本	一定时期内,企业为完成物流管理活动所发生的全部费用,包括物流管理部门及物流作业现场所发生的管理费用,具体包括物流管理人员费用、差旅费、办公费、会议费、水电费以及国际贸易中发生的报关费、检验费、理货费等

201

表11-2　企业物流存货相关成本项目构成

对象		定义
存货相关成本	流动资金占用成本	一定时期内,企业在物流活动过程中因持有存货占用流动资金所发生的成本,包括存货占用银行贷款所支付的利息和存货占用自有资金所发生的机会成本
	存货风险成本	一定时期内,企业在物流活动过程中所发生的物品跌价、损耗、毁损、盘亏等损失
	存货保险成本	一定时期内,企业在物流活动中,为预防和减少因物品丢失、损毁赞成的损失,而向社会保险部门支付的物品财产保险费用

表11-3　企业物流成本范围构成

定义	对象
供应物流成本	企业在采购环节所发生的物流费用
企业内物流成本	货物在企业内部流转所发生的物流费用
销售物流成本	企业在销售环节所发生的物流费用
回收物流成本	退货、返修物品和周转使用的包装容器等从需方返回企业(供方)的物流活动过程中所发生的物流费用
废弃物物流成本	企业将经济活动中失去原有使用价值的物品,根据实际需要进行收集、分类、加工、包装、搬运、储存等,并分送到专门处理场所的物流活动过程中所发生的物流费用

表11-4　企业物流成本支付形态构成

对象		定义
自营物流成本	材料费	包括资料费、工具费、器具费等
	人工费	包括工资、福利、奖励、津贴、补贴、住房公积金、人员保险费、职工劳动保护费、按规定提取的福利基金、职工教育培训费等
	维护费	包括各类物流设施设备的折旧费、维护维修费、租赁费、保险费、税金、燃料与动力消耗费等
	一般经费	包括办公费、差旅费、会议费、通信费、咨询费、水电费、煤气费以及各物流功能成本在材料费、人工费和维护费三种支付形态之外反映的费用细目
	特别经费	包括存货流动资金占用费,存货跌价、损耗、盘亏和毁损费,存货保险费
委托物流成本		包括企业内外部物流机构所支付的各项费用

二、企业物流成本计算

企业物流成本计算部分的内容主要是指导企业如何计算物流成本以及如何填写统一表式的物流成本表,这部分内容对不同类型企业的物流成本计算思路、方法步骤、物流间接成本的分配、物流成本表的填写以及物流成本表的逻辑关系都做了较为明确的规定。

（一）企业物流成本计算原则

1. 可从现行成本核算体系中予以分离的物流成本

可从现行成本核算体系中已经反映但分散于各会计科目之中的物流成本，企业在按照会计制度的要求进行正常成本核算的同时，可根据本企业实际情况，选择在其中同步登记相关物流成本辅助账户，通过账外核算得到物流成本资料；或在期末（月末、季末、年末）通过对成本费用类科目再次进行归类整理，从中分离出物流成本。

2. 无法从现行成本核算体系中予以分离的物流成本

对于现行成本核算体系中没有反映但应计入物流成本的耗费（存货占用自有资金所发生的机会成本），根据有关存货统计资料按规定的公式计算物流成本。

（二）企业物流成本计算方法和步骤

1. 可从现行成本核算体系中予以分离的物流成本

（1）设置物流成本辅助账户。按成本项目设置二级账户，按成本范围设置三级账户以及按支付形态设置的费用专栏。

（2）分析确认物流成本的内容。对企业会计核算的有关成本费用科目（管理费用、销售费用、财务费用、生产成本、制造费用、其他业务成本、营业外支出以及材料采购等科目）及明细项目逐一进行分析，确认物流成本的内容。

（3）期中或期末归类物流成本内容。

2. 无法从现行成本核算体系中予以分离的物流成本

（1）期末（月末、季末、年末）对存货按采购在途、在库和销售在途等形态分别统计出账面余额。

（2）按照以下公式分别计算出在供应物流、企业内物流、销售物流等不同范围阶段存货占用自有资金所发生的机会成本。

存货占用自有资金所发生的机会成本 = 存货账面余额（存货占用自有资金）×行业基准收益率

（三）企业间接物流成本分配原则

企业间接物流成本可按照从事物流作业或物流功能作业或物流范围作业人员比例、物流工作量比例、物流设施面积或设备比例以及物流所占资金比例等进行分配和计算。

在该标准与现行企业会计制度和社会物流统计制度之间的关系方面，本标准的基本思路是，首先，本标准不改变现行会计核算体系，依据我国的财务制度展开应用；其次，本标准是社会物流统计制度的有益补充，提供微观数据基础。建立本标准的目的在于统一企业的物流成本构成内容，指导企业按统一的内容和要求从会计数据中分理出物流成本，从而为企业物流成本管理工作提供数据支持，为行业及社会物流统计工作奠定基础。

第二节　企业物流作业成本核算与分析

作业成本法是被广泛推崇的一种成本核算与分析方法。进行物流作业成本核算与分析，有利于更准确地核算各成本核算对象的物流成本,加强物流作业管理,也有利于物流作业流程的改善和优化。

一、作业成本法的基本原理

作业成本法的理论基础是所谓的成本因素理论,即企业间接制造成本的发生是企业产品生产所必需的各种作业"驱动"的结果,其发生额的多少与产品产量无关,而只与"驱动"其发生的作业数量相关,成本驱动因素是分配成本的标准。例如,各种产品的生产批次驱动生产计划制定及产品检验、物料管理和设备调试等成本的发生;接收货物的订单驱动收货部门的成本发生;发送货物的订单驱动发货部门的成本发生;采购供应和客户的订单驱动与原材料库存、在制品和库存成品有关的成本发生。

作业成本法的基本原理是,根据"作业耗用资源,产品耗用作业;生产导致作业产生,作业导致成本发生"的指导思想,以作业为成本计算对象,首先依据资源动因将资源成本追踪到作业,形成作业成本,再依据作业动因将作业成本追踪到产品,最终形成产品成本。

二、作业成本法的特点

作业成本法与传统成本会计方法相比有如下特点:

(1)作业成本法提供的会计信息并不追求传统会计下的"精确"计算,只要求数据能够准确到保证制订计划的正确性即可。

(2)作业成本有利于企业进行产品成本控制。在产品设计阶段,可以通过分析产品成本动因对新产品的影响,达到降低产品成本的目的;而在产品生产阶段,则可以通过成本系统反馈的信息,降低新产品成本,并减少无价值的作业活动。

(3)作业成本可用于分析企业生产能力的利用。以成本动因计算的作业量,能更准确地反映企业实际消耗的作业量水平。如果将作业成本系统建立在标准成本计算法上,将会提高间接成本差异分析的有效性。

(4)作业成本法可用于制定产品生产种类的决策。产品的开发、减产和停产等决策与企业未来经营活动密切相关,因而企业的未来差量收入和差量成本将变为对决策有用的关键信息。作业成本信息则为预测这些未来成本数据提供了基础。

三、作业成本法核算程序

(1)确认各项作业的成本动因。成本动因的确认是否客观合理,是实施成本作业法的关键。因此,成本动因的确认与筛选,应由有关技术人员、成本会计核算人员和管理人员等共同分析讨论。

(2)对作业进行筛选整合,建立作业中心及作业成本库。首先对各项作业进行确认,其确认的方法主要有业务职能活动分解法、过程定位法、价值链分析法和作业流程图分析法等。在确认作业的基础上,对作业进行筛选与整合。

(3)依据资源动因,将各项作业所耗费的资源追踪到各作业中心,形成作业成本库。

(4)根据产品对作业的消耗,将成本分配给最终产品,计算产品成本。当成本归集到各作业中心的作业成本库后,应按作业动因及作业成本额计算出作业成本的分配率,并按不同产品所消耗的作业量的多少分配作业成本,最终计算出产品应承担的作业成本。

有关作业成本法核算方法的详细内容可参考文献[14]。

四、物流成本性态分析

物流成本性态分析是指对各物流成本项目的性质和状态的分析。成本项目的性质主要反映成本的属性,比如,固定成本、可变成本、直接成本、间接成本等。而状态主要反映表现的形式,比如,燃料费、材料费、工资等。

固定成本是指其总额在一定时期和一定业务量范围内,不受业务量增减变动影响而保持不变的成本。比如,运输车辆的租金、管理人员的工资等。

可变成本是指其总额随着业务量的变动而呈正比例变动的成本。比如,燃料费、直接人工费、包装材料费等。

直接成本是指与某一特定的成本对象存在直接关系,它们之间存在明显的因果关系或受益关系,它是为某一特定的成本对象所消耗,故可直接计入该成本对象的成本。比如,某项整车货的运输费用可以直接归属于一个特别的货物成本。

间接成本是指与某一特定成本对象没有直接联系的成本,它为几种成本对象所共同消耗,不能直接计入某一特定成本对象的成本。比如,厂房的折旧、库存的资金成本等。

有关成本项目的更详细分类内容可参考文献[25]

成本性态分析是成本管理的关键。哪一种成本应该包括在哪一类,它们又是如何被分配和归集的,这些方法又是如何影响物流成本等等,这些都是物流成本性态分析需要回答的问题。

五、成本—收益分析

成本—收益分析的实质就是了解销售—成本之间的关系(可参考本书第三章内容),以便确定使企业利润最大化的服务水平。其原理如下:

假设企业目标是利润最大化,即与物流有关的收入与物流成本之差最大化。在数学上,最大利润在收入变化量与成本变化量相等的点上实现,也即边际收入等于边际成本之时。我们举例来说明,设已知销售—服务(收入)曲线为 $R = 0.5\sqrt{SL}$,其中 SL 是服务水平,表示订货周期时间为五天的订单所占的比重。曲线的形状如图 11-2 所示。相应的成本曲线已知为 $C = 0.000\,55SL^2$。最大化利润(收入减成本)的表达式就是

$$P = 0.5\sqrt{SL} - 0.000\,55SL^2 \tag{11-1}$$

式中,P 表示利润。

用微积分,可求出式(11-1)的利润最大化点,即 $SL^* = 37.2$。

也就是约37%的订单应该有五天的订货周期,如图 11-2 所示。

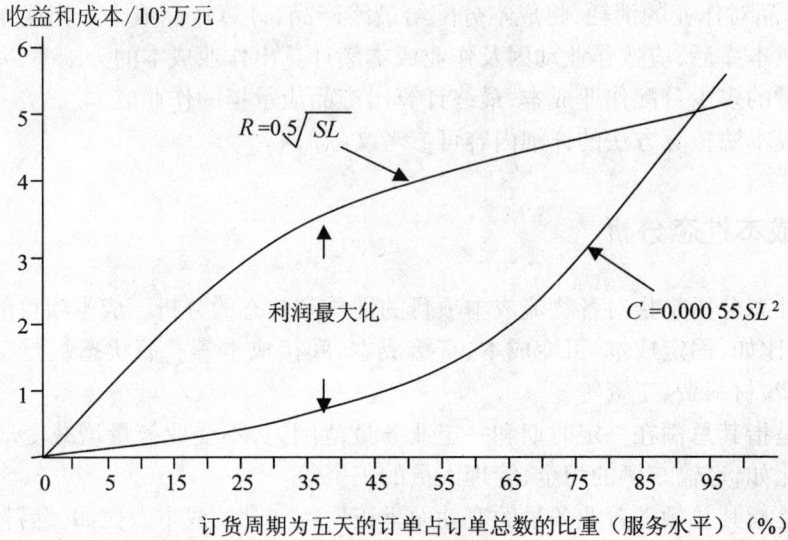

图 11-2　成本—收益分析图

第三节　企业物流绩效测评

绩效测评是管理的最基本工作。如果不能测评,就不能管理,而管理的目的是持续改进,这是管理原则。因此,企业物流管理也必须要进行绩效测评。但相比之下,企业物流管理工作涉及的内容多、范围广,这给企业物流管理的绩效测评带来较大的难度。

一、企业物流绩效涉及层次及其组成

从系统的角度看待企业物流绩效与绩效管理,涉及三个层次。

1.组织绩效

从大的方面来审视一个组织时,就能发现组织绩效的存在,如图 11-3 所示。

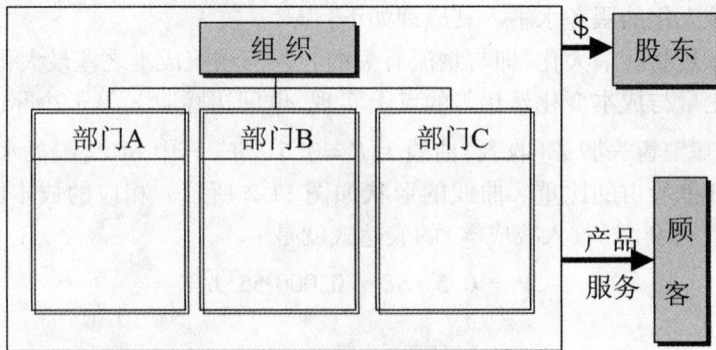

图 11-3　组织绩效示意图

从组织的角度来讲,组织更看重的应该是组织绩效(部门绩效)。因为员工绩效构成了组织绩效,某个员工个体绩效的好坏有时不足以对组织绩效产生严重的影响。因此,组织绩效可以说是绩效管理中的关键绩效指标(KPI)。

当然了,组织绩效还是由员工绩效构成的,所有员工绩效都不好,组织绩效也就不可能很好。另外,除了组织的角度外,还有员工本人的角度,员工对于绩效也有需求。

2. 流程绩效

考察构成组织图的职能边界以外的东西时,就会发现"如何"的工作流。组织通过复杂的交错职能工作流程,如新产品设计流程、交易流程、供应流程、生产流程、销售流程、分配流程和订单流程等,来提供它们的产出。

组织与流程是同样重要的,为了管理流程级的绩效,人们必须要保证设定的流程要满足客户需求,流程的工作要有效,流程的目标和手段要由客户和组织的要求来驱动,如图 11-4 所示。

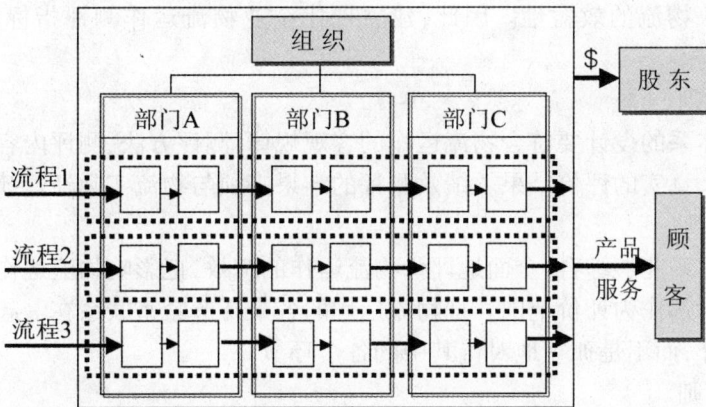

图 11-4 流程绩效示意图

3. 岗位绩效

组织产出是通过流程生产的,但反过来,流程的执行和管理则是由人的具体工作来实现的,也就是岗位绩效,如图 11-5 所示。

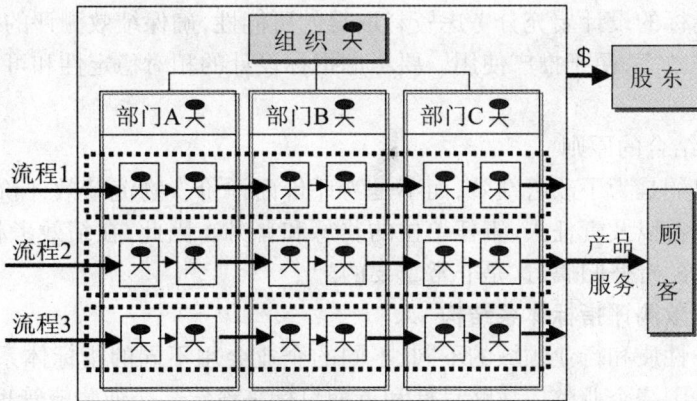

图 11-5 岗位绩效示意图

三个层次的框架代表了绩效的脉络结构。人体结构包括骨骼系统、肌肉系统和中枢神经系统,既然所有这些关系都是关键的,且相互关联,那么一个子系统的故障都将会影响人体有效行为的能力。正如一个大夫诊断和治疗疾病需要了解人体结构一样,诊断和医治组织疾病的管理者或分析人员一定要了解绩效的三级水平。

企业物流绩效测评体系的建立,需要在充分领会上述绩效管理三个层次的基础上进行。

二、企业物流绩效测评指标

企业物流管理的绩效如何,企业物流控制是否达到了目标,这些都需要用一定的指标来衡量,即通过建立绩效指标来衡量企业物流管理功能的有效性。

1. 确定绩效测评指标的基本原则

物流运作绩效测评指标的建立,应能从静态和动态方面综合反映物流运作的状况,从投入和产出的角度反映物流的效益性。因此,建立现代企业物流运作测评指标体系应遵循以下原则:

(1)科学性原则

这是指指标体系的设计要符合物流运作的客观规律,测评方法、测评内容和测评指标相适应,能够获得客观、真实的评价结果。绩效测评的结果必须与物流实际经营绩效水平相符合。

(2)整体性原则

这是指指标体系能够综合、全面地评价物流运作的绩效,把影响物流运作的经营效益和经营效果的各种因素都作为评价范围。把物流运作的各个环节紧密联系在一起作为一个系统工程来考虑指标设计,而不是孤立地对待其中的各个环节。

(3)目的性原则

这是指指标设计的总体框架应围绕着提高物流运作的效率以及企业整体经济效益的目的而建立。对采购、储存、加工、检验、包装、装卸等物流的静止状态以及搬运、运输等物流的流动状态设计相应的指标,对静态管理要遵循少停留、少耗费的原则,而对动态管理要遵循距离短、环节少、时间快、费用省的原则。

(4)可行性原则

这是指统计指标的设计要充分考虑资料取得的可能性,确保绩效测评的操作简便,有利于提高绩效评价工作效率,便于推广使用。要考虑指标设计的相对稳定性和可比性,保证统计资料的连续性。

(5)责权利相结合的原则

绩效评价的目的是为了改善绩效,而不是为评价而评价。物流绩效评价的结果可以用于物流运作系统的改善以及责任人、责任单位的奖惩和晋升。因此,在绩效考核系统设计时,应分析绩效考核结果的责任归属,这是非常重要的。

2. 企业物流绩效测评指标体系结构

根据企业业务性质和行业领域的不同,不同的企业会用不同的指标体系。企业物流管理绩效指标应该总是围绕企业整体战略目标和近期目标来设定。企业物流管理绩效指标目前还没有固定的指标体系结构,本书推荐一种物流绩效指标体系结构,如表 11-5 所示。

表 11-5 企业物流绩效指标体系

指标属性	时 间	成 本	质 量	其 他
具体指标	—准时交付/接收 —订单周期时间 —订单周期时间变动 —响应时间 —预测/计划周期时间 —退货更换时间 ⋮	—成品存货周转次数 —销售待补天数 —物流各类成本(参见本章第一节) —现金周期 —能力过剩成本 —能力不足成本 ⋮	—顾客满意度 —处理准确性 —预测准确性 —计划准确性 —计划遵守程度 —配送延迟次数 —满足合同需求次数 ⋮	—信息可得性 —改变订货时限 —最小订单数量 ⋮

时间、成本和质量是反映企业物流系统目的/目标的最基本要素。

按表 11-5 的结构建立企业物流绩效指标,能比较容易地与企业物流系统方针和目标挂起钩来,而且也有助于企业物流系统方针和目标值的展开,以便形成一个完整的企业物流系统目标体系。但必须要关注各项指标之间的相互关联性,特别是效益的"悖反"性。

二、企业物流绩效测评体系

物流绩效测评体系主要包括三个层次,即基础工作层、核算考核层和奖惩分析层。如图 11-6 所示。

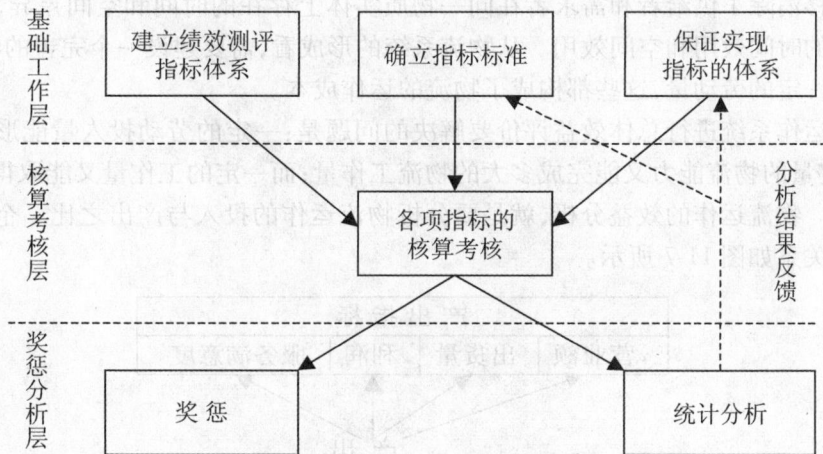

图 11-6 企业物流绩效测评体系构成

1. 建立物流服务质量和物流效率的衡量指标体系

根据物流运作的特点,针对不同的部门、单位以及责任人分别建立及时性、正确性、货物完好性、库存周转率、总体成本控制等一系列物流运作绩效衡量指标。

2. 确定各项指标的考核标准

针对不同类型的货物和物流运作特点,参照国际国内的先进水平,制定相应的考核标准。

3. 物流运作绩效指标的实现保证

确定指标和考核标准之后,应制定出全面的质量和效率保证方案,包括对物流运作方案进行总体规划的计划控制程序,对人员职责提出总体要求的管理程序,对文件化管理进行规定的文件资料控制程序,对人员提出要求的人员培训程序和人员资质审核程序,对自我评审和合作伙伴评审做出规定的内审和外审程序,对物流方案进行控制的总体物流方案控制程序,以及应急方案控制程序等。通过这些详细的计划和控制程序,来保证规定的物流运作的质量和效率。

4.明确指标考核结果的奖惩

绩效评价指标体系建立之后,应就指标考核的结果制定相应的奖惩办法,并分解到相应的责任单位与个人,从而使物流绩效考核标准得到更好的实施。

5.质量和效率指标的统计分析

在日常的物流运作过程中,考核部门定期(每天、每周或每月)提供物流运作质量和效率指标的统计分析报告,及时反馈,以对物流基础工作做出及时调整,并根据客户的需求不断改善服务质量和效率水平。

三、企业物流运作总体效益评价原理

(一)物流运作总体效益分析的基本思路

物流运作有两项基本功能,即物质实体的时间和空间(或称地点)转移,它们分别主要由储存和运输活动来完成。除此之外,物流系统中还需要包装、装卸搬运、流通加工以及物流信息处理等几项功能活动,配合储存和运输以完成物质实体的时间和空间转移。物质实体的时间和空间转移消除了供给者和需求者在同一物质实体上存在的时间和空间差异,从而创造了该物质实体的时间效用和空间效用。从物流系统的形成看,需要建设一个完善的物流网络,同时需要投入一定的劳动量,这些都构成了物流的运作成本。

对物流运作系统进行总体效益评价要解决的问题是:一定的劳动投入量能形成多大的物流能力;一定量的物流能力又能完成多大的物流工作量;而一定的工作量又能取得多大的物流效用或效益。物流运作的效益分析,就是要分析物流运作的投入与产出之比。企业物流系统投入与产出关系如图11-7所示。

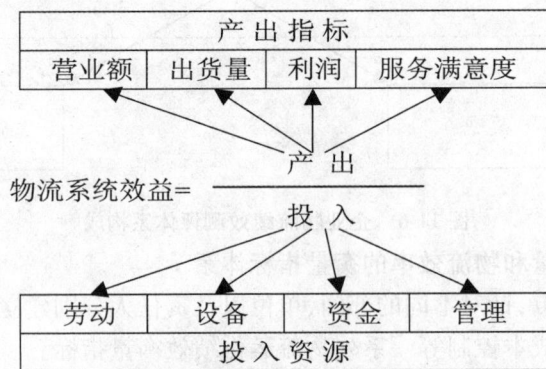

图11-7 企业物流系统投入与产出关系

210

（二）物流运作系统的描述

物流运作是在一定的物流设施基础上进行的，包括运输线路、港站码头、仓储设施等。物流转移过程是物质实体通过这些物流设施从供应者经过若干节点和连线到达需求者的过程。物流的网络系统就是这些转移路线和节点的集合，而对于企业物流系统来说也是一样，企业的储存点、加工点、车间、仓库等储存停放设施构成节点，这些节点之间的运输通道则是网络连线。它们构成企业物流运作网络。对于一个物流运作系统可以通过对下列物流网络的参数进行描述：

（1）物流运作网络节点的数目、节点之间的连线关系及连线的长度。

（2）物流网络节点的储存能力、连线的通过能力（如运输线路的货物运输能力）。

（3）物流网络上所进行的物流活动的参数，包括物质实体的品种、数量、所处的状态等。如某一时刻各节点的库存量和储存时间以及某一时期内物质实体的流入流出量（物流量）、储存周转量和运输周转量等。

（三）反映物流运作过程的主要指标

1. 物流运作规模指标

物流运作的劳动投入既包括物质资料投入、资金的投入、物流设备设施占用的代价，也包括人力的投入和占用。这些劳动投入实际上构成了物流活动的成本，并在一定的劳动生产率条件下，形成一定的物流能力。而物流能力是指一定时期内物流运作系统所能完成的物质实体的转移量的最大值。我们可以用物流运作规模指标来反映物流运作系统的劳动投入及其产生的物流能力。

2. 物流周转量指标

物流能力的运用会产生一定的工作成果，这个工作成果就是物流运作系统的物质实体的实际转移量，主要是指所转移物质实体的数量及其运输距离，可以用储存周转量和运输周转量表示。储存周转量是仓库在一定期限内的入、出库货物数量的总和，运输周转量是物流量（即货物运输量、搬运量等）与运输距离的乘积之和，它们合称为物流周转量。物流周转量既反映了物流活动所处理的物质实体的数量，也反映了物流活动的工作量的大小。它不仅和物流活动投入的劳动消耗直接有关，也和物流效用直接有关。因为在正常情况下，物流周转量越大，所需耗费的劳动量越多，而所创造的时间和空间效用也就越大。因此，物流周转量可作为物流系统的直接工作成果。

3. 物流效用指标

物流运作所创造的价值决定于其所完成的物流周转量的效用值，而物流周转量的效用就是它所创造的物质实体时间和空间效用，是它所转移的物质实体的效用增量。

（四）物流运作的效益分析

通过分析物流运作系统的投入与产出，以及物流运作的效用，来分析整个物流系统运营的效益。我们可以直接用效用的增量代替价值的增值，并称其为效用价值，则物流的效益就是这一增值与物流成本的比较。将物流周转量和物流成本与物流效用价值联系起来就能进行物流效益的分析。

（1）提高效益的首要因素是提高效用的增量 $\triangle u$。这主要取决于实体效用函数 F 及其时间空间向量 (T,P) 的变化。这些因素虽然比较复杂，但是有一点是确定的，就是关于实体效用函数的知识和时间空间向量变化的信息是提高物流效益的主要因素。物流管理对物流系统进行综合管理，寻求能使物流效用 $u = F(T_0, P_0, Q_0, V_0)$ 最大化的实体向量，从而提高物流效益。F 表示物流实体效用函数，T 表示实体物质存储时间，P 表示地点，Q 表示实体物质质量，V 表示数量。

（2）在保持效用增量 $\triangle u$ 不变的情况下，单位物流周转成本可以显著地增加物流效益。

（3）增加物流的劳动投入即增加物流规模只能在物流能力不足的时候才能起一定的作用，但是它在提升效用价值 $\triangle u$ 的同时，也提升了物流成本。

当然，在运用物流周转量和物流效用价值指标考察物流的成本、效益的时候，存在一些实践的问题：首先，物流周转量不是一个单独的指标，它是储存周转量和运输周转量的组合。由于这两个量的量纲和单位不同，很难进行综合的计量；同时，在满足一种需求的时候，如果减少储存周转量，相应地就需要更多的运输周转量，或者减少运输周转量，必然要增加储存周转量。这种物流功能的效益悖反性，使得总的物流周转量并未得到大的增减。另外，物流效用的函数也很难准确地计量。

练习题

11.1　国家标准《企业物流成本构成与计算》（GB/T 20523—2006）是如何划分企业物流成本构成项目的？

11.2　请简述国家标准《企业物流成本构成与计算》（GB/T 20523—2006）中企业物流成本计算原则和企业间接物流成本分配原则。

11.3　作业成本法的基本原理是什么？

11.4　企业物流成本主要做哪些分析？

11.5　请简述企业物流绩效涉及层次。

11.6　试分析企业物流绩效测评指标体系结构。

练习题答案(要点)

第一章

1.1

(1)物流:物品从供应地向接收地的实体流动过程。根据实际需要,将运输、储存、装卸、搬运、包装、流通加工、配送、信息处理等基本功能实施有机结合。

(2)企业物流:生产和流通企业在经营活动中所发生的物流活动。

(3)企业物流管理:为达到既定的目标,对物流的全过程进行的计划、组织、协调与控制。

(4)第三方物流:独立于供需双方,为客户提供专项或全面的物流系统设计或系统运营的物流服务模式。

1.2　物流的价值表现在时间和空间两个方面。只有当顾客在他希望进行消费的时间和地点拥有产品和服务时,产品和服务才有价值。

1.3

(1)目标:优质服务、快速及时、低成本、节约空间、规模适当、最低库存。

(2)运作过程:将物流系统要素(输入)转化为有形、无形的财富(输出),而创造效用(Utility)的过程。

1.4　企业物流系统由转换系统和管理系统组成。转换系统就是在运输、库存、配送、包装等作业中,借助现代科学技术,实现自动化和高效率,同时,使各项物流功能之间能有机地连接起来创造效用,实现满足顾客要求的系统。管理系统就是在企业物流活动中将人、财、物、设备、信息和任务等相关要素高效结合和协调起来从而实现物流系统低成本、高效率运作的系统。转换和管理系统之间是相辅相成的。

其中,转换系统主要由流程/功能子系统、信息/知识子系统、设施/作业子系统以及组织/人员子系统构成。流程/功能子系统是转换系统的核心,其他三个子系统是围绕流程/功能子系统,为有效完成流程/功能子系统的任务,实现其目的/目标而设置的支持性系统。管理系统的基本功能是确保转换系统的经济、高效运转,达到持续改进的目的。管理的核心在于持续改进。

1.5　(略)通过网络或其他方式搜集相关资料,进行分析。

第二章

2.1　(略)通过网络或其他方式搜集相关资料,结合本书内容,进行分析。

2.2

(1)供应链:生产及流通过程中,涉及将产品或服务提供给最终用户所形成的网链结构。

(2)供应链管理:对供应链涉及的全部活动进行计划、组织、协调与控制。

2.3　(略)通过网络或其他方式搜集相关资料,结合本书内容,进行分析。

第三章

3.1　（略）通过网络或其他方式搜集相关资料,结合本书内容,进行分析。

3.2　（略）通过网络或其他方式搜集相关资料,结合本书内容,进行分析。

3.3　（略）通过网络或其他方式搜集相关资料,结合本书内容,进行分析。

3.4　（略）通过网络或其他方式搜集相关资料,结合本书内容,进行分析。

3.5　一种是售后不合格物品的返修、退货以及周转使用的包装容器,从需求方返回到供应方形成的物品实体流动;另一种是将经济活动中失去原有使用价值的物品,根据实际需要进行收集、分类、加工、包装、搬运、储存,并分送到专门处理场所时所形成的物品实体流动。

3.6　（略）通过网络或其他方式搜集相关资料,结合本书内容,进行分析。

3.7　（略）通过网络或其他方式搜集相关资料,结合本书内容,进行分析。

第四章

4.1　（略）通过网络或其他方式搜集相关资料,结合本书内容,进行分析。

4.2　（略）通过网络或其他方式搜集相关资料,结合本书内容,进行分析。

4.3　围绕降低成本、减少资本、改进服务等三个方面加以说明。

4.4　（略）通过网络或其他方式搜集相关资料,结合本书内容,进行说明。

4.5　（略）通过网络或其他方式搜集相关资料,结合本书内容,进行说明。

4.6　（略）通过网络或其他方式搜集相关资料,结合本书内容,进行说明。

4.7　围绕客户服务目标、流程/功能子系统规划、信息/知识子系统规划、设施/作业子系统规划、组织/人员子系统规划等五个方面加以说明。

第五章

5.1

（1）装卸搬运活性指数:在装卸作业中的物料,反映其装卸作业难易程度的一个数值。

（2）供应物流:提供原材料、零部件或其他物料时所发生的物流活动。

（3）生产物流:企业生产过程中发生的涉及原材料、在制品、半成品、产成品等所进行的物流活动。

（4）销售物流:企业在出售商品过程中所发生的物流活动。

（5）逆向物流:物品从供应链下游向上游的运动所引发的物流活动。

（6）SLP法:也称系统布置策划法,是一种采用严密的系统分析手段及规范的系统设计步骤的系统布置设计方法。

5.2　便利品是指那些消费者购买频繁、直接,很少进行比较选择的产品或服务,比如多数食品等;选购品是指那些消费者愿意寻找并进行比较的产品,比如时装等;特殊产品是那些购买者愿意花费大量精力,愿意等相当长时间去购买的产品,比如定制的汽车等。

5.3　（略）通过网络或其他方式搜集相关资料,结合本书内容,进行说明。

5.4　（略）通过网络或其他方式搜集相关资料,结合本书内容,进行说明。

5.5　设施布置具有4种基本类型:工艺布置、产品布置、定位布置以及由3种类型组合而成的混合布置。它们各自的特点见本章各布置类型的介绍(略)。

5.6　（略）通过网络或其他方式搜集相关资料,结合本书内容,进行说明。

5.7　五种基本运输方式:铁路运输、公路运输、航空运输、水上运输、管道运输。它们各自的成本特征见本章相关内容(略)。

5.8 无论是什么样的运输方式其运价结构都反映出与运量、运距和需求有关。4 种典型的运价结构见本章相关内容(略)。

5.9 该题的答案不唯一,仅提供一个参考答案,如表 1 所示。

表 1

8	1	3
2	7	6
5	9	4

5.10 该题的答案不唯一,仅提供一个参考答案,如表 2 所示。

表 2

1	5	3
2	4	6

5.11 (X^*, Y^*) (2.57, 3.6)

第六章

6.1

(1)射频识别技术(RFID):又称电子标签、无线射频识别,是一种通信技术,可通过无线电信号识别特定目标并读写相关数据,而无须识别系统与特定目标之间建立机械或光学接触。

(2)电子数据交换(EDI):通过电子方式,采用标准化的格式,利用计算机网络进行结构化数据的传输和交换。

(3)物流定位系统:利用稳定的、可靠的公用系统技术(如 GPS、GMS、CDMA 等)或者其他技术对物流对象物的位置进行确定的技术。

(4)地理信息系统(GIS):用于获取、处理、分析、访问、表示和在不同用户、不同系统和不同地点之间传输数字化空间信息的系统。

(5)智能交通系统(ITS):利用先进的信息通信技术,形成人—车—路三位一体的系统,从而大大提高道路交通的安全性、运输效率、行车的舒适性以及有利于环境保护的道路交通系统。

(6)供应链物流管理:用供应链管理思想实施对供应链物流活动的计划、组织、协调与控制。供应链物流管理强调供应链成员组织不再孤立地优化自身的物流活动,而是通过协作(Cooperation)、协调(Coordination)与协同(Collaboration),提高供应链物流的整体效率。

(7)全球贸易项目代码(GTIN):贸易项目是一项产品或服务,对于这些产品或服务需要获取预先定义的信息,并且可以在供应链的任意节点进行标价、订购或开具发票,以便所有贸易伙伴进行交易。为每一贸易项目赋予唯一全球码,即为全球贸易项目代码。

(8)系列货运包装箱条码(SSCC):为实现对供应链中物流单元的跟踪和自动记录,而提出的一种编码。

(9)全球位置码(GLN):用来标识物流供应链的物理实体、功能实体和法律实体的位置编码。

6.2 (略)见本章相关内容。

6.3 （略）见本章相关内容。

6.4 （略）通过网络或其他方式搜集相关资料,结合本书内容,进行描述。

6.5 （略）见本章相关内容。

6.6 案例分析题没有标准答案。通过网络或其他方式搜集相关资料,对照《物流管理信息系统应用开发指南》（GB/T 23830—2009）,进行分析说明。

第七章

7.1

（1）物流模数:物流设施与设备的尺寸基准。

（2）成组化装运:将多个小件包装的货物组合成单件大包装的货物再进行搬运。

（3）独立需求和相关需求:独立需求是取决于顾客需求而不受制于其他物料的需求;相关需求是受制于其他生产项目的需求。

（4）安全库存:为了防止由意外问题或事故所产生的物品短缺,保证安全供货而设置的库存。

（5）企业综合计划:也称企业销售与运营计划。企业综合计划作为在战术水平上计划和协调企业供应链的一个辅助性业务,确保企业所有职能部门的战术计划不仅要相互协调而且能够支持企业计划。企业综合计划的落脚点就是将顾客需求预测值全部转化为各相关职能部门的能力资源需求计划,而这些能力资源需求计划统称为企业综合计划。

（6）均衡生产策略:通过维持一定规模的库存来应对市场需求变动的综合计划策略。

（7）追逐需求策略:通过加班、裁减作业人员、转包、外包、推迟交付等生产能力的调整来匹配需求的综合计划策略。

7.2 （略）见本章相关内容。

7.3 拉动式运作模式:以控制本存储点库存水平为目的,独立于渠道中其他所有仓库,不考虑各个仓库不同的补货量和补货时间对生产与采购成本节约的影响,只考虑本存储点因素,预测需求并决定补货量的一种运作类型。

推动式运作模式:以协调生产批量、经济采购量或最小订货量为目的,综合考虑渠道中所有仓库,根据每个存储点的需求预测、可用空间或其他因素,分配补货量的一种运作类型。

7.4 （略）见本章相关内容。

7.5 （略）见本章相关内容。

7.6 （略）围绕信息传递、实物管理和改善功能加以说明。

7.7 （略）见本章相关内容。

7.8 经济订货批量 $Q^* = 516$（件）;订货点数量 $RL = 308$（件）;最小年库存总费用为 80 930（元）（包括采购成本）。

7.9 经济生产批量 $Q_p^* = 8\ 171$（m）;生产天数为 4.09（天）;最高库存水平为 5 489（m）。

7.10 最低年度库存总费用 3 463.6 元所对应的订货批量 2 000 件即是所求的最优订货批量。

7.11

表3

周	0	1	2	3	4	5	6	7	8
Z 需求				30		75			95
Z 需求 C				120		300			380
Z 需求 C 订货		120		300			380		
Z 需求 A				30		75			95
A 需求 C 到货			60		150			190	
A 需求 C 订货	60		150			190			
C 总订货	60	120	150	300		190	380		

7.12

表4 分销中心 A 的订货计划

提前期1周、安全库存50 订货批量100		周　次							
		1	2	3	4	5	6	7	8
预计需求		40	40	40	50	60	70	70	70
计划期末库存量	60	120	80	140	90	130	60	90	120
净需求量		30		10		20		60	30
计划订货入库量		100		100		100		100	100
计划发出订货			100		100		100	100	

表5 分销中心 B 的订货计划

提前期1周、安全库存50 订货批量100		周　次							
		1	2	3	4	5	6	7	8
预计需求		60	60	60	60	65	65	65	65
计划期末库存量	65	125	65	125	65	125	60	115	50
净需求量		45		45		50		55	
计划订货入库量		120		120		120		120	
计划发出订货		120		120		120			

表 6　工厂总进度计划

提前期 1 周、安全库存 50 订货批量 100	周　次							
	1	2	3	4	5	6	7	8
需求量	120	100	120	100	120	100	100	
计划期末库存量	110	490	390	270	170	550	450	350	
净需求量		110				50			
主生产计划 MPS		500				500			
生产计划指令	500			500					

7.13 （略）案例分析题没有标准答案。请借助本章知识点分析解决问题的思路。

第八章

8.1　业务流程是指一组跨职能部门的、与其他流程或业务流程相辅相成的任务或者活动的逻辑序列。流程再造是对企业流程彻底的、根本性的重新思考和重新设计,从而在成本、质量、服务和响应速度等具有时代特征的关键指标上获得巨大的改善。

8.2　（略）见本章相关内容。

8.3　（略）见本章相关内容。

第九章

9.1　（略）见本章相关内容。

9.2　（略）通过网络或其他方式搜集相关资料,结合本书内容,进行分析。

9.3　（略）通过网络或其他方式搜集相关资料,结合本书内容,进行分析。

9.4　（略）查阅国家标准《物流企业分类与评估指标》(GB/T 19680—2013),进行描述。

9.5　（略）围绕物流服务商资源池的建立和更新、物流服务商的选择、物流服务商的质量管理以及物流服务商绩效评价等四个方面,进行描述。

第十章

10.1

(1)设备维修管理:为了用最低的维修总费用(事后修理费用、预防维修费用和由设备故障造成的机会损失费等)实现设施系统效用的最大化而进行的对设备维修工作的计划、组织、协调和控制的活动。

(2)事后修理:设备发生故障后,再进行修理。

(3)预防维修:以预防为主,在设备使用过程中做好维护保养工作,加强日常检查和定期检查,根据零件磨损规律和检查结果,在设备发生故障之前有计划地进行修理。

(4)生产维修:以提高企业生产经济效果为目的来组织设备维修。

(5)维修预防:在设备的设计、制造阶段就考虑维修问题,提高设备的可靠性和易修性,以便在以后的使用中,最大可能地减少或不发生设备故障,一旦故障发生,也能使维修工作顺利地进行。

(6)设备综合管理:一门以设备一生为研究对象,以提高设备综合效率,使其寿命周期费用最经济为目的的综合性管理科学。

10.2　（略）见本章相关内容。

10.3 (略)见本章相关内容。

10.4 (略)见本章相关内容。

10.5 (略)见本章相关内容。

第十一章

11.1 (略)见本章相关内容。

11.2 (略)见本章相关内容。

11.3 (略)见本章相关内容。

11.4 (略)通过网络或其他方式搜集相关资料,进行说明。

11.5 (略)围绕组织绩效、流程绩效和岗位绩效,结合本书内容进行说明。

11.6 (略)通过网络或其他方式搜集相关资料,进行分析。

参考文献

[1] BOZARTH C C,HANDFIELD R B. 运营与供应链管理导论[M]. 李东贤,李成强,译. 北京:清华大学出版社,2007.

[2] BALLOU R H. 企业物流管理:供应链的规划、组织和控制[M]. 王晓东,胡瑞娟,李芊,等,译. 北京:机械工业出版社,2003.

[3] 朴惠淑. 物流标准与标准化[M]. 大连:大连海事大学出版社,2014.

[4] 朴惠淑,王培东. 企业物流管理[M]. 大连:大连海事大学出版社,2005.

[5] 郝皓. 基于服务外包的售后逆向物流管理研究:理论分析与汽保行业实践探索[M]. 北京:清华大学出版社,2016.

[6] 靳志宏. 生产与运作管理[M]. 北京:机械工业出版社,2009.

[7] LYER B, GOTTLIEB R. The Four – Domain Architecture:An approach to support enterprise architecture design[J]. IBM Systems Journal, 2004, 43(3):pp587~598.

[8] O'ROURKE C, FISHMAN N, SELKOW W. Enterprise Architecture Using the Zachman Framework[M]. Canada:Course Technology, 2003.

[9] 이순룡. 생산관리론[M]. 서울: 法文社,2002.

[10] 윤재봉, 김명식, 권태경.ERP, 경영혁신의 새로운 패러다임[M]. 서울: 대청, 1998 .

[11] TURNER W C, MIZE J H, CASE K E, 等. 산업공학개론[M]. 3 판. 金成寅,朴興鮮, 譯. 서울: 淸文閣, 2002.

[12] 兰洪杰,施先亮,赵启兰. 供应链与企业物流管理[M]. 北京:清华大学出版社, 2004.

[13] 宋建阳. 企业物流管理[M]. 北京:电子工业出版社,2005.

[14] 张理. 现代企业物流管理[M]. 北京:中国水利水电出版社,2005.

[15] 朱道立,催益明,陈姝妮. 逆向物流系统和技术[J]. 复旦学报(自然科学版),2003, 42 (5): 673 – 679.

[16] JOHN C, EDWARD B, JOHN L J. 企业物流管理[M]. 文武,陈志杰,张彦,等,译. 北京:电子工业出版社,2003.

[17] 马士华,林勇. 供应链管理[M]. 北京:机械工业出版社,2005.

[18] LAMBERT D M. 供应链管理:流程、伙伴、业绩[M].2 版. 王平,译. 北京:北京大学出版社,2007.

[19] 中国国家标准化管理委员会. 中华人民共和国国家标准《GB/T 18354—2006 物流术语》[S]. 北京:中国标准出版社,2007.

[20] 中国国家标准化管理委员会. 中华人民共和国国家标准《GB/T 23830—2009 物流管理信息系统应用开发指南》[S]. 北京:中国标准出版社,2010.

[21] 中国国家标准化管理委员会. 中华人民共和国国家标准《GB/T 20523—2006 企业物流成本构成与计算》[S]. 北京:中国标准出版社,2007.

[22] 中国国家标准化管理委员会. 中华人民共和国国家标准《GB/T 19680—2013 物流企业分类与评估指标》[S]. 北京:中国标准出版社,2014.

[23] 杨凤祥. 仓储管理实务[M]. 北京:电子工业出版社,2005.

[24] 徐天芳,江舰. 物流方案策划与设计[M]. 北京:高等教育出版社,2005.

[25] 易华. 物流成本管理[M]. 北京:清华大学出版社,2005.

[26] 崔介何. 企业物流[M]. 北京:中国物资出版社,2002.

[27] 陈荣秋,马士华. 生产与运作管理[M]. 北京:高等教育出版社,2004.

[28] HILLIER F S,LIEBERMAN G J. 运筹学导论[M].8 版. 胡运权,冯玉强,孙文俊,等,译. 北京:清华大学出版社,2007.